中国社会科学院创新工程学术出版资助项目
中国"一带一路"研究丛书
总主编：金碚
丛书主编：高金祥

"一带一路"
国家国情

俄罗斯

主编：李晶

副主编：安锦 吕峰 张宏天 曹荣

"One Belt and One Road"

RUSSIA
National Condition

图书在版编目（CIP）数据

"一带一路"国家国情·俄罗斯/李晶主编. —北京：经济管理出版社，2017.2
ISBN 978-7-5096-4780-6

Ⅰ.①一… Ⅱ.①李… Ⅲ.①俄罗斯—概况 Ⅳ.①K951.2

中国版本图书馆 CIP 数据核字（2016）第 316392 号

组稿编辑：王光艳
责任编辑：许　艳
责任印制：司东翔
责任校对：赵天宇

出版发行：经济管理出版社
　　　　　（北京市海淀区北蜂窝 8 号中雅大厦 A 座 11 层　100038）
网　　址：www. E-mp. com. cn
电　　话：（010）51915602
印　　刷：三河市延风印装有限公司
经　　销：新华书店
开　　本：720mm×1000mm/16
印　　张：15.25
字　　数：244 千字
版　　次：2017 年 7 月第 1 版　2017 年 7 月第 1 次印刷
书　　号：ISBN 978-7-5096-4780-6
定　　价：68.00 元

·版权所有　翻印必究·

凡购本社图书，如有印装错误，由本社读者服务部负责调换。
联系地址：北京阜外月坛北小街 2 号
电话：（010）68022974　　邮编：100836

"一带一路"国家国情系列丛书编委会

主　　任：高金祥

副 主 任：侯淑霞　柴国君　李　晶

编委会成员：高金祥　侯淑霞　柴国君　李　晶　安　锦　吕　峰
张宏天　牛　迪　曹　荣　李慧茹

内蒙古社会科学北疆普及丛书
编委会

主　任： 杭栓柱

副主任： 李　凤　胡益华　乌　兰

编　委： 侯淑霞　毅　松　马慧吉　安静赜　宋生贵　扎格尔
　　　　　李　晶　马庆和　包赛吉拉夫　李晓杰　王文林
　　　　　梁义光　王　宇　王树国　陈小明　董　杰　朱　浪

总　序

"一带一路"是"丝绸之路经济带"和"21世纪海上丝绸之路"的简称，这两条丝绸之路古已有之。古代丝绸之路，东起古城西安，西至古罗马都城君士坦丁堡，它贯穿了河西走廊，连接了欧亚大陆。其辉煌历史始于汉代，盛于唐代。而海上"丝绸之路"始于汉代或更早于汉代，是一条货物的海上运送通道，这两条丝绸之路一直是古代连接东西方的陆上和海上的交通要道，是东方文明与西方文明联系的纽带，也是古代中国和西方社会文化交流的象征。有诗为证："壮志西行追古踪，孤烟大漠夕阳中。驼铃古道丝绸路，胡马犹闻唐汉风。"

当历史的车轮驶入21世纪时，古老的丝绸之路迎来了充满希望的春天。2013年9月，习近平访问哈萨克斯坦时提出，为了使区域各国经济联系更加紧密，相互合作更加深入，发展空间更加广阔，我们可以用创新的合作模式，共同建设丝绸之路经济带。2013年10月，习近平在出访东盟国家时再次强调，"中国愿同东盟国家加强海上合作，发展海洋合作伙伴关系，共同建设21世纪海上丝绸之路"。2015年3月28日，《推动共建丝绸之路经济带和21世纪海上丝绸之路的愿景与行动》正式在博鳌亚洲论坛发布。"丝绸之路经济带"和"21世纪海上丝绸之路"的构想，强调相关各国要打造互利共赢的"利益共同体"和共同发展繁荣的"命运共同体"。如今落雁尘埃远，不尽天山万古情。这一跨越时空的宏伟构想，从历史深处走来，融通古今、连接中外，顺应和平、发展、合作、共赢的时代潮流，承载着丝绸之路沿途各国发展繁荣的梦想，赋予古老丝绸之路以崭新的时代内涵。

"一带一路"的实施无论是对中国还是对当今世界其意义都非常重大。从对外开放的角度来看，"一带一路"进一步巩固扩大了我国与中亚、东南亚以及广大发展中国家和地区的互利合作，对于中国来说拓宽了我国对外开放的新路径。同

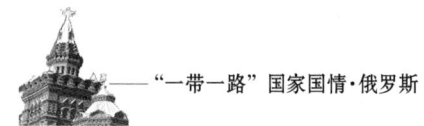

时将成为中国经济新的增长点,是中国在国际政治新环境和国内经济"新常态"大背景下,将中国自身产能优势、技术与资金优势、经验与模式优势转化为市场与合作优势,实行全方位对外开放的一大创举,"一带一路"的实施必将形成世界范围的全面区域合作的新格局。同时,"一带一路"建设将创造牵引内陆地区及世界经济增长、繁荣的新物流模式和发展平台,沿线各国的丰富资源会得到全面、合理开发,增大全球资源供应量,促进各种资源的自由流动,不断扩大经济发展规模和总量,造福于沿线各国人民。可见,"一带一路"的提出是党中央应对全球发展面临的新变化、新问题,统筹国内、国际两个大局做出的重大决策,符合当今国际社会各国的利益需求,彰显了人类对美好社会的共同追求,体现了作为一个负责任的大国对国际合作以及全球治理新模式的积极探索和践行。

传承丝路花雨,再现古道情缘。"一带一路"涉及国家众多,沿线国家80余个,其中丝绸之路经济带国家50余个,21世纪海上丝绸之路国家30余个,涵盖的人口数十亿。未来,"一带一路"进程中很多项目涉及的国家和实体可能更多。对这些熟悉或者陌生的国家,我们祖先的驼队曾经一路西行,传播着友谊,展示着东方文明。在新的历史时期,我们除了要继续秉承古丝绸之路精神外,还要充分认识到相关各国国情不同,自然条件差异大,人文环境复杂,宗教、民族矛盾多的现实。"一带一路"沿线是世界上典型的多类型国家,是多民族、多宗教聚居区域,古代"四大文明古国"都诞生在此,文化差异带来的挑战是不可低估的重要因素。我们不可能想当然地认为"一带一路""为己所欲",便可简单地"施于人",在"一带一路"建设中,中国的广大民众将直接或间接地参与其中,中国的大量企业将"走出去"参与建设。这为加强不同国家、不同民族宗教间的人文交流和相互理解,消除彼此隔阂,增加尊重互信创造了条件。而前提则是不能不了解"一带一路"沿线各国国情,不能不问文化差异和宗教禁忌。所以在"一带一路"实施中,让世界了解中国和让中国了解世界是同等重要的。"一带一路"所有愿景和规划的实现都只有在了解和沟通的基础上达到民心相通,这是有效实施"一带一路"的基础和保障,也是催生我们写作该系列丛书的最重要目的。

该系列丛书的主要内容是对"一带一路"沿线各国政治、经济、文化、外交及民族宗教等基本情况进行全面介绍。重点关注各国的人文和社会知识,如各国的历史沿革、社会制度、文化教育、旅游资源、民族宗教以及对外投资政策法律

等。该丛书为一国一册,每册独立介绍一个国家。该丛书有以下两个特点:

一是全面性。即每册书的内容涵盖了一个国家政治、经济、文化、教育、民族、宗教及对外政策等各个方面,通过每册书可以全面系统地了解一个国家的国情,包括它的风土人情、民风民俗,较全面地反映沿线各国的基本状况。该丛书定位为广大干部群众了解"一带一路"沿线各国的科普读物,受众对象既包括社会广大青少年,也包括各行各业、各种文化程度的社会人群。同时从事科研和商贸人员如需要对沿线国家有最基本的了解时,也可以通过阅读该丛书得到满足,具有较强的实用性。同时我们在写作内容的把握上尽量做到体现时代性,既要把握沿线各国当前正在发生的各种深刻变化、产生的各种问题,又着眼于各国未来的发展趋势,注重提高读者的认识问题和分析问题的能力。

二是通俗性。这是一套集思想性、科学性、知识性、趣味性于一体的系列科普丛书。在语言的使用上尽量把复杂的科学理论用最简明的语言加以说明,做到深入浅出、通俗易懂,并且图文并茂,以人民群众所喜闻乐见的形式阐述了沿线国家的政治、经济、社会、文化、民族、外交等基本情况。让大家在愉悦的氛围中了解"一带一路"沿线国家的人文和社会知识,理解中国古代丝绸之路的辉煌历史与现代"一带一路"的宏伟蓝图。侧重点不是学术研究,而是知识介绍。

"一带一路"建设作为一项全球治理的中国方案,将成为今后我国全面深化改革开放的核心内容之一,高等学校理应在其中担负应有的责任。高等学校在科学研究方面有较强的优势,要积极开展"一带一路"沿线国家研究,为国家决策提供咨询建议,同时面向社会和市场,做好"一带一路"知识普及工作和市场需求调研工作,并为社会提供咨询服务等。为服务国家"一带一路"倡议践行好高校服务社会的使命,为国家倡议的顺利实施提供有力的智库保证。随着"一带一路"倡议的实施,国内读者对"一带一路"沿线国家人文和社会知识的深入了解越发迫切。目前,国内的图书市场上还没有在这方面成规模、成系列的图书。本系列丛书的出版,不仅会填补国内市场中此类图书的空白,而且为广大读者深入了解"一带一路"沿线国家提供了知识储备和精神食粮。任何一项创新性的工作都不会是一蹴而就的,尤其是我们对"一带一路"沿线国家的情况介绍,还不可能涵盖这些国家的所有领域,在今后的写作当中,我们还要不断总结经验,提出更加有针对性的题目,取得更有效的研究。

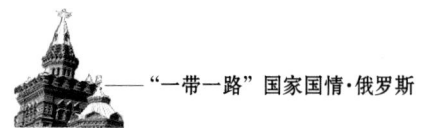

　　我们以开放、包容的态度来策划本套丛书，力求贴近实际、贴近生活、贴近群众。做成普通大众爱读、能读、好读的通俗理论读物是我们的目标和追求，但由于我们组织策划和学识水平有限，写作内容和写作风格方面难免有所纰漏甚至错误，恳请广大读者批评指正。

　　是为序。

高金祥

2016 年 11 月 15 日

目 录

第一章 走进绚丽缤纷的国度：全景俄罗斯 / 001

一、横跨欧亚：俄罗斯的自然地理 / 001
    （一）辽阔广大的地域 / 001
    （二）发展变革的区划 / 002
    （三）复杂多样的地形 / 004
    （四）众多的河流与湖泊 / 004

二、自然的恩赐：俄罗斯的自然资源 / 006
    （一）丰富的动物资源 / 006
    （二）种类繁多的植物资源 / 007
    （三）储量巨大的矿产资源 / 009
    （四）极具潜力的农业资源 / 011
    （五）分布广泛的水资源 / 011

三、引人入胜：俄罗斯的旅游景观 / 012
    （一）风景城市 / 012
    （二）特色建筑 / 017
    （三）自然风光 / 020

四、稳定与保障：俄罗斯的国民生活 / 023
    （一）私有化的住房制度 / 023
    （二）全面完善的社会福利 / 026
    （三）收费低廉的教育优惠政策 / 027

五、三色旗与双头鹰：俄罗斯的国家象征 / 028
    （一）三色旗国旗 / 029
    （二）双头鹰国徽 / 029

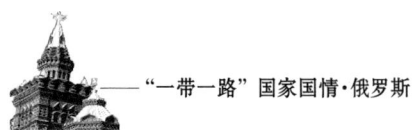

第二章 追寻自我的双头鹰：俄罗斯政治鸟瞰 / 031

一、鹤立雄起：俄罗斯政治发展概况 / 032
  （一）探本溯源：俄罗斯的政治发展背景 / 032
  （二）强势崛起：俄罗斯的政治发展历程 / 036

二、追寻自我的"双头鹰"：俄罗斯政治文化概况 / 040
  （一）斯拉夫化的政治遗产 / 040
  （二）集权政治下的俄罗斯政治文化 / 042
  （三）西方化与本土化的艰难选择 / 044

三、走进克里姆林宫：俄罗斯的政治制度解读 / 045
  （一）普京现象与王者归来：俄罗斯的总统制 / 047
  （二）俄国特色的议会政治——国家杜马 / 049
  （三）雄关漫道：俄罗斯的司法体制 / 052
  （四）七雄并立：俄罗斯发展中的多党 / 055

第三章 激荡百年：俄罗斯经济解读 / 061

一、前世今生：俄罗斯的经济制度 / 061
  （一）俄国资本主义经济 / 062
  （二）苏联社会主义计划经济 / 066
  （三）俄罗斯市场经济 / 072

二、盛衰荣辱：俄罗斯的经济现状 / 078
  （一）设立八大经济区划 / 078
  （二）经历三次经济危机 / 080
  （三）依赖能源迅速崛起 / 084
  （四）面临金价＋油价＋制裁困境 / 085

三、相机抉择：俄罗斯经济政策 / 087
  （一）"普京计划"：俄罗斯经济复兴指南 / 087
  （二）财政：建立财政稳定基金 / 090
  （三）金融：统一大金融市场监管 / 092
  （四）对外贸易：建立以俄罗斯为中心的欧亚经济区 / 094

四、2050年：俄罗斯经济大国梦 / 104

第四章 撼动灵魂：俄罗斯文化艺术概览 / 107

一、关照人性的俄罗斯文学 / 107
  （一）心灵吟唱的俄罗斯诗歌 / 108

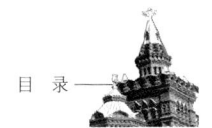

　　（二）灵魂叙事的俄罗斯小说 / 111
　　（三）繁荣发展的俄罗斯戏剧 / 113
　　（四）经典迭出的苏联电影俄罗斯电影 / 116

二、飞扬魅力的俄罗斯艺术 / 119
　　（一）充满阳光与色彩的俄罗斯绘画 / 119
　　（二）伏尔加河畔的动人音乐 / 122
　　（三）足尖的浪漫经典之俄罗斯芭蕾舞剧 / 125
　　（四）随时代变迁的俄罗斯风格建筑 / 133

三、成就斐然的俄罗斯教育 / 139
　　（一）严谨完备的俄罗斯教育体制 / 139
　　（二）俄罗斯的著名大学 / 141
　　（三）形形色色的俄罗斯图书馆 / 145

四、美不胜收的俄罗斯文物 / 148
　　（一）艾尔米塔什博物馆 / 147
　　（二）极尽奢华的俄罗斯琥珀宫 / 149
　　（三）光彩夺目的俄罗斯国宝级王冠 / 150

第五章　独特而多彩：俄罗斯的民族与宗教 / 153

一、众多的民族 / 153
　　（一）世界上民族最多的国家 / 153
　　（二）兼具东西方文明于一身的俄罗斯族 / 159
　　（三）充满传奇色彩的哥萨克人 / 162
　　（四）俄罗斯的车臣之"痛" / 166

二、独具特色的礼仪习俗 / 172
　　（一）见面礼仪 / 172
　　（二）服饰礼仪 / 173
　　（三）饮食习惯 / 175
　　（四）婚嫁习俗 / 177
　　（五）主要节日 / 178

三、浓厚的宗教传统 / 182
　　（一）俄罗斯的宗教构成 / 182
　　（二）宗教对俄罗斯社会的影响 / 184
　　（三）宗教与俄罗斯国家政权 / 185

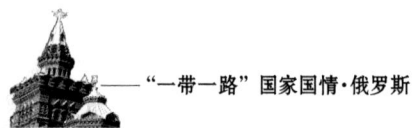

第六章 北极熊归来：俄罗斯的对外关系 / 189

一、从苏联到俄罗斯——俄罗斯对外政策回顾 / 189
  （一）"一边倒"外交——回归欧洲 / 190
  （二）"全方位"外交——双头鹰战略 / 192
  （三）"实用"外交——普京主义 / 193

二、俄罗斯在一些区域组织中的作用 / 195
  （一）俄罗斯与独联体 / 195
  （二）俄罗斯与西方八国集团 / 198
  （三）俄罗斯与"金砖国家"联盟 / 201
  （四）俄罗斯与上海合作组织 / 204

三、西方不亮东方亮——俄罗斯与一些主要国家、地区的关系 / 207
  （一）危险的伙伴——与美国的关系 / 207
  （二）渡尽劫波兄弟在——与中国的关系 / 210
  （三）想说爱你不容易——与欧盟的关系 / 214
  （四）百年老冤家——与日本的关系 / 217
  （五）项庄舞剑——与印度的关系 / 221

参考文献

后　记

第一章

走进绚丽缤纷的国度：全景俄罗斯

在广袤无垠的亚欧大陆上，我们的邻居——俄罗斯，是一个奇妙的国家，它贯通东西，古老而又年轻。一方面，它具有东方文化的神秘、深邃；另一方面，它又具备西方国度的优雅、开放。下面我们将带您走进俄罗斯，全方位地展示一个绚丽缤纷的国度，带您开启一场波澜壮阔的旅程，多角度地俯瞰这片奇幻的土地。

一、横跨欧亚：俄罗斯的自然地理

俄罗斯经纬跨度大，具有独特的海陆位置，两者更是碰撞出奇异的自然地理景观。

（一）辽阔广大的地域

广阔的俄罗斯位于欧亚大陆的北部，有烈日也有冰雪，总面积达1700多万平方公里。领土分为两个部分，分别是欧洲的东半部和亚洲的北部，以西伯利亚的乌拉尔山脉作为两大洲的分界线，世界上再也没有比它国土更辽阔的国家了。那么俄罗斯到底有多庞大呢？答案是令人吃惊的，欧洲部分约占欧洲的 1/2，亚洲部分也占到了亚洲的 1/3，也就是占苏联面积的 76.3%。陆地形态大体上呈长方形延伸，横跨欧亚大陆，处于北纬 35°08′到北纬 81°49′，东西跨度最长 9000 公里，南北跨度最宽也达到了 4000 公里。周边邻国数量众多，西北方有挪威、芬兰，西面有爱沙尼亚、拉脱维亚、立陶宛、波兰、白俄罗斯，西南方是乌克兰，正南方是格鲁吉亚、阿塞拜疆、哈萨克斯坦，东南方有中国、蒙古和朝鲜，东面则与日本和美国隔海相望（见图 1-1）。海岸线绵延数万公里。

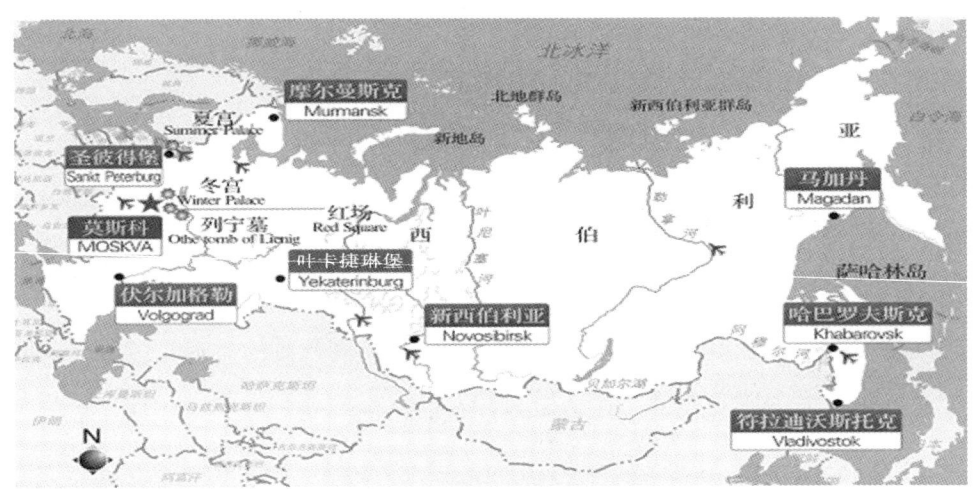

图 1-1　俄罗斯地理位置示意图

俄罗斯大半地区属于四季分明的北温带，气候类型与我国内蒙古自治区、宁夏回族自治区等地相同，属于温带大陆性气候，年温差大，冬冷夏热，降水集中。

（二）发展变革的区划

1917 年，俄罗斯出现了历史上一个伟大的转折点——十月革命，它带来了创建一个美好社会的先声。1917 年以前的俄罗斯称为沙皇俄国，是一个单一制的多民族封建帝国，全国划分为几十个省，由沙皇及各边疆区军事行政长官直接管辖。

第一章　走进绚丽缤纷的国度：全景俄罗斯

十月革命之后，俄罗斯苏维埃联邦社会主义共和国成立，以自治区为主体，但一段更曲折迂回的历史才刚刚开始。根据1918年的苏俄宪法，只有民族自治实体（以后发展成为三种形式的民族自治实体，包括民族自治共和国、民族自治州和自治区）能够作为联邦主体加入俄联邦，而其他的州或边疆区则仍按单一制的原则由中央对其实行自上而下的统一管理。1922年苏维埃社会主义共和国联盟（简称苏联）成立后，俄联邦作为苏联的一个加盟共和国加入联盟，但内部仍保留这种体制。实际上这一时期的俄联邦实行的却是两级行政区域的划分，但在两级行政区之间以及不同民族自治实体之间在职权范围、法律地位等方面又有较大差别。

历史的车轮从不停歇，1991年苏联解体。苏联解体后，俄罗斯联邦内的各行政区域、自治实体共同签订了《联邦条约》。《联邦条约》规定，联邦内各民族自治实体、各边疆区和州同为联邦主体，各主体在与中央的关系中权利平等。1993年12月12日，经全民公投通过了新的《俄罗斯联邦宪法》。《俄罗斯联邦宪法》确定了新的俄罗斯联邦体制，共有89个行政主体，其中有21个共和国，10个自治区，1个自治州，2个联邦直辖市，6个边疆区和49个州。

2000年，时任俄罗斯总统普京签署法令，将俄罗斯联邦89个实体（联邦直辖市、共和国、边疆区、自治区、州和自治州）按地域原则联合，构成7个联邦区；2010年又新设立了北高加索联邦区。

2014年3月21日，俄罗斯总统普京签署法令成立克里米亚联邦区，奥列格·别拉温采夫被任命为俄总统驻克里米亚全权代表，但其下辖主体克里米亚共和国和塞瓦斯托波尔直辖市的入俄公投却未得到国际社会普遍承认。

截至2016年，俄罗斯联邦主体的数量为85个（见表1-1）。

表1-1　俄罗斯的行政区划

联邦直辖市（3个）	莫斯科、圣彼得堡、塞瓦斯托波尔（与乌克兰存在争议）
自治区（4个）	涅涅茨自治区、汉特—曼西自治区、楚科奇自治区、亚马尔—涅涅茨自治区
共和国（22个）	阿迪格共和国、阿尔泰共和国、巴什科尔托斯坦共和国、布里亚特共和国、达吉斯坦共和国、印古什共和国、卡巴尔达—巴尔卡尔共和国、卡尔梅克共和国、卡拉恰伊—切尔克斯共和国、卡累利阿共和国、科米共和国、马里埃尔共和国、莫尔多瓦共和国、萨哈（雅库特）共和国、北奥塞梯共和国、鞑靼斯坦共和国、图瓦共和国、乌德穆尔特共和国、哈卡斯共和国、车臣共和国、楚瓦什共和国、克里米亚共和国（与乌克兰存在争议）

续表

州（46个）	阿穆尔州、阿尔汉格尔斯克州、阿斯特拉罕州、别尔哥罗德州、布良斯克州、弗拉基米尔州、伏尔加格勒州、沃洛格达州、沃罗涅日州、伊万诺沃州、伊尔库茨克州、加里宁格勒州、卡卢加州、基洛夫州、科斯特罗马州、库尔干州、库尔斯克州、列宁格勒州、马加丹州、莫斯科州、摩尔曼斯克州、下诺夫哥罗德州、诺夫哥罗德州、新西伯利亚州、鄂木斯克州、奥伦堡州、奥廖尔州、奔萨州、普斯科夫州、罗斯托夫州、梁赞州、萨马拉州、萨拉托夫州、萨哈林州、斯维尔德洛夫斯克州、斯摩棱斯克州、坦波夫州、特维尔州、托木斯克州、图拉州、秋明州、乌里扬诺夫斯克州、车里雅宾斯克州、雅罗斯拉夫尔州、利佩茨克州、克麦罗沃州
边疆区（9个）	阿尔泰边疆区、克拉斯诺达尔边疆区、克拉斯诺亚尔斯克边疆区、滨海边疆区、斯塔夫罗波尔边疆区、哈巴罗夫斯克边疆区、彼尔姆边疆区、堪察加边疆区、外贝加尔边疆区
自治州（1个）	犹太自治州

（三）复杂多样的地形

俄罗斯国土面积广阔，但具体的地形地貌又怎样呢？俄罗斯地形以复杂多变为特点，以平原地形为主，大部分被森林覆盖，为经济发展提供了丰富的林业资源和陆地野生动植物资源。丘陵、低地和平原占国土总面积的60%，高原和山脉各占20%。高原和山脉的面积虽然不大，但是却蕴藏着极其丰富的矿藏资源，也是众多河流的发源地，是经济发展必不可少的物质基础。地势东高西低，叶尼塞河以东大多是高原、山脉，以西为平原。东部的高原和山地主要有中西伯利亚高原、南西伯利亚山地、东西伯利亚山地和远东山地。西部平原分为两部分，一部分为东欧平原，面积约400万平方公里，为世界著名平原；另一部分为西伯利亚平原，地势低平，河网密布。

如果从纵向观察，俄罗斯联邦自北向南分别为北极荒漠、冻土地带、草原地带、森林冻土地带、森林地带、森林草原地带和半荒漠地带，整个地势如梯形排列（见图1-2）。

（四）众多的河流与湖泊

俄罗斯境内沼泽广布，分布着许多著名河流和湖泊，据统计共有河流200多万条，总长度可达900多万公里，但其中绝大多数（占数量的99.9%，长度的90%以上）长度不到100公里。

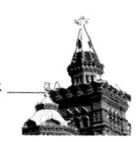

第一章 走进绚丽缤纷的国度：全景俄罗斯

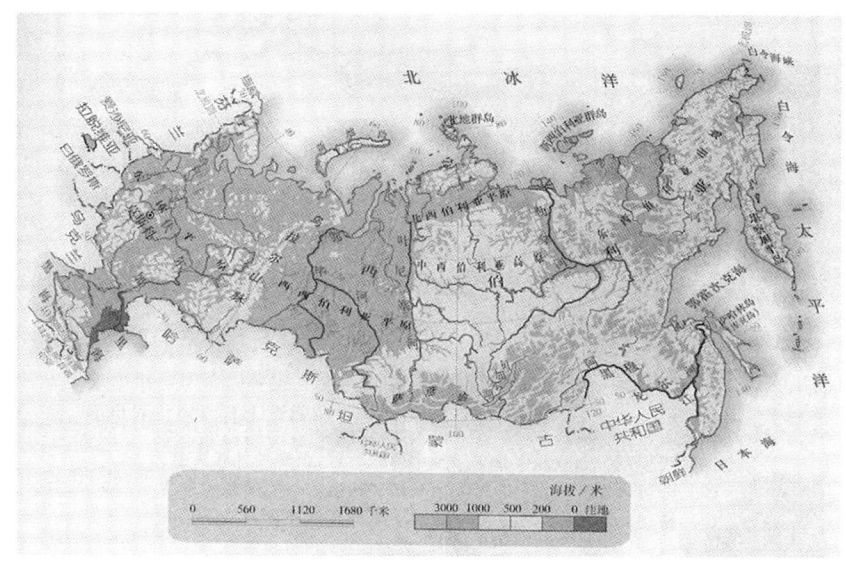

图 1-2 俄罗斯的主要地形区示意图

1. 河流

河流中最著名的要数叶尼塞河、勒拿河、鄂毕河（包括额尔齐斯河）和阿穆尔河了，它们也是俄罗斯境内最大的河流，其中最长的是鄂毕河（包括额尔齐斯河），全长 5410 公里，流域面积 242 万平方公里。河流中另一个颇具特点的是叶尼塞河，泄水量最大，年平均流量为 1.94 万立方米/秒，位列世界第五位（前四位分别是亚马孙河、刚果河、恒河和长江）。

俄罗斯的河流可分为外流河和内流河两类。绝大多数河流属外流河，分别注入黑海、波罗的海、北冰洋和太平洋，少数河流为内流河，注入里海。东欧平原中部的斯摩棱斯克—莫斯科丘陵、瓦尔代丘陵、北乌瓦累丘陵为俄罗斯欧洲区域的河流的分水岭：以北的河流分别注入北冰洋和波罗的海，以南的河流分别注入黑海和里海；西伯利亚和远东的河流则分别注入北冰洋和太平洋各海域。

2. 湖泊

俄罗斯境内湖泊众多，共有湖泊 270 多万个，总面积将近 49 万平方公里（不包括被视为内陆海的里海），共蓄积 2.7 万立方千米的水。其中 99% 的湖泊是水面面积不到 1 平方公里的小水体，而且多半是沼泽内的水体。

贝加尔湖、拉多加湖和奥涅加湖是俄罗斯的三大湖泊，它们蕴藏着俄罗斯89%的湖水。其中，贝加尔湖是世界上淡水容量最多和最深的湖，位于西伯利亚地区靠近蒙古国的边境，其容量达2.3万立方千米，占俄罗斯湖水总量的85%。

二、自然的恩赐：俄罗斯的自然资源

辽阔的自然地域孕育了丰富的自然资源，例如灵性十足的奇妙动物、落英缤纷的多元植物和矿产世界中的那些物华天宝，这一切构成了一部关于自然资源的生动图志。

（一）丰富的动物资源

俄罗斯的动物资源十分丰富，总数超过12万种，其中许多动物都很有经济价值，因此，俄罗斯是世界上经济鱼类和狩猎动物资源分布最多的国家之一。自然而然，这也使俄罗斯的渔业、狩猎业、捕猎海兽业等产业都较为发达，相应地为国民经济发展做出了重要贡献。

动物资源可分为有益动物资源和有害动物资源，除了直接的有益动物和直接的有害动物外，还有间接有益于人的动物和间接有害于人的动物。通常来说，狩猎野兽、狩猎鸟类以及经济鱼类、海兽、某些水生无脊椎动物等都属于有益动物。

在俄罗斯，狩猎野兽以熊为代表。众所周知，俄罗斯人将熊作为俄罗斯民族崇高的象征，是民众心中永远的图腾。可其中的渊源又是什么呢？这就要从俄罗斯人一代代流传下来的传说说起了。相传，古时西伯利亚人以捕鱼狩猎为主，他们崇拜熊，把熊看作是森林的主人，是世间整个大家庭的祖先，并认为熊具有许多神奇的本领。例如能够死后复活，明白人类的语言，认识自己的每一个亲属，能带来幸福或灾难。这样一个被父母当作睡前故事的传说，影响着每一个俄罗斯人，以至于他们不但虔诚地信奉熊，并且使熊的形象逐渐染上宗教色彩。据说,熊从前是与上帝同住在天上的一个锥形帐篷里,只因为它的固执不从,而被贬到人间,成为俄罗斯人的神。

据史料记载,古代的人们认为,熊原为人,并具有人的特征,比如可直立、眼似人、喜食蜜和酒等。因而对它特别敬畏,宗教上也禁令规定,直呼熊的名字是一种禁忌,所以,在俄罗斯民间,人们按熊的外形将其称为"脚趾内翻的"或按其颜色称为"棕色的"。时至今日,俄语中"熊"一词是由蜂蜜和吃两部分组成,意为"吃蜜的"动物,倒也颇为形象。

今天,俄罗斯人对熊的喜爱也表现在社会的方方面面。比如常把熊作为大型活动的吉祥物,1980年,莫斯科夏季奥运会吉祥物就是一只名叫"米沙"的棕熊,其可爱的造型传达了俄罗斯合作、热情、开放的文化特点。"米沙"的形象在莫斯科奥运会期间被用在毛绒玩具、瓷器、塑料制品、玻璃器皿等上百种纪念品上,而且还被印制成邮票。即使在奥运会结束后,"米沙"也被赋予传播奥林匹克精神的使命,和两名宇航员一起飞上了太空。特别值得一提的是,俄罗斯现任总理梅德韦杰夫的这个姓氏在俄语中也是"熊"的意思,俄罗斯政坛处处高呼"熊来了",其实也就是指梅德韦杰夫来了。

俄罗斯境内约有100种狩猎鸟类,如属游禽的长尾鸭、眼眶绒鸭、斑背潜鸭、针尾鸭、绿头鸭,属鸡形目鸟类的雷鸟、苔原雷鸟、黑琴鸡。经济鱼类约有250种,具有代表性的是鳕科(狭鳕、鳕、黑线鳕、青鳕)和鲱科(鲱属、黍鲱属等),并在捕鱼量中占主要部分。海兽类包括小鲤鲸、海豚、格陵兰海豹、海兔、海象、海狗、海狮等。无脊椎动物有甲壳纲的螃蟹,软体动物牡蛎、贻贝、扇贝、乌贼和棘皮动物海胆、海参等。

但在最近几十年,由于人为的追捕和生存条件恶化,许多动物的分布区已缩小,有些动物已为数不多。

(二)种类繁多的植物资源

提到植物资源,也许您的脑海中会浮现出俄罗斯莽莽苍苍、一望无垠的壮丽森林景观。确实,在俄罗斯,森林的覆盖率达43.9%,森林面积达到74900万公顷,约占世界森林总面积的1/5,植被种类繁多。

繁茂的森林带来了丰富的木材资源。现如今,俄罗斯的木材蓄积量占世

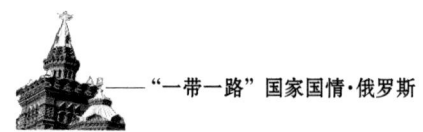

界总量的1/4，仅西伯利亚和远东地区就达600亿立方米，居世界首位。尤以西伯利亚、远东地区和欧洲北部的森林最丰富。在南部山区，种类繁多的植被依纬度走向分布。

森林同样也带来了大量副产品，包括野生苹果、梨等水果，浆果（欧洲越橘、悬钩子等）和榛子、胡桃、松子等坚果。

俄罗斯远东地区草本植物种类最丰富，有1900~2000种。西伯利亚和北极岛屿的植物品类最贫乏，有100~150种。高等植物显花植物、木贼纲、石松纲、真蕨纲植物有2.5万~3万种，还有遍布在森林、沼泽和苔原中的苔藓植物。除此之外，在俄罗斯还有大量的藻类、地衣类和真菌类植物。

下面，我们将视线穿越苍茫大陆，着眼于俄罗斯海域的丰富水生植物。在北部的白海和巴伦支海中共有达200万吨的大型水生植物；南部的亚速海和里海中发现有丝状藻类以及草类植物，资源总量超过1000万吨；在其余远东各海共有550种藻类和15种草类水生植物，其中的某些藻类是提取琼脂、藻朊酸、碘以及海带的原料，也可用作饲料和肥料。

说到这里，您也许会觉得上述的植物都太过常规，无甚新奇，那么下面的内容，将是一种神秘与独特的展现。

卫星遥感图显示的俄罗斯平原，特别是乌拉尔山以东地区，自东向西被划分为四个植被区。其中三个植被区极其富有特色，从它们的名称——冻原、针叶林和大草原上来看，并不会产生什么直观的感受，但它们却独具特色。

1. 冻原

冻原上空的北风常年在这里呼啸，在俄罗斯的最北地带，甚至已深入北极。这是一片寒冷的、覆盖着皑皑白雪、没有生命的荒漠，就像西方玄幻小说中常常出现的高原大陆。稍往南，稀疏地生长着一些奇形怪状的树，平常坚韧到能轻易撑裂石头的树根在这里却无法穿透永久冻土层，所以它们的根都扎得很浅。当春天来临，表层的冰雪开始融化时，雪水滋养着的苔藓和地衣开始生长，大地又一次被鲜亮而又耐寒的花朵所覆盖。晚春时节，候鸟飞来，成群的动物——银狐、狼、雪貂和北极旅鼠，从南部森林地区长途跋涉来到这里。但当寒冬和黑暗再次降临时，整个冻原地带只有北极熊和海豹仍能在这里生存（见图1-3）。

第一章 走进绚丽缤纷的国度：全景俄罗斯

图 1-3　俄罗斯冻原地带北极熊

2. 针叶林

紧临冻原的是针叶林带，这是一个面积巨大得几乎无法穿越的地带，占全球森林面积的 1/3，大约有 5000 公里长、1000 公里宽。被这个森林的王国所隔绝，就意味着在密林的最深处，冰雪几乎终年不化，永冻层终年留存。大地被冰封起来的结果是，高高的云杉只能像醉汉一样倾斜着扎在薄薄的土壤表面，除此之外还分布着落叶松和白桦树之类的典型俄罗斯植物。这个黑暗的王国也是黑貂、俄罗斯棕熊、山猫、西伯利亚麋鹿和马鹿的栖居地。但这并不是一个理想的世外桃源，因为夏天黑压压的嗜血蚊子和小虫使整个针叶林区完全不适宜人类前往。

3. 大草原

一望无际的西伯利亚大草原辽阔、凉爽，但由于羚羊被大量地猎杀和野马的灭绝，空气中平添了一股空旷荒凉的气息。然而，巨大的草原猎鹰却仍在天空中翱翔，在它的下面，各种各样的草原小动物，例如土拨鼠、五趾飞鼠和中国纹鼠依旧出没于茫茫大草原之中。

（三）储量巨大的矿产资源

俄罗斯因其纬度高，导致气温常年较低。面积广阔为复杂的地形和丰富的矿产提供了条件。

在这个天然的矿产仓库中，资源种类齐全，蕴藏量大，俄罗斯是世界上少有的几个资源能够自给自足的国家之一，如图1-4所示。这是国土辽阔的一个结果，也是俄罗斯经济发达的主要原因之一。

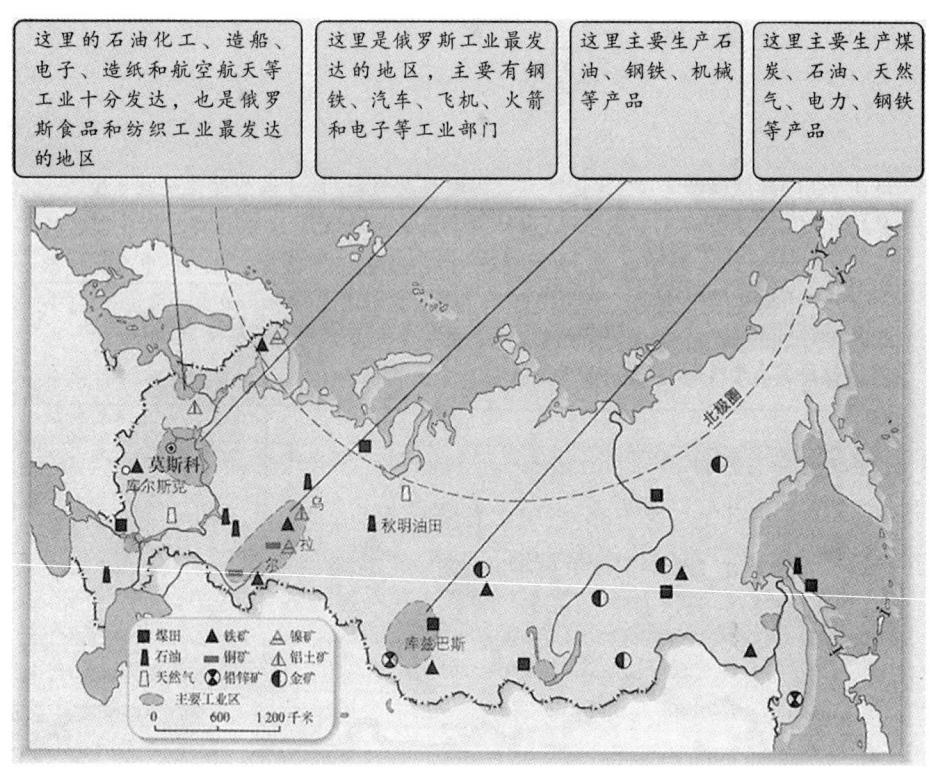

图1-4 俄罗斯的矿产资源及工业分布状况示意图

俄罗斯矿产资源潜力巨大，拥有世界上37%的矿产资源，潜在总价值约28万亿美元。俄罗斯已发现和探明的矿产地有2万多处（包括燃料资源）。据有关资料介绍，在现知的矿产基地结构中，黑色和有色金属占13%、非金属矿原料占15%、金刚石和贵金属占1%。多数矿产储量居世界前列。铁矿、金刚石和锑矿、锡矿探明储量居世界第一位，铝矿储量居世界第二位，金矿储量居世界第四位，钾盐储量占全球的31%，钴矿储量占全球的21%。其他一些矿产储量也占世界总量相当大的份额。俄罗斯矿产资源的绝大部分集中在东部的西伯利亚与远东地区，该地区蕴藏着全俄罗斯80%以上已探明的各种矿产资源，储量潜在价值为25万亿美元，是俄罗斯最主要的矿物原料基地，而且也是当今世界仅存的矿产资源尚未得到充分开发利用的地区。

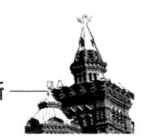

丰富的资源再加上完善的保护机制，使俄罗斯矿产资源保障程度高于其他国家，这也是保障俄罗斯国内需求并实现对外出口的坚实基础。从工业上来讲，俄罗斯37%的矿产资源已投入工业开发，采矿业在俄罗斯经济困难时期就对国家经济生存起到重要的支撑作用，甚至于20世纪90年代在矿产（不包括金刚石）开采量下降的情况下，俄罗斯一系列矿产（煤、镍、钴、铁、稀有金属、铂、金刚石、磷灰石、钾盐等）开采量仍占世界总量的一定比重，并且还是世界最大的主要有色金属——铝、铜、镍的出口国。矿产原料及其加工品（不包括石油、天然气）的出口保障了俄罗斯外汇收入的20%以上。

（四）极具潜力的农业资源

俄罗斯的平原面积约占全俄面积的1/2，农业用地平坦、肥沃、规模大，并且国土跨寒带、亚寒带和温带三个气候带。广袤的土地和多样的气候为俄罗斯农业发展提供了重要的自然物质基础。据统计，俄罗斯农业用地面积为2.2亿公顷，其中耕地面积约1.34亿公顷，约占全球耕地面积的8%。粮食作物主要有小麦、大麦、玉米、水稻等，经济作物以亚麻、向日葵和甜菜为主。小麦、葵花籽、马铃薯的产量均居世界前五位。在养殖业中，鸡蛋、牛奶、羊毛产量也居世界前列。

农业区分布均匀，主要有东西伯利亚和远东南部地区、南西伯利亚地区、黑海沿岸亚热带地区、西北部地区、西部地区这五大区域。其中，以南西伯利亚地区为代表，区域范围包括伏尔加河流域区的东北部、乌拉尔区的南部、西西伯利亚的南部，其土壤为肥力较高的黑钙土和栗钙土，是俄罗斯主要的商品粮基地之一，也是俄罗斯主要的畜牧基地之一。

（五）分布广泛的水资源

俄罗斯境内河流总长度为960万公里，流量仅次于巴西，居世界第二位。水资源极为丰富，人均占有量是中国的12倍，虽然从数量上遥遥领先，但是分布不均衡。人口稀少的北部和东部寒冰地区密布着众多的河流，占俄罗斯水资源总量的88%，而集中了全国大部分人口和工农业生产的南部和西部水资源却只占了12%。为了解决水资源分布不均的问题，早在苏联时期就建设了15项调水工程，年调水量达480多亿立方米。比较著名的有大土库曼运河、伏尔加—莫斯科运河调水工程、纳伦河—锡尔河调水工程、库班河—卡劳斯河调水工程、瓦赫什河—喷赤河调水工程等。

以伏尔加—莫斯科运河调水工程来说，因首都莫斯科曾经是一个水资源短缺的城市，20世纪30年代初，苏联政府考虑到首都的发展，决定修建莫斯科运河，从水资源丰富的伏尔加河上游调水，保证首都的水供应。莫斯科运河自1932年底开始建设，到1937年5月结束。并且在1952年，苏联还修建了连接伏尔加河和顿河长101公里的列宁运河。这些运河通过调水保证了莫斯科的用水，改善了莫斯科地区的卫生状况，运河沿途还可以进行水力发电。

三、引人入胜：俄罗斯的旅游景观

说到俄罗斯的旅游景观，真是多到如过江之鲫一般，不管是城市风貌，还是自然美景，数量颇多，独具特色，总会有一处能打动人的心灵。

（一）风景城市

"深夜花园里四处静悄悄，

树叶也不再沙沙响。

夜色多么好，

令人心神往，

多么幽静的晚上。

小河静静流，微微泛波浪，

明月照水面，银晃晃。

依稀听得到，

有人轻声唱，

多么幽静的晚上。

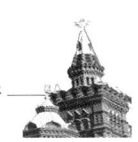

我的心上人坐在我身旁，

默默看着我不作声，

我想对你讲，

但又难为情，

多少话儿留在心上。

长夜快过去天色蒙蒙亮，

衷心祝福你好姑娘，

但愿从今后，

你我永不忘，

莫斯科郊外的晚上。

——《莫斯科郊外的晚上》

这首在中国脍炙人口的俄罗斯歌曲，奠定了许多中国人对莫斯科的第一印象——幽静、浪漫、神秘。

莫斯科，是俄罗斯政治经济文化的中心，一座有800多年历史的古城，名胜古迹繁多。最古老的所在是始建于1156年的克里姆林宫建筑群，它是历代沙皇的宫殿，气势雄伟，庄重典雅，包括巍峨壮观的圣母升天大教堂、凝重端正的报喜教堂、天使大教堂。与克里姆林宫毗连的著名的红场（见图1-5），是莫斯科市中心的著名广场，列宁墓就在这里。

图1-5 红场

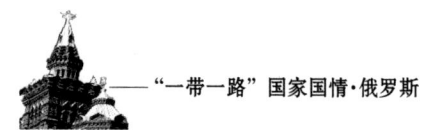

除了上述的庄严肃穆外，莫斯科还有其艺术、浪漫的一面。来自四面八方的游客经常会光顾特维尔（原高尔基大街）和阿尔巴特（保留着俄罗斯的古玩店和旧书店，是一条步行街）这两条典型的俄式风格大街，因为在这里有俄罗斯最著名的数个剧院，还有特列季亚科夫画廊。特列季亚科夫画廊是俄罗斯联邦国家艺术博物馆，在俄罗斯的地位就相当于中国美术馆在中国的地位。馆内收藏了5.7万件俄罗斯知名画家的作品，包括列宾、彼罗夫、克拉姆斯科伊、苏里科夫等俄籍著名画家的举世佳作。

莫斯科的文化艺术风云人物也很多，比如普希金，19世纪俄国浪漫主义文学的先锋人物，作品涉及诗歌、小说、戏剧甚至童话，均为典范之作。至今普希金的故居还是莫斯科的热门景点之一，就在俄罗斯外交部大楼紧邻的幽静小街上，天空澄蓝，阳光明媚，道路两旁成荫的白桦树随风轻轻地摇动，发出哗哗声响，一切是那么的安逸静美。

位于莫斯科西南部的新圣女公墓是一处著名的名人墓地，许多知名的艺术家都埋葬在这里，每一块墓碑的背后都是一段传奇。例如在中国家喻户晓的《钢铁是怎样炼成的》的作者奥斯特洛夫斯基，芭蕾大家乌兰诺娃，表演巨匠尼库林。每年，公墓都要接待大量游客，他们会在这里为自己的偶像献上一束花，注视着那块墓碑，在心底轻轻地向逝去的偶像表达仰慕之情。

对我们来说除了莫斯科外，另一个最为中国人熟知的俄罗斯城市就应该是圣彼得堡了，也就是我们常常提及的列宁格勒。

"阅读七遍描述圣彼得堡的文字，不如亲眼看一下这座城市。"这是俄罗斯的一句谚语，所表达的就是圣彼得堡悠久厚重的文化内涵。

圣彼得堡，俄罗斯第二大城市，面积1439平方公里，位于俄罗斯西北部，波罗的海芬兰湾东岸、涅瓦河口，是俄罗斯的中央直辖市，列宁格勒州的首府，西北地区的中心城市，也是全俄罗斯最重要的水陆交通枢纽，更是世界上人口超过百万人的城市中位置最靠北的一个，被称为俄罗斯"北方的首都"，在俄罗斯人心目中的地位可见一斑。

圣彼得堡始建于1703年，至今已有300多年的历史，名称源自耶稣的弟子——圣徒彼得。1712年彼得大帝迁都到这里，一直到1918年200多年的时间，这里都是俄罗斯文化、政治、经济的中心。1924年曾为纪念列宁而更名为列宁格勒，1991 年又恢复原名为圣彼得堡。1990 年，圣彼得堡与历史中心古迹群被联合国教科文组织列入《世界文化遗产名录》。

圣彼得堡在俄罗斯经济中占有重要地位，是一座大型综合性工业城市，常被称为俄罗斯最西方化的城市，是俄罗斯通往欧洲的窗口，许多外国领事馆、跨国公司、银行和其他业务据点均位于圣彼得堡，是一座科学技术和工业高度发展的国际化城市。

圣彼得堡像莫斯科一样也是一座文化名城。市区内现有 53 所国立高校，400 多个科研机构，2000 多个图书馆，80 多个剧院，45 个美术馆，其以众多的历史文化古迹著称。圣彼得堡还有 264 家博物馆，其中以艾尔米塔什博物馆（冬宫）、彼得宫（夏宫）、康斯坦丁宫、叶卡捷琳娜宫、俄罗斯博物馆等最著名。

与莫斯科相比，圣彼得堡更具皇家风范。1712~1918 年，圣彼得堡曾是俄国的首都，市中心的冬宫就是当时沙皇的皇宫，十月革命就是从停泊在涅瓦河上的"阿芙乐尔"号巡洋舰炮轰冬宫开始的。圣彼得堡因其风格鲜明的俄罗斯古典建筑享有盛名，最著名的名胜古迹有彼得保罗要塞、彼得保罗大教堂等。

圣彼得堡的自然风光也很不错。因为建在波罗的海东岸的涅瓦河口（见图 1-6），使整个城区分布在涅瓦河三角洲的岛屿上，许多河流穿越而过，别具水城风情，故有"北方威尼斯"之称。此外，由于圣彼得堡纬度很高，夏季特有的"白夜"景色也令人流连忘返。

图 1-6 圣彼得堡的涅瓦河口

海参崴，俄罗斯人通常称为符拉迪沃斯托克，是俄罗斯的滨海边疆州首府，西伯利亚大铁路的终点，是太平洋沿岸著名港城和远东地区最大的城市。城市位于俄中朝三国交界之处，三面临海，拥有优良的天然港湾，地理位置优越，是俄罗斯在太平洋沿岸最重要的港口。

它与中国的渊源最深刻，1860年前属中国清朝领土，"海参崴"这个名称就来源于那时古老的肃慎语（满语），汉译为"海边的晒网场"或"海边的小渔村"。1860年《中俄北京条约》签订后，改为今名，意即"控制东方"。

海参崴又是一个风景秀丽的疗养胜地，已成为俄罗斯仅次于黑海、波罗的海沿岸的第三大旅游疗养胜地。利用山丘地形、临海的位置和大片森林的特点，经过总体规划设计，把这个滨海山城装扮得秀丽多姿、别具一格、环境优美，令人心旷神怡。这里还有优良的海滨浴场，每逢夏季都要接待来自俄罗斯远东各地、西伯利亚、欧洲部分乃至外国的游客，疗养者成千上万。

斯维特兰那大街是海参崴的主要街道，沿金角湾沿岸延伸7公里，在这条大街上有许多各个时代修建的风格各异的建筑物。在大街的起始，是著名的维尔萨宾馆，建于1908年，因被查汶海滩（见图1-7）、通阳码头、苏梅猴园等景观所包围而闻名，是三者的最佳观景点，现在是海参崴最高档舒适的宾馆之一。

图1-7　查汶海滩

(二) 特色建筑

1. 皇家宫殿

据史料记载，俄罗斯民族最早居住在森林周围，祖祖辈辈都就地取材搭建居所，形成传统的以木质结构为主的建筑风格。自10世纪末接受基督教后，受宗教的影响开始出现石造建筑，但多用于公共建筑。建造这种石造建筑最主要的目的就是一切以神为依归，塑造庄重典雅、伟大高尚的气氛，让信徒心生崇敬之感。这种石造建筑典雅大方，高阔端正，顶部矗立多个半圆形的顶盖。此外，俄罗斯传统建筑还有几个特色：从木结构发展出来的建筑技巧，如层次叠砌架构与大斜面帐幕式尖顶，还有衍生而来的外墙民俗浮雕。独立的塔形结构与高大宏伟的风格在石造建筑上不断地被发扬光大。

这种风格最明显地反映在俄罗斯众多的皇家宫殿之中，如最著名的克里姆林宫及位于圣彼得堡的夏宫与冬宫（见图1-8）。

图1-8 冬宫

克里姆林宫曾是历代沙皇的宫殿，莫斯科最古老的建筑群，它高大坚固的围墙和钟楼、金顶的教堂、古老的楼阁和宫殿，耸立在莫斯科河畔的博罗维茨基山岗上，构成了一组无比雄伟壮丽的艺术建筑群。

夏宫位于芬兰湾南岸的森林中，是历代俄国沙皇的郊外离宫。其主要代表性建筑是一座双层楼的宫殿，外观简朴庄重，内部装饰华贵，尤以二楼的装饰最华丽，舞厅的圆柱之间，都以威尼斯的镜子作装饰。当时许多大型舞会、宫廷庆典等活动都在这里举行，彼得大帝生前每年必来此度夏。如今，夏宫已成为包括18世纪和19世纪典型俄式宫殿花园的建筑群，由于它的建筑豪华壮丽，因而被人们誉为"俄罗斯的凡尔赛"。

冬宫坐落在圣彼得堡宫殿广场上，原为俄国沙皇的皇宫，十月革命后辟为圣彼得堡国立艾尔米塔奇博物馆的一部分，是18世纪中叶俄国巴罗克式建筑艺术最伟大的纪念物。冬宫是一座蔚蓝色与白色相间的建筑，高三层，呈封闭式长方形，占地9万平方米。宫殿四周有两排柱廊，气势雄伟，内部以各色大理石、孔雀石、石青石、斑石、碧玉镶嵌，以包金、镀铜装潢，以各种质地的雕塑、壁画、绣帷装饰，色彩缤纷，气派堂皇。另外，为纪念战胜拿破仑，广场中央树立了一根亚历山大纪念柱，高47.5米，直径4米，重600吨，用整块花岗石制成，不用任何支撑，只靠自身重量屹立在基石上。它的顶尖上是手持十字架的天使，天使双脚踩着一条蛇，是战胜敌人的象征。

2. 教堂

去俄罗斯旅游，无可避免地会被各处耸峙的教堂所吸引。"俄罗斯的历史，一半都与东正教有关"。俄罗斯教堂大多数都会有一个竖有十字架的葱头圆顶，作为俄罗斯东正教教堂的标志。只要是有俄罗斯人居住的地方，就会有东正教教堂，这些散发着迷人古韵的教堂似乎在诉说着昔日宗教势力强大而无所不能的辉煌时代，是俄罗斯历史的缩影和见证。

位于莫斯科的瓦西里教堂和位于圣彼得堡的喀山大教堂在俄式教堂中最为典型与知名。

瓦西里教堂在俄罗斯首都莫斯科市中心的红场南端，紧傍克里姆林宫，于1560年建成。中央的高塔达46米，共有九个金色洋葱头状的教堂顶，在高高的底座上耸立着八个色彩艳丽、形体下满的塔楼，簇拥着中心塔，巧妙地构成一体，显示了16世纪俄罗斯民间建筑艺术风格。教堂内部，几乎在所有过道和各个小教堂门窗边的空墙上都绘有16~17世纪的壁画。殿堂分作上下两层，陈列着16~17世纪的文物。这座教堂是为纪念16世纪中叶俄罗斯国家生活中的一次重大历史事件——征讨、战胜和兼并喀山罕国而建的,后因曾有一个名叫瓦西里的修士在此苦修,最终死于该教堂而得名。传说在战争中,俄罗斯军队由于得到了八位圣人的帮助,战争才得以顺利进行,为纪念这八位圣人才修建了这座教堂,八个圆顶分别代表一位圣人,而中间那座最高的教堂冠则象征着上帝的至高地位。教堂建造完毕后,为了保证不再出现同样的教堂,伊凡大帝残酷地刺瞎了所有建筑师的双眼,伊凡大帝也因此背负了"恐怖沙皇"的罪名。

喀山大教堂(见图1-9)是根据沃罗尼欣的设计于1801~1811年建成的,它的外貌具有当时帝国典型的风格特征,比如一个呈半圆形的柱廊。柱廊的后面露出高达70米的教堂圆顶。喀山大教堂名称来自教堂内所供奉的喀山圣母像,当年恐怖伊凡的军队突击喀山时,在烽火中发现了这尊圣母像。令人感到神秘的是,正是喀山圣母像不断地传出显灵的事迹,所以这里就成为了俄罗斯东正教教徒膜拜神迹的地方。

图1-9 喀山大教堂

3. 街道

涅瓦大街(见图1-10)是圣彼得堡最著名的历史街区,更是社会、文化中心,建于1710年,是连接市区和涅瓦河的主要干道之一。这条大街长4.5

公里，道路两旁集中了 18~20 世纪最杰出的建筑。在街道两侧和毗邻的广场上有很多歌剧院、图书馆、博物馆、音乐厅和电影院等。各街区有大百货公司、食品店、教堂和名人故居等。这里的建筑依旧保持 18 世纪、19 世纪的风貌，每一幢建筑外观都经过精雕细刻。此外，涅瓦大街还是一个信仰宽容的地方，包括东正教的喀山大教堂、新教的圣彼得和保罗教堂、天主教的圣凯瑟琳教堂、荷兰教堂、亚美尼亚教堂都各司其职地指引着他们的教徒。另一个令人称奇的地方就是这条街道横贯三条著名的河，其中一条叫喷泉河，河上有 15 座桥，在涅瓦大街上的叫安尼可夫桥，建于 1841 年，在花岗石基上的驯马铜雕，形象十分逼真。

图 1-10 涅瓦大街

（三）自然风光

贝加尔湖（见图 1-11），源于古肃慎语"贝海儿湖"，在汉代被称为"北海"，位于俄罗斯东西伯利亚南部，是世界上年代最久的湖泊，为世界第七大湖。形状为新月形，似一弯新月镶嵌在西伯利亚南缘，景色绮丽，令人流连忘返。俄国大作家契诃夫曾描写道："湖水清澈透明，透过水面就像透过空气一样，一切都历历在目，温柔碧绿的水色令人赏心悦目……"

图1-11　贝加尔湖

该湖水质好，透明度深达40.5米，动植物资源丰富，被誉为"西伯利亚的明眸"。2015年，贝加尔湖水体总容积为23.6万亿立方米，最深处达1637米，蕴藏着地球上约20%的淡水量，也就是相当于北美洲五大湖水量的总和，超过整个波罗的海的水量，是世界上储水量最大的淡水湖，湖水可供50亿人饮用半个世纪。在贝加尔湖周围，共有大小336条河流注入湖中，最大的是色楞格河，而从湖中流出的则仅有安加拉河，年均流量仅为1870立方米/秒。湖水注入安加拉河的地方，宽约1000米以上，白浪滔天。

贝加尔湖的寓意，有三个不相同的答案：《世界文化与自然遗产情景写真地图版》的解释是"富饶的湖泊"；《彩图版世界文化与自然遗产》则是这样记叙的：当地的布里亚特人称为"贝加尔—达拉伊"，意思是"天然之海"；而《世界奇景探胜录》的文字却是"贝加尔"之名，据说是大约1300年前住在这里的库里堪人起的名字，意思是"大量的水"。

这里历史上曾长是中国的固有领土，也是中国古代北方游牧民族的主要活动地区，更是汉代苏武牧羊之地。实际上，早在公元前110年贝加尔湖就出现在书面记载中，中国汉代的一位官员在其札记中称贝加尔湖为"北海"，

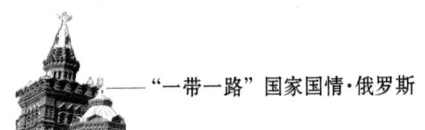

这可能是贝加尔湖汉语名称的起源。关于贝加尔湖名称的来源还有一种简单解释：突厥人称贝加尔湖为"富裕之湖"，逐渐演化成俄语的"贝加尔湖"。我国汉代称为"柏海"，元代称为"菊海"，18世纪初的《异域录》称为"柏海儿湖"，《大清一统志》中称为"白哈儿湖"。蒙古人称为"达赖诺尔"，意为"海一样的湖"，早期沙俄殖民者亦称为"圣海"。

湖畔阳光充沛，雨量稀少，冬暖夏凉，有矿泉、温泉300多处，是俄罗斯东部地区最大的疗养胜地。1996年被列入世界人类文化和自然保护名录。贝加尔湖大量的温水海湾和异域风情的奥利洪岛每年都吸引大量游客到这里来旅游参观。再加上这里相对适宜的气候、美丽的风景、大量的自然和考古古迹、不同种类的生物群、清新的空气、原生态环境以及独特的休闲资源，使贝加尔湖坐拥超高的旅游休闲潜力。奥利洪岛是6~10世纪古文化最大的文化中心，被认为是萨满教的宗教中心，这里的民族传统、习俗以及独特的民族特征都被完整地保存了下来。

西伯利亚的第二大铁路——贝阿大铁路，西起贝加尔的乌斯季库特，东抵阿穆尔的共青城。铁路沿湖东行，沿途峭壁高耸，怪石林立，穿行隧道约50处，时而飞渡天桥，时而穿峰过峡，奇险而壮美。

贝加尔湖的岸边是由松树、云杉、白桦和白杨等组成的密林，这里河汊纵横，植物生长茂盛，覆盖度高。除距河口较远的上游区域有一些牧场外，当地基本保持了自然状态。西岸的远方是针叶林覆盖的连绵不断的群山，有很多悬崖峭壁。东岸多为平原，山地草原上的植被分别为杨树、杉树和落叶树，还有西伯利亚松和桦树，植物种类达600多种，其中3/4是贝加尔湖特有的品种。由于两岸气候的差异，自然景观也迥然不同。

贝加尔湖自然奇观之一是高跷树。树的根从地表拱生着，成年人可以自由地从根下穿来穿去。它们生长在沙土山坡上，大风从树根下刮走了土壤，而树根为了使树生存下来，却越来越深地扎入贫瘠的土壤中。

在生物学家眼里，贝加尔湖不仅风光秀丽，更是盛产稀有生物物种，在这里所发现的3000多种动植物中大部分属于特有品种，贝加尔湖是俄罗斯出产稀有物种最多的地方。这里的稀有物种多是特产，举世难寻，如味道鲜美的秋白鲑、讨人喜爱的环斑海豹等，数不胜数。虽然说是淡水湖，但是贝加尔湖却也生长有硕大的北欧环斑海豹和髭海豹。

四、稳定与保障：俄罗斯的国民生活

要全面了解一个国家，最重要的是看生活在这个国家上的主体——人，首先看他们的精神面貌，精神面貌代表幸福指数，幸福指数来源于这个国家潜在的社会福利制度和待遇，包括住房、社会福利、就业等，表现在公民与国家的契约书中，公民在履行义务后所能享受的权利。

（一）私有化的住房制度

住房从来都是老百姓极为关切的问题，亦是不容易解决的复杂问题。

十月革命前的俄国，居民居住条件很差。1913年城镇人均住房面积为6.3平方米。十月革命胜利后20世纪20年代，由于战争的破坏与城市人口的大量增加，到1926年人均住房面积降至5.8平方米，有近30%的工人家庭人均住房面积还不到3平方米。即便经过30年代苏联工业化时期的发展，到1940年，居民人均住房面积也只有6.4平方米。在第二次世界大战中，苏联25%的城市居民住房遭到破坏，经过战后几年的住房建设，直到1950年城市人均住房面积才提高到7平方米。1953年赫鲁晓夫上台后，在解决居民住房方面面临巨大的压力，因为当时大多数居民居住条件都十分恶劣。例如1956年的学生宿舍里，竟然还住有大学副校长与教授，一对离婚的夫妻也只能同住在一间宿舍里。赫鲁晓夫下决心要在10~12年内解决住房问题。

从1957年开始，苏联政府决定每年建造200万平方米的居民住宅，目标是为每个家庭提供独户住房，人均要达到9平方米。住房的设计比较简单，为装配式预制结构五层楼房，后来被称为"赫鲁晓夫筒子楼"。尽管这一时期所建住房带有简易经济房性质，但对缓解住房紧张起到了很大作用。到1965年，居民人均住房面积为10平方米，约有30%的家庭住进了单元式住房。直到勃列日涅夫时期，还在继续加强住房建造，后经过各届政府的努力，在苏联解体前的1991年，苏联人均住房面积已达到16.5平方米。

苏联解体后的俄罗斯对住房制度进行了根本性的改革。改革的政策，一是实行公有住房私有化，即以无偿方式把房屋产权交予居民；二是改变原来的主要靠国家建房并无偿提供给居民使用的住房制度，更改为国家不再分配住房，而是实行多渠道筹资建房，并鼓励公民个人建房与购房；三是提高房租，使其接近住房实际价值，以克服原来的低房租平均主义；四是尽快建立与发展房地产市场，使其与国企大规模私有化和整个经济向市场经济体制转型相适应。

俄罗斯住房私有化是根据自愿、无偿与一次性三个原则进行的。自愿原则就是公民根据自己的意愿参与住房私有化，使公有住房归自己所有。无偿原则，即所有公民均可按规定的标准无偿获得已住房屋的所有权。无偿转为公民所有的住房按俄罗斯人均住房面积来确定，不得少于每人18平方米，特殊条件下，可按住房性能再向每户提供9平方米，超标部分以一次性或分期付款的方式解决。一次性原则即公民可按私有化方式一次性获得归自己所有的住房。

在推行住房私有化的同时，俄罗斯采取各种政策措施鼓励公民建房与买房，如提供建房买房信贷。政府规定，银行可通过缔结信贷和抵押合同向法人与公民提供三种信贷：用于获得建房用地的短期或长期贷款；用于建设住房的短期贷款；用于购买住房的长期贷款。俄罗斯还通过发放住房券（一种具有保值作用的有价证券，持有者可用来分期购买住房）以吸收居民手中资金投资建房。另外，俄罗斯对以自有资金和专项贷款建房、买房的公民，对其住宅专项储蓄账户的存款免征个人所得税。

政府还逐步提高了居民住房公用事业的缴费比例，并从2005年起完全由居民负担，但是如果该项费用在居民家庭总收入中的比例超过20%，国家可给予相应比例的补贴。这一措施既有利于减轻地方财政压力，又可以使住房公用设施的维修得到资金保证。

上述住房制度的改革，使私人住房量大大增加，到2001年，私人住房占存量住房的63%，公房占到37%。而改革前的1989年却是67%的住房为公房，33%为私房。这一巨大变革对当时逐步形成一级、二级住房市场也有重要意义。此外，这一改革也促进了住房建设的发展。1992年，俄罗斯住房总面积为24.92亿平方米，2011年已增加至32.72亿平方米。人均住房面积也从1992年的16.8平方米提高到2011年的22.8平方米。

俄罗斯住房方面存在的主要问题是，住房私有化后，可提供无偿分配或以优惠价出售的房源大大减少，从而使无房户增加。这一问题的产生还与房价大幅度上涨有密切关系。随着住房私有化改造的进行，俄罗斯房地产走向国际市场，房价也随之上涨，2012年房价比2011年上涨9.9%。根据2011年俄罗斯报纸公布的排行榜显示，莫斯科当时的房价已达到5902美元/平方米，黄金地段的高档住房，已近1万美元/平方米，有的甚至高达5万美元。而2011年1~5月莫斯科市人均月工资仅为1465美元，全俄罗斯月均最低生活费的标准为6369卢布，约213美元。随着房价上涨，租房价格也同样走高，在首都莫斯科市仅一居室的平均月房租已是1000美元。

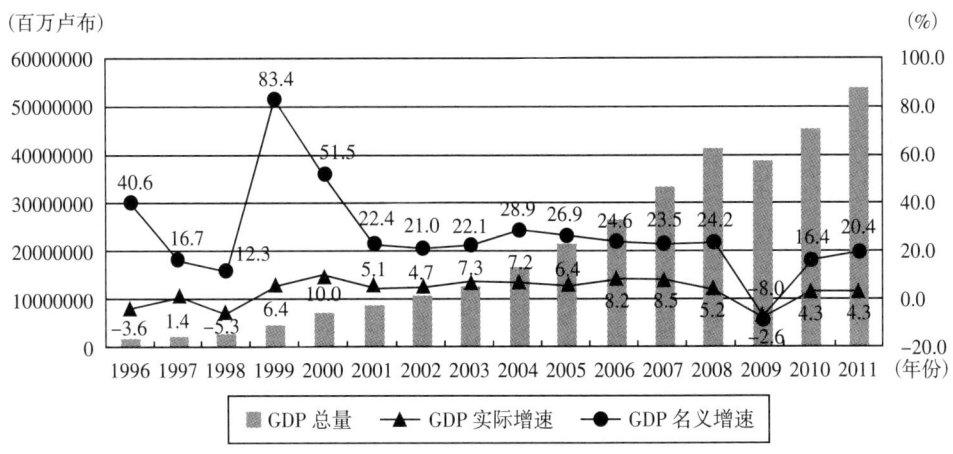

图1-12　1996~2011年俄罗斯年度国内生产总值及增长率

政府的调控在这时就起到了关键的作用。2012年2月13日，普京在《共青团真理报》发表的《构建公正——俄罗斯的社会政策》中指出：目前俄罗斯只有1/4的公民有能力建设或购买新住房，政府将通过多种途径解决民众住房问题。他认为，随着各种措施的实施，在2020年前可以让60%的家庭获得新住房，在2030年前就可以彻底解决住房问题。在俄罗斯住房制度改革过程中，另一个问题是，房地产行业存在垄断，存在人为价格操控行为。俄罗斯

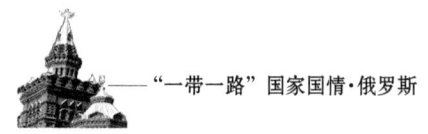

联邦总检察长柴卡发表了声明,声明中指出鉴于联手操控价格的做法可能存在,总检察长已经委托联邦反垄断局组织一项调查,以判断房地产开发商在为房产定价时是否遵守反垄断法的规定。关于这一问题,普京在2004年的总统国情咨文中也曾强调指出,为了使房地产市场规范化,必须打破建筑市场的垄断,俄罗斯公民不应为建筑业由于行政障碍造成的损失埋单,也不应为建筑商的超额利润付钱。

(二)全面完善的社会福利

俄罗斯人口总数与国土面积不成比例,尤其缺乏青壮年人口,且近年来人口增长率还逐渐趋于负增长,这个问题一直都是俄罗斯政府难以解决的困难。为保障现有人群基数稳定,俄罗斯政府为公民制定了许多优惠政策和福利补贴,内容涉及社会生活的方方面面。全国共有1亿多人不同程度地享受着各种优惠待遇,仅针对献血者、警察和法官的各种优惠补贴每年就达100多亿卢布。不过,如果综合全部社会优惠,包括对住宅和物业管理的补贴,仅2003年社会优惠政策就需要高达2.8万亿卢布的资金,相当于政府当年预算的68%。因此,从实际情况来讲,政府根本无法履行全部优惠补贴。

许多优惠政策是苏联解体后制定的。1992~1996年,政府针对一些社会阶层制定了许多社会福利和补贴政策。仅法官享受的优惠项目就有为其提供单独的住宅或住房,并无偿成为法官的财产,离职或退休后房屋产权依旧不变;由地方预算拨款为法官安装电话;由联邦预算支付法官及其家属的医疗费用和医生开列处方的药品费,退休后仍可享有这些权利。还有,可在全国各地免费乘坐公共交通工具等。

以养老制度为例,1991年12月,俄罗斯联邦政府颁布《养老基金法》,建立独立于国家预算的养老基金,由国家、企业和个人三方分担。雇主按工资总额的31.6%缴纳,工人和公司职员按本人工资的5%缴纳。后来政府又陆续颁布了若干法律条令,对养老金制度进行修改补充。例如,对养老金的计算方法进行了改革,提高养老金的最低标准,实行养老金的指数化等。然而,任何事物总会有其缺陷,这个缺陷就是它是以支定收,缺乏稳固的资金储备。为改变这种情况以及应对即将到来的老龄化,俄罗斯通过了一系列针对性的法律，包括 2001 年 12 月 5 日通过的《劳动老残恤金法》和《强制老残恤葬保险法》，两部法律对现行的养老金制度进行了改革。改革的主要内容，一是引入积累原则，过去是全部缴费都用来统筹，重新分配，现在出现了个人账户；二是改变养老金的发放条件；三是改变未来养老金数额的确定方式，使被保险人未来领取的养老金与其缴费年限和工资水平挂钩。改革的基本目的是通过积累原则，促使人们收入公开化，保证公民纳税和缴纳社保。第二个目的就是，引入一个强制性的国家养老保险体系，让企业和其他机构不用再设立专门机构对职工的养老金进行管理，而改由国家专门机构进行管理。第三个目的是给养老保险项目参与者以更多的权利和自由来选择投资增值方式，即缴费者不仅可以把个人账户中的钱放在国有基金中，也可以放在非国有基金中进行运作。在领取养老金条件方面，男性年满 60 岁，女性年满 55 岁，并且缴费满 5 年的都可以享受劳动养老金。简单地解析养老金的结构，它由基础部分、保险部分和积累部分三项组成。所有养老金领取者基础部分的标准都相同，保险部分为领取者的保险账户资金除以 19 年（即 228 个月）的平均值，积累部分为个人账户中的储蓄总额除以预计领取养老金的月份数。基础部分的资金来源于向国家财政缴纳的统一社会税，另外两部分则来源于俄罗斯联邦年金基金的资金。

养老金的数额会根据物价的变化进行指数化变化。缴费标准根据不同年龄和不同收入水平采取累进制的计算方法。如对于 1967 年以后出生的人，如果工资每年在 10 万卢布以下，雇主则为其缴纳其工资的 8% 用于保险部分，6% 用于积累部分。如果其工资在 10 万~300 万卢布，雇主为其缴纳 8000 卢布和超出 10 万卢布部分的 4.5% 用于保险部分，外加 6000 卢布和超出 10 万卢布部分的 3.4% 用于积累部分。

（三）收费低廉的教育优惠政策

苏联解体后，俄罗斯联邦实现了学龄前教育、基础普通教育和中等职业教育的强制性和完全免费。近年来，俄罗斯的经济虽然不景气，但是它的义务教育制度却依然如故，也就是"再穷不能穷教育"，学生上学一律免费，教科书均由学校无偿提供。而且所有小学一律免费供应全体学生一顿丰盛的、营养充分的早餐或午餐。

俄罗斯的大学则分公立和私立两种。公立大学占大学总数的90%~95%，私立大学非常少，只占5%~10%。政府负担所有公立大学学生40%的学费，另外60%的学费则根据学生的入学考试分数决定减免程度。大学入学考试是全国统一，学费福利标准也是全国统一。在一流大学里平均有50%的学生是全免费，以莫斯科大学为例，90%的学生是学费全免的免费生。免费生所免的费用包括学费、住宿费（只象征性地交一点）、书费（由图书馆提供）三项。

在俄罗斯的所有公立大学，部分学生不管学习成绩怎样，学费都是全免的，如孤儿、残疾人、服役期满的复员军人，而且研究生和博士生的学费也都是由国家负担。在今天的俄罗斯，即使是清洁工几乎也是受过大学教育的，可见教育的发达程度。

五、三色旗与双头鹰：俄罗斯的国家象征

近年来，俄罗斯人总会以"战斗民族"作为代称，可以说，"战斗民族"的诞生脱胎于起伏跌宕的俄罗斯历史，脱胎于俄罗斯人在一次次为祖国、为自身、为民主自由的奋斗中所不断磨砺的民族骨气。这一民族特点也反映在俄罗斯的国旗与国徽中。

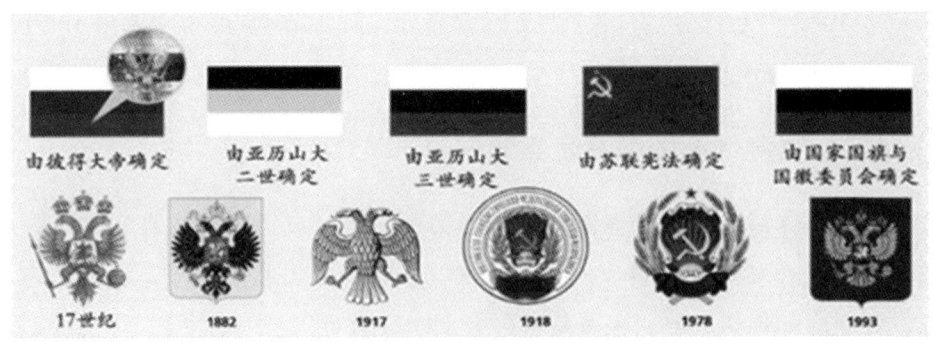

图1-13 俄罗斯国旗与国徽的演变历程

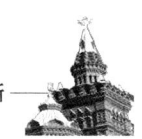

（一）三色旗国旗

俄罗斯联邦国旗——三色旗，呈横长方形，长与宽之比约3:2。旗面由三个平行且相等的横长方形相连而成，自上而下分别为白色、蓝色、红色三色。俄罗斯幅员辽阔，国土跨寒带、亚寒带和温带三个气候带，三色横长方形表示了俄罗斯地理位置上的这一特点。白色代表寒带常年白雪茫茫的自然景观；蓝色既代表亚寒带气候区，又象征俄罗斯丰富的矿产、森林和水利等自然资源；红色是温带的标志，也象征了俄罗斯悠久的历史和对人类文明的贡献。

三色旗来源于1697年彼得大帝在位期间采用的红、白、蓝三色旗，红、白、蓝三色被称为泛斯拉夫颜色。1917年十月革命胜利后曾取消三色旗。1920年苏维埃政府采用新国旗，由红、蓝两色构成，左边为垂直的蓝条，右边的红色旗面上有一颗五角星和交叉着的铁锤与镰刀，此旗后来成为俄罗斯苏维埃联邦社会主义共和国国旗。1922年苏维埃社会主义共和国联盟成立后，对国旗图案做了修改，改为一面左上角有金色的五角星、镰刀和铁锤图案的红旗。直到1991年苏联解体，俄罗斯苏维埃联邦社会主义共和国改称为俄罗斯联邦，随后采用了现如今的白、蓝、红三色旗作为国旗。

（二）双头鹰国徽

1993年11月30日，俄罗斯联邦决定采用十月革命前伊凡雷帝时代的以双头鹰为图案的国徽：红色盾面上有一只金色的双头鹰，鹰头上是彼得大帝的三顶皇冠，鹰爪抓着象征皇权的权杖和金球。鹰的胸前是一个小盾形，上面是一名骑士和一匹白马。

双头鹰的由来可追溯到公元15世纪，原是拜占庭帝国君士坦丁一世的徽记。拜占庭帝国曾横跨欧亚两个大陆，它一头望着西方，另一头望着东方，象征着两个大陆间的统一以及各民族的联合。1453年，曾辉煌一时的拜占庭帝国被奥斯曼土耳其帝国灭亡，拜占庭皇帝君士坦丁十一世英勇战死，他的两个弟弟，一个臣服于奥斯曼土耳其帝国，另一个带着两个儿子和女儿索菲娅·帕列奥罗格逃至罗马。后来，这两儿一女在其父死后被罗马教皇抚养成人。当时的罗马政治家们为了借助俄罗斯的军事力量抵御土耳其人，便采用联姻的方式将索菲娅许配给了莫斯科大公伊凡三世，索菲娅由此佩戴着代表拜占庭帝国威严的双头鹰徽记来到了俄罗斯。索菲娅协助夫君伊凡三世把俄罗斯的土地基本上联合到了一起，形成一个疆域辽阔的统一国家。1497年，双头鹰作为国家徽记首次出现在俄罗斯的国玺上，直到1918年。1993年11月30日，这只象征着俄罗斯国家团结和统一的双头鹰又"飞"回到俄罗斯的国徽上，并且在20世纪末，国家杜马从法律上确定了双头鹰为俄罗斯的国家象征。

图1-14 双头鹰在建筑中的应用

第二章

追寻自我的双头鹰：俄罗斯政治鸟瞰

翻看世界地图，俯瞰欧亚大陆，一个广袤的地理单元立刻会吸引人们的眼球，那就是横跨欧亚两大洲的俄罗斯。当我们的目光越过高加索山脉，越过伏尔加河，就会看到一片富饶的草原，那就是俄罗斯人的心脏之地——声名显赫的基辅罗斯（即今日乌克兰境内），它是孕育俄罗斯政治文明的摇篮之地。1000多年前，从这里崛起一个伟大的民族并最终成为横跨欧亚的具有重要政治影响力的大国——俄罗斯。从昔日名不见经传的基辅罗斯到初露锋芒的莫斯科公国再到影响世界近代史的沙皇俄国，从与美国并驾齐驱、叱咤风云于国际政治舞台的超级大国苏联到今日转型与崛起中不断探索的俄罗斯联邦共和国，作为一个不折不扣的"战斗民族"，俄罗斯在历史上与现实中均具有强大的政治影响力。

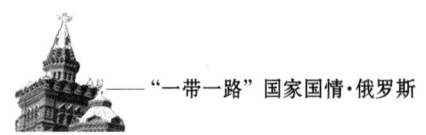

一、鹤立雄起：俄罗斯政治发展概况

（一）探本溯源：俄罗斯的政治发展背景

1. 龙兴之地基辅罗斯

俄罗斯国家政治文明发展的历史有1000多年，其真正在世界政治舞台上产生重大影响则是在近代，属于文明相对较晚的大器晚成的民族之一。俄罗斯的历史可以追溯到862年建立的留里克王朝。俄罗斯人的祖先一般认为是古代的东斯拉夫人。8世纪时，在广阔的俄罗斯草原形成北部的诺夫哥罗德和南部的基辅两个大的斯拉夫人部落联盟。诺夫哥罗德部落的首领叫留里克，他是瓦良格人的首领（中国购买的第一艘航母为什么叫"瓦良格"号原来是有深厚的历史渊源），原来是查理曼帝国手下的一个诸侯，862年率兵在诺夫哥罗德建立了留里克王朝。俄罗斯的土著居民把这些瓦良格人称为"罗斯"，意思为"精通航海的人"，他们也随着岁月变迁与当地斯拉夫人融为一体，从而接受了"罗斯"这一称号。明清之际，由于对阿尔泰语系的翻译习惯，中国就出现了"俄罗斯"这一称呼。

谈到俄罗斯的历史，首先要追溯的一个历史人物就是大名鼎鼎的奥列格。882年诺夫哥罗德大公奥列格占领基辅，建立了基辅罗斯。奥列格是一位具有伟大军事才能和辉煌战绩的杰出领袖。他将留里克王朝的统治痕迹深深地刻印在东欧草原大地之上，留下了深远的历史影响。他北征斯摩冷斯克及第聂伯河沿岸，南讨基辅，通过自己过人的军事才华和斗争意志，最终占领了基辅罗斯（见图2-1），并将统治中心由北部的诺夫哥罗德迁址到这里，国家政权的巩固及罗斯国家初见雏形成为他最大的执政功绩。更重要的是，在他征服东斯拉夫土地及人民的同时并没有改变东斯拉夫人民原有的生产和生活方式，反而是在语言、风俗等方面接受了斯拉夫化的生活，从而深入人心，从此之后，基辅的统治者不再使用"留里克""奥列格"这些带有北欧色彩的名字，而是逐步采用斯拉夫语的姓名，例如弗拉基米尔、雅罗斯拉夫等，这表明新的俄罗斯民族逐渐成形了。正是由于留里克与奥列格的努力，他们四处征伐、打通商道，加强了与文明中心拜占庭的联系，才开启了俄罗斯1200年强国之路的起点。在他们的统治下，基辅成为各部落联盟的中心，也成为欧洲重要的商业、文艺城市之一。基辅对俄罗斯民族如此重要，俄罗斯对有关乌克兰问题的强烈反应自然就清楚，因为今天的乌克兰就是过去的基辅，而基辅又恰恰被俄罗斯视为龙兴之地，历史渊源与现实战略地位都极为重要。

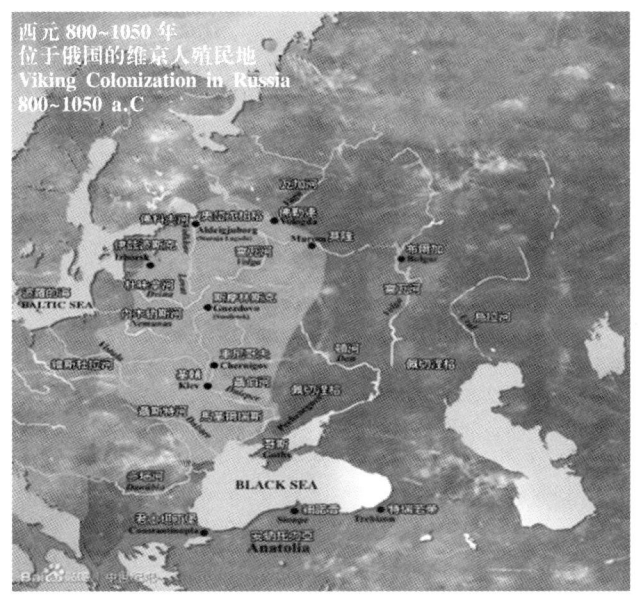

图 2-1 基辅罗斯崛起示意图

2. 涂抹东方色彩的 200 年

俄罗斯曾经有 200 多年历史是被蒙古人占领和书写的。这两个多世纪的统治对俄罗斯民族的政治发展、性格养成、社会风俗等打上了深深的烙印。1235 年，拔都（见图 2-2）与诸王长子统军西征。蒙古远征军先后征服了钦察、俄罗斯，直入欧洲腹地（影响之大，直到今天欧洲人提起这一历史事实仍然战战兢兢地将其描绘成可怕的"黄祸论"，由此可见历史影响之大）。大汗蒙哥（1209~1259 年，拖雷长子）根据当年成吉思汗分封的旨意，将拔都征服的所有疆域，包括钦察、阿兰、阿速、斡罗斯等的土地，以及诸如不里阿耳、蔑怯思等其他国土都授予拔都。这就是蒙元王朝分封的四大汗国中疆域最广、持续最久的钦察汗国，又称"金帐汗国"。钦察汗国统治俄罗斯长达225年，对其政治、经济、文化的发展都产生了极为深刻的影响。俄罗斯的土地上第一次出现了中央集权的封建国家。

图2-2　蒙古统帅拔都汗

　　蒙古人的到来促使俄罗斯成为一个统一的中央集权国家。蒙古征服俄罗斯后，俄罗斯人对自己的失败进行了反省。他们逐渐意识到，分裂和分权是自己犯的最大错误。正是基辅罗斯后期近两个世纪的分裂和分权，使俄罗斯一蹶不振，无法制敌。因此，只有进行统一和中央集权，才能使自己壮大起来，重获独立。于是，独立、统一和实现中央集权，逐渐成为俄罗斯历史发展的必然要求。经过不懈奋斗，俄罗斯于1480年重新独立，于1521年实现完全统一，并在15世纪末16世纪初形成了以莫斯科为中心的中央集权国家。

　　蒙古人的到来打开了俄罗斯与亚洲交往的大门，同时，却在无意之中割断了俄罗斯与欧洲其余地区的联系。这种隔绝持续了两个多世纪。直到伊凡三世时，俄罗斯才恢复了与欧洲国家的往来。而13~15世纪正是西方经历深刻变革的时代，文艺复兴如火如荼，宗教改革和商业革命也将接踵而至。西欧的发展正处于上升时期。相较之下，俄罗斯发展步伐稍慢。由于蒙古人实行中央集权统治，这就为后来俄罗斯国家的政治体制打上了深深的东方烙印。

3. 莫斯科公国的政治家底

"时势造英雄",在反抗蒙古统治过程中,名不见经传的俄罗斯公国悄然壮大,这是对俄罗斯政治发展具有决定性意义的一件大事。1304年,莫斯科与特维尔公开争夺大公权位,双方征伐不断。同时,它们又都向蒙古金帐汗争宠。在这场竞争中,莫斯科王公伊凡一世(1325~1340)(见图 2-3)略高一筹。1327年,他自告奋勇,一年之内先后两次镇压特维尔和诺夫哥罗德的反蒙暴动,深得金帐汗欢心。1328年,受宠于金帐汗的伊凡一世终将"弗拉基米尔及全罗斯大公"的头衔争到了自己头上。伊凡一世凭借替金帐汗向罗斯人征赋税的特权,大肆敛收民财,被世人称为"伊凡·卡里达"(卡里达意为钱袋)。伊凡一世上贿蒙古王公,收买人心,还大力扩展领地,增强国力。他把隶属于"大公"名下的弗拉基米尔、佩雷雅斯拉夫里、科斯特罗马等地纳入莫斯科公国版图,又以兼并、购买等方式取得马格利奇、加里奇和白湖等地。他还通过种种手段,动员罗斯大主教彼得,把主教驻地由弗拉基米尔迁至莫斯科,从而使莫斯科具备了政治中心和宗教中心这两大优势。王权与教权的结合不仅加强了他的政治、经济力量,而且也建立起了强大的精神支柱。

图 2-3 伊凡一世:莫斯科大公

从 15 世纪开始,由于经济发展、地区联系加强以及反抗外族斗争的需要,罗斯各公国逐渐以莫斯科为中心形成了一个统一的国家。这一统一进程在 15 世纪下半叶进入高潮,16 世纪上半叶基本完成。1462~1505 年,伊凡三世在位期间,他不惜一切手段来加强莫斯科的地位。首先他在 1478 年和 1485 年先后吞并了诺夫哥罗德和特维尔。其他小国也陆续被并入莫斯科版图。与此同时,伊凡三世在位时经过艰苦的斗争终结了蒙古人的统治。此后,伊凡三世开始集中精力对付波兰和立陶宛。最后通过 1487 年和 1500 年两次战争,彻底击败了波兰和立陶宛,夺得德斯纳河流域的广阔土地。执政 33 年的伊凡三世为莫斯科的独立与统一奠定了坚实基业。他死后,其子瓦西里三世先后于 1510 年和 1521 年把普斯科夫和梁赞并入莫斯科，最终完成了俄罗斯的统一大业。

（二）强势崛起：俄罗斯的政治发展历程

1. 改变俄罗斯方向的彼得大帝

彼得一世·阿列克谢耶维奇·罗曼诺夫（1672~1725）为俄罗斯帝国罗曼诺夫王朝的沙皇，如图 2-4 所示。雄才大略的他在位期间，大刀阔斧推进改革及推行西化措施，定都彼得堡。

图 2-4 彼得一世像：向海洋进军

"西方""贸易"与"海洋"是彼得孜孜以求的战略目标，半隔绝于西欧的封闭状态在彼得大帝时期终于被打破。彼得大帝积极地进行国内改革，在贵族中间引进西方的生活习惯，学习西方的技术，建立西式的军队，厉行开明专制，进行法律、行政、财政等多方面改革，建立国家宗教事务管理总局来控制教会，等等。同时他又筹划了一系列战争，击败北方强敌瑞典，夺得了波罗的海出海口。这一系列的改革与战争使俄国突然崛起于东欧，令欧洲其他国家感到震惊。他先是在 1700 年更换了俄国的历法，此后，俄国的纪年以基督诞生的那一年作为开端而不再以上帝创世的时间作为开端，新年也将从 1 月 1 日开始而不再是 9 月 1 日，纪年法的转变使俄国人开始了同步于欧洲的历史节奏。

此外，彼得大帝还通过"向西方看齐"的一系列政治经济措施，打开了俄罗斯与西方的大门，从而成为俄罗斯历史上思想开放、锐意进取、富有改革精神的有为之君。在他的统治下，俄罗斯国号首次定为"俄罗斯帝国"。1712年，彼得大帝从莫斯科迁都圣彼得堡，使之成为全国政治、经济和文化的中心。在彼得大帝时代，俄国出现了第一张报纸，开办了第一批军事学校和技术学校，有了第一个博物馆和第一个公共图书馆，有了第一批公众剧院和第一批公园，彼得大帝还下达了设立科学院的第一道诏令，使俄罗斯"从愚昧无知的深渊登上了世界光荣的舞台"。这一次成功的改革推动了社会进步，增强了俄国实力，巩固了专制统治，使俄国由欧洲的穷乡僻壤变成了世界强国。

2. 扩张带来的政治遗产——俄罗斯大帝国

俄国在欧洲的大扩张时代是叶卡捷琳娜大帝在位时期。通过1768~1774年的俄土战争，俄国击败土耳其帝国，吞并了克里米亚汗国，俄国获得了更为重要的黑海出海口。此后她联合普奥帝国三次瓜分波兰。她曾说："我两手空空来到俄国，现在我终于给俄国带来了我的嫁妆，就是克里米亚和波兰。如果让我活200岁，我将征服整个欧洲，使俄国变成一个有六个京城的大帝国！"俄罗斯的强国之路初具雏形。

在重点经营欧洲及努力获取出海口的同时，俄罗斯对广袤无垠的亚洲腹地也急速扩张。对西伯利亚的扩张开始于1581年。当时的伊凡雷帝（见图2-5）只是派了经常与西伯利亚汗国打交道的一个商人家族去向西伯利亚汗国收取毛皮。该家族的部属，哥萨克人叶尔马克，率领一支840人的小队伍上路了。年迈的古楚汗和强悍的哥萨克苦苦周旋，到底弓箭长矛敌不过火枪火炮，1598年，西伯利亚汗国灭亡，古楚汗逃到南方草原，终究没有逃脱国破家亡之命运。俄国占

图2-5 伊凡雷帝：首位沙皇

领了西伯利亚西部，这其实是由一个商队完成的。在留里克王朝与罗曼诺夫王朝之间的混乱时期，俄国本土发生了大饥荒，1/3 的人饿死，并且还遭到当时的欧洲大国波兰的进攻，几乎亡国。俄国本土的危机，并未影响到遥远的北亚的俄罗斯商人们，他们仍在北亚进军。吸引他们的倒不是土地资源，他们不断向前推进的目的是为了获取更多的毛皮。

1613 年，罗曼诺夫王朝建立，俄国本土这才稳定下来，俄国人在北亚的开拓也推进到了勒拿河流域。1632 年，俄国商人们修建了俄国在北亚的第一个城市——雅库次克城堡。沙皇在此设立督军府，俄国官方开始接手在北亚的扩张。俄国人于 1639 年推进到鄂霍次克海沿岸。之后，他们与贝加尔湖一带的布里亚特蒙古人展开争夺。17 世纪 70 年代，俄国人占领了贝加尔湖一带。1689 年，俄国人与清政府签订《尼布楚条约》。18 世纪末，叶卡捷琳娜大帝统治末期，俄国又继续向东进军，占领了楚科奇半岛，并进而越过白令海峡，吞并了北美的阿拉斯加，使其一跃成为世界上面积最大的国家。俄国成为真正的俯瞰欧亚大陆的双头鹰。多民族共存的政治版图和中央集权统治制度得到极大发展，以封建农奴制为主基调的政治经济发展模式也稳定发展并深刻影响了俄罗斯民族的政治发展历程。俄罗斯开始以一个战斗民族的形象屹立于欧亚大陆之上。

图 2-6 战斗民族：迅速扩张的俄罗斯帝国示意图

3. 红场岁月见证下的苏联政治

苏联模式是俄罗斯历史、文化及政治发展的必然。苏联模式也可以称作斯大林模式或传统社会主义模式，它是苏维埃时期苏联共产党建设社会主义的一种组织体系和思想体系。苏联模式兴起于20世纪30年代，作为世界上首先诞生的社会主义大国，苏联在经济和政治建设上曾经取得过辉煌成就，"一五"及"二五"计划后，苏联的工业总产值居欧洲第一位、世界第二位。苏联从农业国成为工业国，建立了独立完整的国民经济体系。人民生活水平迅速提高，为日后"二战"胜利奠定了雄厚的物质和军事基础。

当然，苏联模式存在的问题也是显而易见的，而且随着时间和条件的变化日益突出。苏联模式的实质与突出特征是高度集中，它在兴起之时就滋生出相应的问题，诸如政治上民主太少，容易产生个人崇拜。如果说这些问题在"二战"前那段时期，国家为了应对外部危机，算是有比较充分的理由，可是"二战"后苏联成为超级大国，安全问题已经有了保障，继续实行过去的体制，其合理性越来越少。

图 2-7　苏联时代的红场阅兵

二、追寻自我的"双头鹰":俄罗斯政治文化概况

随着苏联解体,俄罗斯以公民参与为特征的政治文化日渐发展壮大,公民社会开始不断成长,民主与法治因素不断建立和完善,现代型的、西方化的公民文化建设趋向取得明显进展。然而在俄罗斯政治文化中,一些负面因素影响在短期内也很难清除,如对权力的神化和膜拜、家长制风气、法律虚无主义、顺从心理、对政治参与的冷漠、缺乏政治宽容、缺乏共识、容易走向对抗等。对于当代俄罗斯的政治发展来说,这些因素是很大的障碍。

(一) 斯拉夫化的政治遗产

1. 罗斯受洗的政治影响

公元988年为罗斯受洗年。罗斯受洗即罗斯接受基督教信仰,公元988年,当时的基辅大公弗拉基米尔接受了传自拜占庭帝国(东罗马帝国)的基督教作为国教,使得罗斯人告别了多神教的信仰。罗斯受洗对基辅罗斯公国及现代俄罗斯、乌克兰、白俄罗斯的发展起了重大作用。自罗斯受洗以来,俄罗斯人确定了自己一千余年的思想根基,基督教成为国教并因此实现了自己民族的超常发展。罗斯受洗是俄罗斯历史上最重大的事件之一,其影响意义超过了任何一个王朝或政权的建立或消亡。罗斯受洗使基辅罗斯的封建制度得到了进一步的发展和巩固,单一的宗教加速了斯拉夫各部落的统一过程,也加强了大公的权力。罗斯受洗还使先进的拜占庭文化涌入罗斯,这成为俄罗斯文化发展的一个重要转折点(见图2-8)。

俄罗斯东正教会非常重视基辅罗斯接受东正教这一重大历史事件。俄罗斯总统梅德韦杰夫于2010年6月1日签署文件,确定每年7月28日为"罗斯受洗日",列为全国性节日。弗拉基米尔把自己看作"军事统治同拜占庭皇帝的神权统治结合为一体,从而成为他的臣民在地上的统治者和天上的使者"。基督教代替多神教成为民众的信仰支柱,增强了国民精神与信仰的统一

图 2-8　瓦斯涅佐夫 1890 年作《罗斯受洗》

以及对伟大俄罗斯的认同感和国家的使命感。同时，基督教的传入也相应地带动了俄罗斯文字、文学与文化的传播，教育开始渗透到穷乡僻壤，罗斯同当时的先进地区如拜占庭、保加利亚等地文化交流也大大繁荣。在"圣安德烈会保佑俄罗斯"的精神鼓舞下，俄罗斯东正教把自己看作是基督教的正统，坚定了自身富有的神圣使命。

2. 弥赛亚与斯拉夫化的俄罗斯

"罗斯受洗"带来的基督教精神也促进了俄罗斯民族弥赛亚文化的产生与发展。作为一种文化观念，俄罗斯弥赛亚意识由三个层面组成：在宗教层面，俄罗斯自诩为东正教的继承人和拯救者；在精神层面，认为本民族思想是拯救世界的最佳武器；在政治层面，俄罗斯试图解放全人类。但无论哪一方面占上风，思想和行动的弥赛亚意识始终处于相互渗透、互为因果的互动关系中，这种互动贯穿在整个俄罗斯社会发展之中，并影响着社会历史的进程。这使得俄罗斯的弥赛亚意识具有深厚的宗教基础、充分的哲学阐释、极致的文学体现、有效的经济保证和强大的政治依托。拜占庭帝国灭亡后，罗斯以"第三罗马帝国"自居，也是最后一个罗马，莫斯科应该担负起拯救全世界的上帝赋予的神圣使命，由此奠定了这一始终不渝的政治信念：罗斯是神圣的国家，罗斯人民是上帝的选民，罗斯的历史是"神选民族的历史"。这样，莫斯科的宗教和政治使命合二为一。"神圣的罗斯"转变为"拯救世界的罗斯"

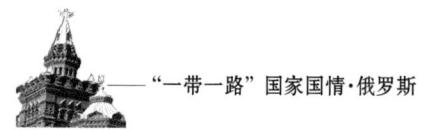

并产生了持续的影响。俄罗斯的弥赛亚意识主要有两种表现：第一，国家衰弱时表现为全民的爱国主义精神，它是民族的凝聚力，此时，弥赛亚意识具备了道德的和英雄主义的特性，这无疑值得称颂；第二，日益复兴的俄罗斯国家催生了极端民族主义情绪，这不仅表现在人们对日里诺夫斯基的支持上，更表现在民族情绪的普遍宣泄中，2007年热销的尤里耶夫的《第三帝国》便是证明。

（二）集权政治下的俄罗斯政治文化

1. 精英与大众的政治心理

苏联解体后的俄罗斯政治文化是一个各种异质的政治价值、政治理念以及政治标准的交融与交锋。由于俄罗斯民族的传统心理结构——国家主义一直占据上风，共同的利益显然优先于个体的利益。这种优先性保证了俄罗斯民族的生存和发展，但是也在共同利益与个性自由之间埋下了隐患。20世纪90年代初期，俄罗斯意图通过社会转型改变这种状况，精英层希望通过西化方案，激发社会的活力，使个性的实现成为可能。但是骤然的政治开放打破了原有的政治结构，给社会带来了巨大的混乱。不论是上层精英还是下层民众，其政治思维中的固有模式并没有打破，无法适应新的政治结构和政治制度。对于上层精英来说，原有政治结构的打破和新制度的确立为他们争权夺利提供了空间。而对于下层民众来说，由于民主选举没有建立起公正的代表权力机关的管理结构，政治社会化的各种形式被破坏，新制度下的所谓政治自由和民主权利却无从实现。宣称代表他们的党派与其说是为了他们的利益，不如说是为了自己的政治前程。民众所谓的政治参与，只是在无所适从的选举中投下自己的一票。虽然民众的政治热情被空前地激发起来，但是他们的

表 2-1 俄罗斯威权政治中精英特点

企图垄断一切
单向思维，强调政治上决定服从
等级分明
孤傲排外
全能主义，无所不管

资料来源：孙哲. 威权政治 [M]. 复旦大学出版社，2004.

力量变得更加软弱。同时，政府所推动的大规模的私有化政策使俄罗斯社会阶层出现严重分化，新兴的权贵阶层掠夺了人民的财富，使大多数民众陷入贫困。民众消极、冷漠、排斥政治的现象有所抬头。

苏联解体后，俄罗斯国家的政治系统发生了变化，西方式的民主政治模式在制度上得以确立，因而传统的"政治一致"格局被打破，公民可以自由地表达自己的观点和立场，政治参与得到了加强。虽然"俄罗斯缺乏作为西方议会制基石的自由论争的文化，冲突往往导致分裂、对抗"，叶利钦时期政治生活中充满了"街头政治"，漫无节制的游行抗议活动造成了社会的巨大混乱，但是新的政治行为风格正在逐渐形成。它体现在政治竞争者中出现了文明的辩论方式，每一方都希望以有利的论据说服对方。在政治运作中，更强调妥协以及联盟的艺术。采取各种积极的方式，包括利用大众媒体，对立法、行政权力机构施加压力，进行积极的社会动员来达成具体的目标。最重要的是各种政治力量在既定的政治游戏规则中进行斗争。

2. 王权与威权政治的深厚土壤

千年回眸，俄罗斯历史上那些铁马金戈的人物在历史风浪的涤荡下如过眼云烟，可他们留下的民族精神和政治传统却没有随着有形的器物和有限的生命消失。从基辅罗斯时期的"君权神授"到独裁者的"专制制度"，从"斯大林主义"到叶利钦和普京时代的"权威主义"，各种政治术语层出不穷，政治转型千变万化。万变不离其宗，形成了独具特色的政治文化传统。政治文化是意识、总体文化、政治行为、国家和政治制度的形成和发挥职能的成分与现象的总和。这些制度保证社会的政治生活和政治制度的再生产。回顾千年历史，可以发现俄罗斯政治文化传统的三个特性：其一，无论是基辅罗斯时期，还是后苏维埃时期，一直存在把政权神圣化、理想化的现象，或者说是王权的图腾。其二，家长制理念的渗透。掌权者——"人民的父亲"是一种象征符号，是家国天下乃至世界的首领。其三，高度的中央集权使掌权者的权力难以真正受限，其个人意志有时会凌驾于法律之上。俄罗斯政治文化传统的三个特性时至今日仍依稀可辨。民众的救世主心态与长期封建集权统治形成的崇圣意识是形成威权政治的深厚土壤，这就导致威权政治对俄罗斯政治文化产生极大影响。

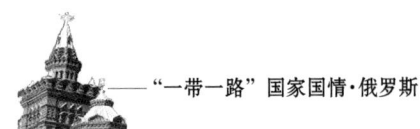

莫斯科大公弗拉基米尔通过基督教给他的人民灌输了"君权神授""奉天承运"的思想。俄罗斯的东正教成为帝王推行专制政治的外衣及手杖。大公既是罗斯的统治者,也是人民的保护者和拯救者。到了15世纪中叶王权向专制迈进了一大步。伊凡三世自称"独裁者"。这个词在当时没有贬义,恰恰相反,它是罗斯人摆脱蒙古统治、获得主权独立的欢呼声。这个称呼预示着"完完全全的独立,百分之百的自由,摆脱了一切压迫"。一直在东西方夹缝中生存的罗斯第一次扬眉吐气。在俄语中,"专制制度"与"独裁者"是同根词,就像"独裁者"一样,罗斯的"专制制度"同样受到人民的热烈欢迎,因为它代表着民族的独立与自主。从这时起,罗斯人开始主动把自己的君主神圣化。

到19世纪,沙皇不再是某一个个体,而是整个民族和国家的象征物,是完成世界使命的关键人物。罗蒙诺索夫曾把俄罗斯拟人化,把它描绘成一个巨人女沙皇的形象:她身着皇帝的紫袍,头戴王冠,手里握着帝王权杖,头顶白云,手拄高加索山脉,长足一直伸到中国的万里长城。很明显沙皇的权力和人格被与国家概念等同起来。沙皇崇拜发展到极致,且与民族的自我崇拜交织在一起。历史的车轮滚滚进入20世纪,无论是集权政治的斯大林,还是"人民拯救者"的叶利钦,抑或"强人政治"的普京,威权政治的土壤从来没有离开过俄罗斯的大地。

(三)西方化与本土化的艰难选择

在俄国走向西方化的进程中,作用最大的沙皇是彼得一世和叶卡捷琳娜二世。前者通过一系列强制性的改革,把西欧的军事、科学、教育、新闻、历法等体制引进到俄国,并把首都从相对封闭的莫斯科迁移到邻近欧洲的圣彼得堡。后者则大力推行所谓的"开明专制",不仅虔诚地聆听伏尔泰和洛克等启蒙思想家的教诲,甚至提出要在俄国实行三权分立、陪审团等西方制度设计。当代的西方化进程始于戈尔巴乔夫时期(1985~1991)。从他主张的民主化、公开性和"共同的欧洲大厦",到叶利钦的自由主义转型方案,都是以西方的民主制度和自由市场经济为蓝本的。

但是,自近代起,在俄罗斯大力接受欧洲文明的同时,其本土化或叫斯拉夫化的倾向并未减弱，甚至在某些转折时期还会被特别强化。事实上，俄罗斯的斯拉夫化倾向源自基督教世界的分裂（1054）。当时，俄罗斯与拜占庭一道，与罗马公教会分道扬镳，并力图宣示自身的基督教正统性。1453年，拜占庭王朝覆灭后，俄罗斯修道士费洛菲依宣称，继承了基督教正统的莫斯科将成为"第三罗马"，也就是基督教徒最后的避难所，以拯救被日耳曼人玷污的基督教，斯拉夫人的使命感和自豪感随之不断上升。

苏联解体后，俄罗斯信奉斯拉夫主义的政治力量反对模仿西方发展模式和文化，强调俄罗斯自身的特殊性，特别是俄罗斯民众依赖国家的庇护、俄罗斯地理和气候条件不允许照搬西方特别是美国式的西方民主政治与自由市场经济逻辑。注重传统和宗教因素，特别激烈批评外来语对俄语纯洁性的玷污，要求禁止在政府文件中使用外来语替代传统俄语中的相应词汇。主张在中小学开设有关东正教方面的课程。主张恢复东斯拉夫民族的统一。

俄罗斯的地理位置对俄罗斯社会有着巨大的影响。由于地处欧亚两洲，两种社会文化类型在这里交织。欧洲文化强调个人主义，它以个人及其自由、自然权利为中心。亚洲文化有着悠远的集权传统，它以社会、集体和国家为中心。两种文化在俄罗斯不仅相互补充，同时还持续地相互斗争。这种二元性、矛盾性和冲突性在政治文化中一直很明显，且一直延续至今。俄罗斯历史上几次大的转向以及革命都体现了这些特点，俄罗斯政治文化似乎超越不了这种心理结构定式。

三、走进克里姆林宫：俄罗斯的政治制度解读

苏联解体后，俄罗斯以西方政治发展为蓝本，力图构建西方式的政治模式和政治制度。其政治发展的总体目标是建立一种以稳定为核心，以法治为基础的多元化民主政治制度。从其政治制度的基本架构和发展方向来看，在"外表上"俄罗斯政治已经同西方国家差别不大。三权分立、多党政治、议会制度、总统选举、法律体系、选民参政议政等方面均向西方民主制度和模式

靠拢。但俄罗斯在政治发展过程中，受集权历史传统以及现实中权威主义、经济寡头众多因素的掣肘，其政治发展和政治转型也面临诸多矛盾和难题。较为强势的总统、权力分散、影响力弱的议会、法治建设步伐稍显滞后的司法体系、力量对比悬殊的微弱多党制构成了转型期俄罗斯政治制度的主要特点。

具体来说，俄罗斯现行政治体制表现出以下几方面：

从俄罗斯的国家权力体制看，俄罗斯实行的是"总统集权制"，宪法赋予总统的权力过大，议会的权力很小，司法权力更弱，三权分立的权力结构处于失衡状态。在"三权分立"条件下，与总统权力直接相关的行政权具有特殊作用。《俄罗斯联邦宪法》规定，行政权是一种独立的权力，国家必须建立"统一的行政权力体系"。同时，宪法还根本改变了组织政府的程序，确定了政府作为行使行政权力的机构权能，规定了建立联邦行政权力系统的方式。行政权力较大尤其是总统较为强势的权力成为明显的特征。

从俄罗斯的联邦体制看，1993年宪法确定俄罗斯联邦是按照各联邦主体平等以及联邦中央与各主体分权的原则建立的，这表明俄罗斯联邦力图既避免联邦中央高度集权，又防止民族分裂的倾向。在中央和地方的关系上，普京通过加强中央集权的行政改革，使俄罗斯成为一个权力高度集中的国家。普京实行七大联邦区制度，实际上，联邦区的法律地位以及总统驻联邦区全权代表的职权等问题仍然没有解决，因此联邦区并没有成为俄罗斯联邦制结构的有机组成部分。各地方上的政治发展问题远远没有提上议事日程。

从俄罗斯的政党制度看，2001年7月《政党法》正式颁布后，俄罗斯政党政治的发展进入了一个新的阶段。但是，俄罗斯的政党政治一方面正逐渐适应国内政治发展的要求，另一方面又一直受到国家宪政制度设计的限制。限制俄罗斯政党制度走向成熟仍然有两个制度性障碍：一是总统集权制的制度性障碍。在总统集权体制下，政党功能的发挥受到很大限制。因为宪法授予议会的权力十分有限，主要依靠议会舞台的各政党的作用便受到议会职能的限制。二是各政党竞争制度不完善。按照俄罗斯联邦宪法的规定，议会多数党没有组阁的权力，总统候选人的提名也不一定要首先通过政党。所以，俄罗斯的政党制度尚待完善。

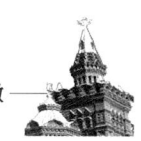

表 2-2 十月革命以来俄罗斯历任领导人简介

执政时间	领导人	在任期间主要事迹
1917~1924 年	列宁	第一任政府首脑，建立苏联，实行新经济政策
1924~1953 年	斯大林	"二战"胜利成为超级大国，苏联模式，"大清洗"事件
1953~1964 年	赫鲁晓夫	苏共 20 大，中苏关系恶化，美苏争霸
1964~1982 年	勃列日涅夫	增强核力量，有限主权论，"珍宝岛"事件
1982~1984 年	安德罗波夫	主张集体领导，进行经济改革，主张中苏友好
1984~1985 年	契尔年科	经济体制改革，社会主义起点论
1985~1991 年	戈尔巴乔夫	建设民主的人道社会主义，访华，苏联解体
1991~1999 年	叶利钦	"休克疗法"与经济私有化改革；通过 1993 年宪法
2000~2008 年	普京	强国思想，普京主义
2008~2012 年	梅德韦杰夫	通过宪法修正案，总统任期延长至 6 年
2012 年至今	普京	三任总统，"克里米亚"事件

（一）普京现象与王者归来：俄罗斯的总统制

总统制模式是指立法权和行政权分别由国会和总统行使，总统是国家元首和政府首脑，与议会之间是分权与制衡的关系。这种模式以美国为起源和典型，现在俄罗斯实行的是以美国总统制模式为基础的半总统制（在立法与行政关系中，既有议会制的成分，也融合了总统制的特点）。1993 年的《俄罗斯联邦宪法》规定总统为国家元首。总统由拥有选举权的公民通过直接的秘密投票选举产生，任期四年，任何一个年龄不小于 35 岁、在俄罗斯联邦常住不少于 10 年的俄罗斯联邦公民都可以被选举为总统。同一个人不得连续超过两次担任总统。通过全民直接选举获得统治权的俄罗斯联邦总统代表整个俄罗斯，是全体人民共同利益的代言人。他不能为个别地区居民团体、政党或某些社会团体的利益服务。总统在执行权力机关的组织和运作方面拥有最为广泛的权限。总统有权经国家杜马同意任命总理，根据总理提交的内阁名单批准联邦执行权力机关的构成。总统可以主持政府会议，作出解散政府、解除政府总理及政府成员职务的决定。总统负责组成和领导安全会议，是最高统帅，有权任免俄罗斯联邦武装力量的高级指挥人员，批准军事学说，宣布实行战时状态，在俄罗斯联邦境内或其个别地区实行紧急状态。俄罗斯联邦总统的正式官邸位于莫斯科的克里姆林宫。

俄罗斯的总统制体现为以下几个特征：其一，议会和总统都由选民单独选出，总统不对议会负责；其二，总统虽然有任免高级官员的权力，但是也需要征求议会的意见并经过议会批准；其三，总统除享有总统制模式下总统所享有的立法否决权外，也享有立法委托权；其四，在政府内部，虽然总统不是政府成员，但是有权主持内阁会议，内阁会议的职能是为总统提供决策咨询，其最终决议取决于总统意志；其五，立法与行政之间实行不相容原则（即政府成员不能同时兼任国会议员），凡接受政府职务的议员，必须在30天内放弃议员身份。这一模式的议会制特征体现在总统下还有一名对议会负责的总理来领导政府，且议会有权通过对政府的不信任案而迫使政府辞职。但是总统却可以无须通过议会同意任命总理，也可以解除总理职务，而且，总统还可以在征询总理和两院议长同意后解散议会。总统由普选产生，一般任期为四年，依据宪法规定限任两届。

普京上台及其执政举措是当代俄罗斯政治发展转折的分水岭，整个国家的社会政治心理由此发生转变。这种转变依赖于三个基础，一是普京利用有利的国际经济环境，促进了俄罗斯的经济发展并且显著改善了民众的生活，从而获得了民众的支持，增强了民众对于现行政治制度的信任，在一定程度

图 2-9　普京总统

上弥合了上层权力精英与底层民众的分裂。二是普京采取了一系列的政治改革举措,重新整合了国家政治资源。在联邦层面上,普京从发动第二次车臣战争入手,严厉打击地方分裂势力。紧接着又实行联邦大区制度,加强中央对各联邦主体的监督。三是借助别斯兰事件,完成了对各联邦主体的完全控制,有效地改变了叶利钦时期地区分离主义的趋势。在政治体制层面上,普京亦实施了改革,通过对政党法的修改,淘汰了那些没有政治基础、为选举而选举的小党。大力扶持气势如虹的"统一俄罗斯党",并作为自己的执政依托。"统一俄罗斯党"在国家杜马中的一党独大,保证了俄罗斯在国家层面上对发展道路选择的独立性。

俄罗斯的"超级总统制"赋予了总统巨大的权力,按照宪法规定:俄罗斯总统享有超越立法和行政之上的权力,既不受立法机关的制约,也不受行政机关的制约,且无须承担政治和法律责任。除总统的叛国罪由议会控告外,宪法没有规定任何弹劾总统的条款。此外,总统还有权直接决定是否把重要的法律草案提交全民公决,真可谓"帝王般的总统"。俄罗斯的政治转轨过程并未就此结束。国家制度建设、法治建设、公民社会培养等方面仍面临转型期国家普遍遇到的困难和问题。如何完善民主政治制度、保证公共权力的规范化与科学化、构建公平公正的司法体系、保障公民政治参与、提升现代政治文明素养是俄罗斯政治制度建设的重中之重。

(二)俄国特色的议会政治——国家杜马

"杜马"在俄罗斯有着极为悠久的历史渊源。"杜马"一词,是俄文音译,意为"议会"。国家杜马下设国际事务委员会、安全委员会、国防委员会、立法委员会、经济政策委员会、民族事务委员会等 20 多个委员会。最早成立于 1906 年,是沙俄时代经选举产生的立法机构,1917 年 3 月被解散。1991 年苏联解体后,俄罗斯于 1993 年 12 月选举产生了第一届国家杜马。但国家杜马关于提起诉讼的决定和联邦委员会关于解除总统职务的决定,必须经过议会两院全体议员中 2/3 的议员通过,而且须由国家杜马不少于 1/3 的议员提出建议。

1. 杜马是匹什么马

沙皇俄国原是封建专制国家。18世纪以前的博雅尔杜马是"大贵族杜马、领主杜马",协助沙皇管理国家的机关。1785年成立的"城市杜马"是按照等级制原则建立的城市管理机关。沙皇强调国家杜马建设的目的是"为了预先研究和讨论通过国务会议提交最高政权的符合根本法的立法议案",国家杜马充其量只是沙皇政府附属的咨询机构,是不折不扣的专制政治的遮羞布。

1906年3~4月,第一届国家杜马举行选举。布尔什维克予以抵制。在5月10日开幕的第一届国家杜马中,农民代表坚决要求消灭地主土地所有制,沙皇政府感到恐慌,便解散第一届国家杜马。1907年3月5日,第二届国家杜马开幕。布尔什维克利用杜马讲坛进行合法斗争。在讨论土地问题时,群众代表同沙皇政府的斗争更加尖锐。随后沙皇政府解散第二届国家杜马。第三届国家杜马(1907~1912)支持斯托雷平的各项反动政策,被称为"黑色杜马"。在第四届国家杜马期间(1912~1917),资产阶级对沙皇政府镇压革命不力和前线军事失利日益不满,曾企图发动宫廷政变。1917年3月沙皇命令关闭国家杜马。俄国二月革命期间,地主资产阶级的代表成立"国家杜马临时委员会",并在这个基础上成立俄国临时政府。1917年10月临时政府正式解散国家杜马。在谈到沙皇时期杜马的政治本质时,列宁曾深刻指出,旧的杜马议会是俄罗斯专制政治"全部卑鄙、龌龊、野蛮、暴虐、压榨的一面镜子"。

当前的俄罗斯国家杜马于1993年建立。1993年10月俄罗斯发生"炮打白宫"事件后,叶利钦总统宣布废除苏维埃制度,建立新的联邦议会,其上院称"联邦委员会",其下院即"国家杜马",根据宪法,俄罗斯联邦会议(议会)是俄罗斯联邦的代表与立法机关。联邦会议由联邦委员会(上院)和国家杜马(下院)两院组成。联邦委员会由俄罗斯联邦每个主体各派两名代表组成,一名来自国家代表权力机关,另一名来自国家执行权力机关,主要职能是批准联邦法律、联邦主体边界变更、总统关于战争状态。国家杜马是俄罗斯的立法机构,由450名代表组成,每4年选举一次,其中半数席位由全国225个大选区各选一名代表产生,另半数席位则由在选举中得票率超过5%的竞选党派按得票多少分配产生。根据俄宪法规定,任何没有跨越5%得票率"大关"的党派不仅不能参与党派竞选席位的分配,而且该党以独立候选人身份在地方选区当选的代表也无权在国家杜马中单独组成议员团。在强势的总统下，国家杜马变成了"橡皮图章"，全部450名代表中，一半由单一选区以简单多数产生，另一半代表按照政党名单实行比例代表制。几乎所有的国家代表都加入某种议会党团，其中，"统一俄罗斯党"在杜马中势力最大，在杜马委员会的11名成员中，"统一俄罗斯党"就占有8名。

2. 议会政治能否柳暗花明

改革俄罗斯议会选举制度，扩大议会的监督职权，主要是改革俄罗斯议会两院的选举和组成方式，扩大俄罗斯议会的代表性，加强俄罗斯议会对政府工作的监督。

首先，降低进入国家杜马的门槛。按照2005年修订的国家杜马选举制度，只有获得参加投票选民7%以上选票的政党才有资格分配国家杜马席位。由于进入杜马的门槛设置过高，造成了几乎有500万选民支持的政党无法获得国家杜马席位。为此，时任总统梅德韦杰夫提议要扩大各政党在国家杜马的代表性，给代表一定数量选民的小党提供议会舞台。根据梅德韦杰夫建议，2009年修改了俄罗斯联邦国家杜马选举法，规定得票多于5%、少于6%的政党获得1个代表席位，得票多于6%、少于7%的政党获得2个代表席位。2011年12月4日举行的俄罗斯联邦第六届国家杜马选举开始适用这项规定。2012年2月，时任总统梅德韦杰夫向国家杜马提交了《俄罗斯联邦会议国家杜马代表选举法》法律草案。这项法律草案规定，获得参加投票选民5%或以上选票的各政党就可以有权分配国家杜马代表席位。这一规定在2016年第七届国家杜马选举时适用。

其次，在国家杜马中保证每个俄罗斯联邦主体选民的代表性。按照时任总统梅德韦杰夫向国家杜马提交的《俄罗斯联邦会议国家杜马代表选举法》法律草案，俄罗斯联邦全境划分为225个选区。选区是在选民统一的代表人数基础上建立的，它是通过把选民总数除以选区总数的方式确定的，从而为每个联邦主体确定选区数量，以保证各选区选民数量的相对平衡，并遵守平等选举权原则。每个政党提出的联邦候选人名单分为地区分组名单，其中每个地区分组名单只能对应一个选区。在俄罗斯联邦主体获得最多票数的联邦候选人名单分配不少于1个代表席位，通过这种方法来保证每个俄罗斯联邦主

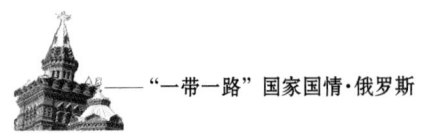

体选区登记选民在国家杜马中的代表性。

最后,加强国家杜马对政府工作的监督。按照俄罗斯宪法规定,总统任命政府总理要取得国家杜马的同意,政府向国家杜马提出联邦预算,提交联邦预算执行情况的报告。国家杜马可以对政府表示不信任,俄罗斯政府总理可以向国家杜马提出对政府的信任问题。这次改革进一步扩大了国家杜马对政府活动的监督职权。根据俄罗斯总统提议,俄罗斯议会通过了《关于国家杜马对政府监督职权》的宪法修正案,对俄罗斯政府法相关条款也进行了修改。新的规定要求政府向国家杜马做年度工作报告。俄罗斯联邦政府要向国家杜马提交自己工作情况的年度报告,其中包括国家杜马直接规定的问题,上述报告需在《俄罗斯报》和《议会报》上公开发表。

(三)雄关漫道:俄罗斯的司法体制

俄罗斯联邦司法机关主要有联邦宪法法院、联邦最高法院、联邦最高仲裁法院及联邦总检察院,不允许设立特别法庭。联邦宪法法院系统分别由联邦宪法法院和主体宪法法院组成,二者相互独立。联邦宪法法院对联邦委员会和国家杜马的法律、决定,联邦总统的命令,其他联邦机构的文件,各共和国的宪法,联邦主体的法律、章程和其他法规,联邦内部条约和国际条约是否符合联邦宪法,以及社会团体的成立和活动是否符合宪法的案件做出裁决。联邦宪法法院还对联邦国家权力机关之间、联邦国家权力机关和联邦主体国家权力机关之间以及联邦各主体国家机关之间的权限纠纷做出裁决。联邦最高法院是民事、刑事、行政和其他案件的最高司法机关。根据联邦法律规定的诉讼程序对法院的活动实行司法监督,并对审判实践问题做出解释。联邦最高仲裁法院是审理经济纠纷和归仲裁法院审理的其他案件的最高司法机关。根据联邦法律规定的诉讼程序对仲裁法院的活动实行司法监督,并对审判实践问题做出解释。

联邦总检察院对犯罪案件侦查的合法性进行监督,支持在法院的公诉,为维护国家利益、公民的权利和自由而向法院提起诉讼,就国家机关、地方自治机关和公职人员的违法行为向法院提出异议。其他参与司法活动的机关主要有司法部、内务部、检察院、联邦安全局、联邦保卫局、联邦边防局、

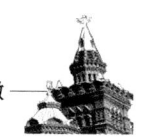

对外情报局、国家海关委员会、联邦税务警察局以及律师等组织，统称为"护法机关"。检察机关作为一种特殊的国家机关，与法院关系密切。检察院系统实行集中统一领导体制。联邦委员会根据总统提名任命联邦宪法法院、联邦最高法院和联邦最高仲裁法院法官以及联邦总检察长。由于目前俄罗斯的司法制度仍处于改革完善中，许多重要的司法制度尚未定型。

在俄罗斯司法改革的历史上，司法最初属于行政的一部分。1861年农奴制改革，表明俄国由封建君主制向资产阶级君主制迈进。1864年俄国以法国司法为样板，推行司法改革，确立了司法独立。其中，司法组织和诉讼制度改革非常突出，1864年制定的《司法条例》设立了陪审法院、检察机关和律师团体，规定了司法侦查制、公开审理制、辩论制以及明确的审级制等诉讼原则和程序。但是，由于改革的不彻底，俄罗斯的司法状况没有根本改观。1880年俄罗斯作家陀思妥耶夫斯基创作的长篇小说《卡拉马佐夫兄弟》就是一部以一个真实弑父案所做的错判为背景，描述了司法制度虽然有改革，但是实际运行仍存在不少弊端的现实主义批判力作。1889年列夫·托尔斯泰创作的《复活》，描述了法院以陪审制方式对女主人公玛丝洛娃的错判、上诉以及被驳回的过程。这说明即使有法制层面上的改革，但缺乏法官、陪审员和市民等意识上的变革，司法机制运行时仍会出错。

1917年俄国爆发十月革命，否定了旧司法制度。1917年底至1918年初，颁布法令，废除旧审判机关，包括各级普通法院、各种专门法院以及检察机关和律师团体，规定了苏维埃法院体系和管辖范围，确立了审判员选举制、人民陪审员制度和公开辩论制等苏维埃诉讼原则。1922年苏联成立，确立了苏联司法模式。其特点：其一，以权力集中和党的领导为前提，缺乏司法权观念；其二，法院与检察院单独设置，法院实行双重领导，检察院实行垂直领导，法官独立状态虚弱，检察官具有广泛职权；其三，律师行业属于受管理的自由行业；其四，审判部门功能萎缩，法院只管民事和刑事案件，经济纷争由仲裁委员会负责，最高苏维埃主席团实施违宪审查，监督宪法的遵守状况，市民与行政间的纷争只能申请行政复议；其五，各级法院审理案件，实行人民陪审员制度，采取公开审理制和辩护制，审级为二审制和监督审。可以说，苏联司法模式并非完美，存在许多弊端，尤其是1937~1938年的"肃反运动",削弱了苏联司法公信力。

在前两次转型的基础上,俄罗斯司法改革开启了第三次转型。针对普通法院的改革,1991年10月俄罗斯确立了"司法改革的基本构想",提出了确立司法权独立、确立拥护与尊重权利自由以及审判程序上的市民宪法权利、对法院等部门进行民主改革等基本方针。按照基本方针,俄司法改革侧重六个方面:①创设联邦法院制度;②承认接受陪审裁判的权利;③充分保障司法当事人的诉讼权利;④积极推行无罪推定原则;⑤分化审判程序;⑥改善法官独立的保障体制,确立法官终身制。为推进司法改革,1994年俄罗斯成立了"俄联邦总统司法改革委员会",提出建议和对策,推动司法改革向纵深发展。此次司法改革既是关乎俄罗斯未来发展的体制问题,也是关乎俄罗斯在世界上能否树立法治国家形象的战略问题。

总之,对俄罗斯司法改革立法阶段所取得的成果应持肯定态度。但需强调的是,俄罗斯毕竟处于转型期社会,处于现代民主与法制建设的初始阶段,立法阶段的司法改革即使是完全成功的,在实施阶段因原有制度惯性的存在和社会法治文化的缺失,也有导致立法阶段成果失效的可能。司法腐败并未因司法改革而得到切实控制,受司法腐败惯性的干扰,俄罗斯司法改革走走停停。

图 2-10 俄罗斯宪法法院

（四）七雄并立：俄罗斯发展中的多党

1. 一家独大的统一俄罗斯党

统一俄罗斯党成立于 2001 年 12 月 1 日，由"统一党""祖国运动"和"全俄罗斯运动"合并而成。2003 年 12 月，统一俄罗斯党在第四届国家杜马选举中大获全胜，成为影响议会的核心力量。该党现任主席为国家杜马主席格雷兹洛夫。截至 2006 年 5 月，统一俄罗斯党共有党员 104 万人，在全国各级立法机构中拥有 2000 多名议员，其中包括 246 名国家杜马议员，87 名联邦委员会议员，40 多名党员担任联邦主体的行政长官，500 多名党员担任市政机构领导人。因此，统一俄罗斯党又被称为"政权党"。统一俄罗斯党拥护俄罗斯总统普京的各项方针政策，在经济上主张将文明的市场经济与社会公正结合起来，经济改革和发展必须以改善人民物质生活水平为宗旨；在政治上主张将强有力的国家与尊重公民自由和人权结合起来，改革国家治理方式，提高政府工作效率，逐步实现国家职能由经营者向调控者的转变。

从党员的成分上来说，统一俄罗斯党的成员主要来自 1999 年杜马选举中相互竞争的三个选举团。它们分别是由绍伊古领导的"统一"、叶甫盖尼·普里马科夫和尤里·卢日科夫领导的"祖国——全俄罗斯"以及由维克多·切尔诺梅尔金和弗拉基米尔·雷日科夫领导的"我们的家园——俄罗斯"。从成立过程上来说，统一俄罗斯党是"统一"与"祖国——全俄罗斯"从选举前的相互对立到选举后走向联合的结果。该党的成立是 1999 年总统选举前国内政治形势的体现，是杜马选举中两大政治势力角力的产物，是普京总统上台后多股政治力量联盟的结果。从最初的对立到最后的统一，统一俄罗斯党成立的过程真正证明了在政治活动中，没有永远的朋友，也没有永远的敌人。统一俄罗斯党经常被批评"根本不是一个政党"。这种批评不无道理。因为纵观其前身——"统一"形成的过程，其根本组成目的其实是充当阻击"祖国——全俄罗斯"和普里马科夫的武器。它缺乏明确的纲领和清晰的思想路线。在普京当选总统之后，新的历史阶段决定了政党的新发展。在这一阶段，联合代替了对立，政党在形式和规模上得到了更大的发展。然而还是需要看到，其意识形态模糊等问题依然没有得到解决。

综上所述可以看到，无论是最初的对立还是最后的联合，作为一个并非自下而上产生的政党，统一俄罗斯党从成立之初就被认为是符合掌权者利益的政党，其日后的发展当然也难免被打上实用主义甚至御用主义的烙印。

统一俄罗斯党建党以来，党内一直存在不同的思想倾向。从2012年起，在原有俱乐部的基础上成立了三个政治平台，分别代表了左、中、右三种不同倾向，在党的决策过程和政治活动中发挥了举足轻重的作用。早在2005年，统一俄罗斯党内就形成了"自由保守主义""社会保守主义"和"国家爱国主义"三个政治俱乐部。三个俱乐部的代表在中央执行委员会签署了"统一俄罗斯党政治俱乐部公约"（以下简称公约），宣称各派都"忠于党的世界观及其基本价值、理想和纲领目标"，"拥护普京和梅德韦杰夫提出的直到2020年的俄罗斯发展规划，并为实现这一规划积极努力，贡献力量"。公约宣称，鉴于党内对如何实现国家面临的各项重大任务的道路和方法持有不同观点，应切实展开思想理论工作，进行自由辩论。同时必须遵守党的章程和纲领。一旦党的领导机关通过决议，每个成员都必须执行。该党最高委员会主席格雷兹洛夫也对党内成立三个政治俱乐部表示肯定，认为这有助于党内进行广泛讨论。

2. 七朵金花：俄罗斯多党制现状

20世纪90年代初，随着苏联解体，苏联时期的一党制转变为多党制政治体制。俄罗斯政治舞台上出现了代表不同政治倾向的社会政治党派和运动，然而随着普京两个任期内通过法律、行政手段对政党数量、规模、建设进行规范，对于参与杜马选举的政党引入限制，俄政党数量减少并且趋于稳定。在司法部注册的政党有七个，它们分别是统一俄罗斯党、俄罗斯共产党、公正俄罗斯党、俄罗斯自由民主党、俄罗斯联合民主党（亚博卢党）、俄罗斯正义事业党、俄罗斯爱国者党，其中前四个党派进入了第五届杜马（见表2-3）。

苏联解体后，俄罗斯国民对政治的期待是社会稳定和经济发展。在原油价格高涨支撑经济发展的条件下，国民对普京的支持，变成绝对支持。但是，在实现了某种程度经济增长后，国民的关心和注意力，正转向消灭腐败的制度透明性的实现、公正社会的实现、政治运营中市民参与的实现。现实的俄罗斯社会确实存在着对政治的不信任。但是，作为民主化的形式，比起欧式

表 2-3　俄罗斯七大政党

政党	得票率（%）		杜马席位	
	第6届	第5届	第6届	第5届
统一俄罗斯党	49.32	64.3	238	315
俄罗斯共产党	19.19	11.57	92	57
公正俄罗斯党	13.24	7.74	64	38
俄罗斯自由民主党	11.67	8.14	56	40
俄罗斯联合民主党（亚博卢党）	3.43			
俄罗斯爱国者党	0.94			
俄罗斯正义事业党				

民主主义，更要求的是俄罗斯独自形态的民主主义，即很多参加抗议的国民所要求的不是根本性变革，只停留在国民政治参与的层次上。俄罗斯匆匆忙忙的"拥抱民主"并不能代表西方模式在本土的成功。

从统一俄罗斯党的构成来看，该党是各路政治、行政精英集合的结果。从支持基础来看，除普京的强权性支持外，还存在着对"社会弱者"的选举动员机制。动员方迎合被动员方的需求，进行充分动员。同时，被动员方也接受动员方的选举动员的规定。该党一边最大化地利用与行政一体化的优势，一边倾注对社会弱者的动员。社会弱者是指与苏联福利国家决别而蒙受巨大痛苦的阶层。就一般市民而言，尤其是教师、医生、退役军人、领取养老金的人等不但未享受市场经济和民主化的成果，反而因原有福利的削减，生活水平下降，在艰难中度日。这些人集结于反体制势力至少在理论上有较高的可能性。但现实是，遭受市场经济化打击的人们没有集结于反体制派势力，结果就导致以统一俄罗斯党为中心的政府党体制的成立，产生了无政党间竞争的政治空间。20世纪90年代，俄罗斯因不存在稳定的政权党，各地都以地方政府为核心的政府党作为选举机器，每逢联邦层次选举，就形成政权选举集团或以合作形式进行选民动员。这些地方政府选举机器与政党的关系较为透明，有些地方与共产党合作，有些地方与"俄罗斯统一民主党"合作，有些地方与"我们的家园——俄罗斯"合作。但是，这些地方政府选举机器虽像联邦政党在地方支部那样努力，但并没有被组织化成为联邦政党的地方支部。统一俄罗斯党就是由这些地方政府选举机器与联邦政党组合，作为地

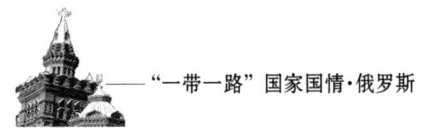

方支部被组织化而形成的。进而，依靠强大的行政资源和财政资源，在选举时要么允诺分配住房，要么允诺提高养老金给付金额，要么允诺提高教师和退役军人工资等，如此激励使该党获得的支持远远大于其他政党的比重。因此，从统一俄罗斯党的组成结构、选举动员机制、总统依托、群众基础等来看，总统控制下的一党独大的政府党体制在较长的转型期内具有一定的稳定性和持续性。

总之，俄罗斯自2000年以来逐渐打造和完善的政党体制是总统控制下的一党独大的政府党体制。该体制不但完全符合转型期俄罗斯的基本国情，也符合权威主义历史传统，更是对当代俄式民主政治诉求的一种回应。该体制在俄罗斯现有的政治体系结构中发挥着重要作用，具有准现代性、一定的竞争性、稳定性和持续性。虽然西方政党体制理论提示，政党体制的变动性、不稳定性是一种常态，但是这不完全适用于俄罗斯。

对于目前的俄罗斯而言，起决定性作用的政治领导者的历史重任落在了统一俄罗斯党的身上。一个强大的政党对于后发现代化国家的稳定和发展至关重要。这就要求统一俄罗斯党要学会从固守于传统系统的政治领导转变为能够实施国家现代化的政治领导。梅德韦杰夫曾申明，统一俄罗斯党应该是现代化政党，不能脱离生活和自己的选民。他还号召统一俄罗斯党重启所有社会关系，即在个人、政府、社会这三者之间架起一座桥梁，监督权力的来源和使用，从而维持社会的秩序和发展，实现公平正义。2011年10月，梅德韦杰夫提出的"大政府"理念与此一脉相承。普京以党主席的身份在报告中特别强调，统一俄罗斯党人应该积极参与对俄罗斯官僚的监督工作，反对官僚主义。

俄罗斯政治改革的目标是，建设强大国家，保证国家权力体系的稳定和协调，在联邦中央与联邦主体之间实行合理分权，使各政党积极参加国家政治生活，发挥代表和反映各社会集团利益的作用。推动公民社会的政治民主建设，扩大人民参政和议政的民主权利。努力建设一个统一、稳定、民主、公正的俄罗斯政治制度是必须完成的转型重任。在提高政治体系效率方面，主要是依据立法、执行、司法三权分立，既相互协调又相互制衡的原则，建立一种权力平衡。既要保持联邦中央的权威和有效管理，又要调动和发挥地

方的活力;既要加强总统的权力,保证执行权力体系的强大和统一,又要发挥俄联邦议会和各级立法机关的立法、代表和监督职能;既要发挥执政党的主导地位和作用,又要发挥反对党的积极作用;核心是构建一个政治稳定、充满活力、有效管理、统一协调的权力体系和管理体制。

总之,俄罗斯经历了沙皇俄国、苏俄、苏联、俄罗斯联邦的历史发展,期间发生了无数的重要事件。经过这数百年的交往,中俄两国关系、两国民众的关系迎来了健康发展的大好时机。在中国民众的心目中,俄罗斯的形象很大程度来源于对苏联的认识。说到俄罗斯(苏联),中国民众首先想到的是"列宁"和"十月革命",随后是"斯大林""苏联红军""苏联剧变和解体""普京"。这反映出,尽管苏联剧变和解体多年了,俄罗斯的社会政治制度发生了巨大的变化,但在普通中国老百姓的心目中,苏联仍然难以忘怀,可以说在许多中国人看来,当今俄罗斯的形象仍然是苏联的形象。随着习近平总书记提出的"一带一路"政策的逐步落实,相信必将推动俄罗斯与中国政治关系的发展和提升。

第三章

激荡百年：俄罗斯经济解读

谁也不能否认，历史上的俄罗斯曾经是一个泱泱大国。苏联时期的俄罗斯也曾经辉煌过，整个"冷战"时期的美苏对抗，实际上就是美俄之间的对抗。俄罗斯独立后，仍然以大国的身份出现在世界舞台上。

美国知名国际关系史和战略史学家保罗·肯尼迪在其巨著《大国的兴衰》一书中指出，"大国就是一个能保卫自己并可对付任何国家的强国"，"要成为一个大国，必须有可使国家欣欣向荣的经济基础"。作为大国的俄罗斯，到底经历了哪些经济制度的历史演变，现在是什么样的经济状况，未来的俄罗斯经济将走向何方，让我们来一一解读。

一、前世今生：俄罗斯的经济制度

俄罗斯经历了俄国资本主义经济——苏联社会主义经济——俄罗斯市场经济的演变过程。这三种经济制度之间既有联系，更有区别与创新，一波三折，风雷激荡。

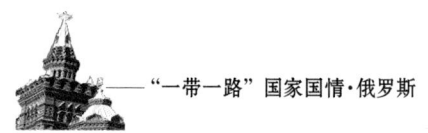

（一）俄国资本主义经济

18世纪的俄国除了广袤的国土外，在各方面都远远落后于其他西欧国家。为了改变这种落后状态，俄罗斯的统治者进行了大刀阔斧的社会经济改革，其中彼得一世的西化进程、叶卡捷琳娜二世的"从内部靠拢欧洲"和"解放者"亚历山大二世的废除农奴制具有决定性的意义，最终将俄罗斯从封建经济推上了资本主义发展道路，开启了俄罗斯资本主义经济现代化的进程。

1. 一场由"胡须税"引发的改革

也许大家知道所得税、财产税、资源税、船舶税，等等，但是你听过"胡须税"吗？这匪夷所思的"胡须税"，就是俄罗斯历史上著名的彼得一世改革措施中的一项。彼得一世在位期间，在政治、经济和军事各方面进行了大刀阔斧的改革，1698年9月5日起在全俄征收"胡须税"就是经济改革中的一步。

古时候，胡须是一个人身份和地位的象征。埃及法老的人造胡须体现了他们的身份。胡须同样是睿智和满腹经纶的标志。在古希腊，从人们所蓄胡须的形状，可以判断出他们是哪一哲学学派的拥趸。彼得一世登上王位之前，蓄大胡须意味着对俄罗斯悠久文化和习俗的尊重，并且能将俄罗斯人与拉丁人、东正教徒与主教徒区分开来。伊凡雷帝时代，教会要给剪短和剃掉胡须者定罪。当时的俄罗斯男子，个个都是美髯公。

征收"胡须税"的想法是彼得一世第一次游历欧洲时产生的。1697年3月10日，由250人组成的俄国庞大使团从莫斯科出发了。这个使团里有一个自称彼得·米哈依洛夫下士的年轻人，年仅25岁，身高2.04米。这个下士不是别人，正是已经当了15年沙皇的彼得一世。是的，没错。一个身份显赫、万人敬仰的大国沙皇乔装打扮，以一介布衣的身份来到异国求学，这在世界历史上是绝无仅有的。这一"卑躬屈膝"的做法被臣民们认为是俄罗斯的耻辱，他们在心理上根本无法接受，以至于忠诚的射击军官兵都谋反了。

彼得一世认为胡须是无用且多余的装饰，留胡须就得出钱购买留须权。从欧洲回到莫斯科平定叛乱之后，彼得一世召见了一些大贵族，他拿起一把大剪刀，一下子剪掉了好几个大贵族的胡须。接着，他颁布了在全俄开征

"胡须税"的命令。

图 3-1　彼得一世剪掉贵族的胡须

当时的俄罗斯，男子素有蓄胡须的习惯，对他们来说这是一种时尚，保守的贵族和神职人员等坚决反对征收"胡须税"。不过彼得一世很强势，这使"胡须税"在俄国得以顺利执行。

1705 年 1 月 10 日，由于"胡须税"太过繁重，遭到很多人的反对，于是经过修改重新颁布，分等级征收：

第一级：皇室、贵族和官员，征收 600 卢布/年；

第二级：客居俄国的第一类身份的外国人，征收 100 卢布/年；

第三级：中下层商人、工商区居民，征收 60 卢布/年；

第四级：仆役、车夫、教堂低级服务人员和莫斯科居民，征收 30 卢布/年；

第五级：农民只需在进城时为自己的胡须支付 1 戈比/次。

而神职人员则免于征税。所以在当时的俄国，农民和神职人员等蓄大胡须更为常见。

1715 年，"胡须税"政策再次经历修改，实行统一课税——50 卢布/年。彼得一世去世后的 1772 年，"胡须税"被取消。

图 3-2 "胡须税"铜牌凭证

彼得一世改革的意义就在于他能够先于时代 200 年认识到西方化和现代化的重要性。为使俄国迎头赶上当时欧洲文明的前进步伐,他挑战数百年的无知与孤立,推动巨大的变革,将数百万人拖离黑暗时代,使俄国的版图不断地拓展,并将俄国推入现代世界。

2. 启蒙思想的"骨灰级粉丝"叶卡捷琳娜二世

如果说彼得一世塑造了俄国的躯体,叶卡捷琳娜女皇则塑造了俄国的灵魂。叶卡捷琳娜二世接受过较好的欧洲式教育,她统治俄国的时候,启蒙运动正风行欧洲大陆。女皇以一种近乎崇拜的心态看待这些启蒙思想家,她与法国启蒙思想家们建立起了频繁的书信联系,并大量购买他们的著作。她甚至动用 16000 金币买下了法国启蒙思想家、百科全书派代表人物狄德罗的私人图书馆,聘任他为图书馆的馆长,并提前支付了 50 万卢布的薪水。1767年,叶卡捷琳娜二世完成一部法律著作《圣谕》。《圣谕》影响极大,甚至到《圣谕》发表 100 周年的 1867 年,激进派的报纸《祖国纪事》上的一篇文章仍然称赞:"《圣谕》公布之日是我们真正开始欧洲生活、从内部靠拢欧洲文化之日。在这一天,俄国人第一次获得称为公民的权利。"

在叶卡捷琳娜二世统治时期,俄罗斯成为名副其实的欧洲最强大的国家,她的政策在欧洲赢得了一片称誉之声。1767 年 8 月 10 日,新法典编纂委员会通过了授予叶卡捷琳娜二世"英明伟大的皇帝和国母"称号的建议,叶卡捷琳娜二世被尊称为"大帝",在俄国历史上被授予"大帝"称号的只有彼得一世和叶卡捷琳娜二世（有些译法依照英语 Catherine Ⅱ 或 Catherine the Great 而称呼她为凯萨琳二世或凯萨琳大帝）。叶卡捷琳娜二世的统治持续了近 35 年，整个 18 世纪后半期的俄罗斯就是她的历史活动舞台。进入叶卡捷琳娜时代，俄罗斯跨进了世界强国之列。

图 3-3　叶卡捷琳娜二世（凯萨琳大帝）

3. 农奴的"解放者"亚历山大二世

亚历山大二世·尼古拉耶维奇（1818~1881），俄罗斯帝国的第十一位皇帝，是俄罗斯历史上与彼得一世、叶卡捷琳娜二世齐名的皇帝。1855 年，亚历山大二世继位，当时俄国 90% 的人口是农奴，被完全束缚在土地上，不仅生产效率低下，而且也严重妨碍了以自由雇佣劳动为基础的资本主义的发展。但数百年来农奴制与沙皇俄国的统治基础紧密结合，以至于历代高瞻远瞩的雄主，包括彼得一世和叶卡捷琳娜二世都不敢去打开这个潘多拉盒子。历史已经将责任无可推卸地放到了亚历山大二世面前。

俄国 1861 年改革是沙皇亚历山大二世以国家的名义进行的自上而下的改革。1861 年 3 月 5 日，亚历山大二世正式宣布解放俄罗斯所有的农奴，从此农奴成为自由耕种的农民。亚历山大二世的改革终于突破了阻碍俄国发展的最大"瓶颈"，俄国资本主义的发展在 19 世纪后期明显加速。历史是最公正的裁判，亚历山大二世的改革终被证明推动了历史的进步。俄国废除农奴制改革的影响很大，被称为法国大革命后最伟大的社会运动。因此亚历山大二世获得了"解放者"的称号。

1881年3月1日，亚历山大二世准备签署法令，宣布改组国家委员会，启动俄罗斯君主立宪的政改进程。但不幸的是，他遇到炸弹袭击，因伤势过重去世，享年63岁。公元1883年，亚历山大二世之子沙皇亚历山大三世为了纪念父皇，在其父遇刺地点修建了一座教堂，所以这座教堂被命名为滴血教堂，也称复活教堂，是圣彼得堡地区少有的纯俄罗斯风格的建筑。

图3-4 复活教堂（滴血教堂或喋血教堂）

（二）苏联社会主义计划经济

俄罗斯在苏联时期的经济制度包括列宁的战时共产主义与新经济政策、斯大林计划经济模式和戈尔巴乔夫经济新思维三个阶段。

1. 新经济政策成就石油巨头哈默

1917年十月革命后，内战爆发，苏俄的粮食、煤炭、石油和钢铁的主要产地陷入敌手，苏维埃国家的处境十分困难。为了把仅有的人力、物力集中起来用于战胜敌人，1918年，列宁颁布实施了战时共产主义政策，主要内容包括五个方面：国内贸易国有化、余粮收集制、产品配给制、劳动义务制、全部工业国有化。在整个国内战争时期，苏维埃政府通过采用这些带有军事性质的手段，在市场之外建立起城乡之间直接的商品交换，使苏维埃俄国迅速形成了严格控制整个国民经济的、高度集权的经济体制，为赢得战争胜利提供了物质保障。

战争结束后，战时共产主义政策与和平时期社会主义经济发展规律的不适应性日益明显地暴露出来，并引起了社会动荡，1921年，战时共产主义政策被"新经济政策"所取代。新经济政策内容如下：废除余粮收集政策，实施实物税；停止配给制度，允许商品买卖；放松了贸易限制，鼓励外资企业投资，将资金与技术引进俄国；停止以没收的方式进行资本主义改造，改以租借和租让的方式，在一定范围内允许个体私营经济存在。

图 3-5　苏俄农民加入集体农庄

新经济政策挽救了苏联，同时成就了一个美国的亿万富翁，他叫哈默。阿曼德·哈默（1898~1990），美国人，石油巨头。1921年夏，23岁的哈默放弃了当医生的机会，变卖了药厂。他不顾亲友的劝阻，毅然携带价值6万美元的医药器械，登上了去苏俄的旅程。火车进入乌拉尔，他看到这里不仅缺医少药，而且灾荒遍地，严重缺乏粮食。但这里却有着丰富的资源有待开发。他取得了当地苏维埃的同意，立即给在美国的哥哥发电报，以运回当地毛皮为交换条件，要求把美国的剩余粮食尽快装船运来100万普特。

哈默的胆识受到了伟大领袖列宁的赞赏，列宁决定给哈默以特许经营权。接着，哈默联络了福特汽车公司、美国橡胶公司、艾利斯—查尔斯设备机械公司等30多家美国公司共同与苏联做生意，他被推为这些公司在苏联的总代表。在整个新经济政策期间，列宁与哈默建立了一种不寻常的友谊。列宁鼓励哈默投资办厂，允许他开采西伯利亚地区的石棉矿，从而使他成为苏联第一个取得矿山开采权的外国人，美苏的易货贸易由此开始。1930年，哈默回到美国，在苏联的这十多年是他一生中最为活跃的日子，他得心应手、点石成金，涉足了许多领域，赚得了巨额财富。

1979年邓小平访美时，在休斯敦的一次聚会上第一次见到哈默，邓小平握住他的手说："我们都知道你。你是在苏联需要帮助的时候帮助了列宁的那个人。现在你可要来中国帮助我们呢。"哈默回答："我非常愿意。可是据我了解，你们不允许私人飞机进入中国，而我年纪太大，不能乘坐商用飞机。"邓小平手一挥爽快地说："这好办。你只要给我一封电报，告诉我你想什么时候来，我可以做出一切必要的安排。希望你多带专家来。"在持续了一个小时的晚宴上，邓小平与哈默说话最多。他向哈默询问这位当年的医学博士与列宁会面的情形，还向哈默打听其对列宁新经济政策的认识。两个多月后，81岁的哈默乘坐自己的专机进入中国，他旗下的西方石油公司随后也成为首批进入中国的企业。到了1982年，哈默博士和中国签署协议共同开发平朔煤矿，这是中国第一个中外合资的大型项目。

图3-6 哈默访苏时赠送给列宁的礼物（一只猴子坐在达尔文的《物种起源》上）

图 3-7 邓小平与哈默

2. 盛极而衰的斯大林计划经济模式

斯大林模式是苏联工业化和经济发展过程中所采用的、延续 70 余年的一种经济体制。这种经济体制是一种高度集中的计划经济模式,之后为中国及其他社会主义国家效仿,通常人们把计划经济体制称为斯大林模式。斯大林模式对苏联的生存和发展做出了巨大贡献,以"二战"为界可分为三个阶段。

"二战"前:在国际环境非常恶劣的情况下,斯大林模式保证了苏联的政局稳定和重工业高速发展,使其迅速成为工业强国,为后来取得反法西斯战争的胜利奠定了坚实的物质基础。第一个五年计划于 1929 年 5 月开始制订,发展方向主要是公路、汽车。而这一计划的选择让苏联的交通发生了彻底的转变,尤其是土尔克斯坦到西伯利亚铁路的通车让苏联境内四通八达。

"二战"中:苏联是欧洲战场抗击德军的主力,以斯大林为首的最高统帅部集中全国的人力、财力、物力,经过四年艰苦卓绝的斗争,在付出惨重代价后,共歼灭德军 1000 万人(德军在"二战"中投入的总兵力为 1300 万人),最终使自己得以生存。

"二战"后:遭受重创的苏联被西方舆论断言"将从世界大国的名单中被勾销",但在斯大林的领导下,经过短短 5 年,它便取得了恢复和发展国民经济的巨大成就。1928~1940 年,苏联共建成 9000 个企业,整个工业增长了 9 倍。苏联在短短 12 年的时间内,完成了资本主义国家花了几十年甚至上百年才完成的工业化。苏联凭此制度与美国二分天下、争权夺霸，风光了半个多世纪。即使解体后，雄厚的军力使俄罗斯至今稳坐世界第二军事大国的交椅，在政治、外交、文化等方面俄罗斯多有受益，这些影响还将长久延续。

不可否认，苏联的这种经济体制，可以在短期内集中全国有限的人力、物力和财力达到特定的目标，如医治战争创伤、恢复国民经济、快速实现工业化、重建经济基础等。但是，随着国家经济发展步入正轨，这种高度集中的经济体制的弊端就开始显露出来。以苏联的国民收入为例，1966~1980年每隔5年的年平均增长率为7.7%、5.7%、3.7%，逐步在减少。1981年和1982年的增长率仅分别为3.3%和2.6%，降到战后历史最低水平。

3. "变异"的戈尔巴乔夫经济新思维

1953年，斯大林因病逝世。然而，斯大林模式却长期存在，其后的继任者赫鲁晓夫、勃列日涅夫、安德罗波夫、契尔年科以及戈尔巴乔夫一直都在进行完善社会主义计划经济体制的改革，但是局部调整和渐进改革都未能扭转经济发展停滞、效率每况愈下的局面。

苏联的第七任领导人是戈尔巴乔夫。1931年3月2日，戈尔巴乔夫出生在苏联高加索的普列沃尔诺伊村的一个农民家庭。他的外公对于十月革命是完全接受的，在1928年还入了党，并当上集体农庄的主席。没想到祸从天降，1937年的一天夜晚，"大清洗"波及戈尔巴乔夫一家，外公被逮捕，罪名是和托派勾结，破坏集体农庄的经济实力。从此，邻居们像躲避瘟疫一样躲着他们，小朋友们也疏远戈尔巴乔夫。这是戈尔巴乔夫平生第一次感到震惊并终生难忘的事件，也是他对斯大林集权体制怀疑的起点。

戈尔巴乔夫上台伊始就着手进行经济体制改革，认为苏联经济"不能局限于局部的改进，必须进行根本的改革"。1988年苏共第19次代表会议后，苏联开始实行私有制，1990年10月18日戈尔巴乔夫颁布了《稳定国民经济向市场经济过渡的基本方针》，提出"各种所有制一律平等"和"非垄断化""非国有化"及"私有化"的方针。这种取消起主导作用的社会主义公有制，实行生产资料"非国有化和私有化"的所谓的"完全的市场经济"改革，未能使苏联经济改革取得成效，也未能阻止社会生产的严重衰退和经济危机。

一是经济由低速增长变为负增长。资料显示，1986~1988年，苏联的国

民收入增长率年均为2.8%，而1990年国民收入则出现负增长，增长率为-4%，1991年为-8%。

二是财政赤字。货币发行失控、通货膨胀严重，内外债务大幅度增加。苏联财政赤字1985年是200亿卢布，而1989年则达到了920亿卢布。为了弥补赤字，银行大量发行货币，进而导致高通货膨胀，1990年通货膨胀率达到20%。

三是消费品市场供应恶化，人民生活水平迅速下降。资料显示，1991年苏联市场供应的1200多种基本消费品中，95%缺货。在200多种食品中，180多种缺货。许多大城市不得不实行凭票供应、凭身份证供应和限量供应。1989年居民的实际生活水平下降7%，生活在贫困线以下的居民达4100万人，占总人口的1/7，1990年这一比例达到1/3，失业人口达2000万人。

经济上推行私有化、政治上推行多党制和议会政治、指导思想推行多元化、军队建设上推行非党化和非政治化，使苏联的社会问题、民族问题更加尖锐、复杂，从而加速了苏联解体的进程。

1991年12月25日，当戈尔巴乔夫宣布苏联解体的那一刻，大家都很平静。克里姆林宫上空飘扬了69年的红旗悄然降落，代表俄罗斯的三色旗重新升起，这标志着列宁创立的世界上第一个社会主义国家在政治舞台上消失了。

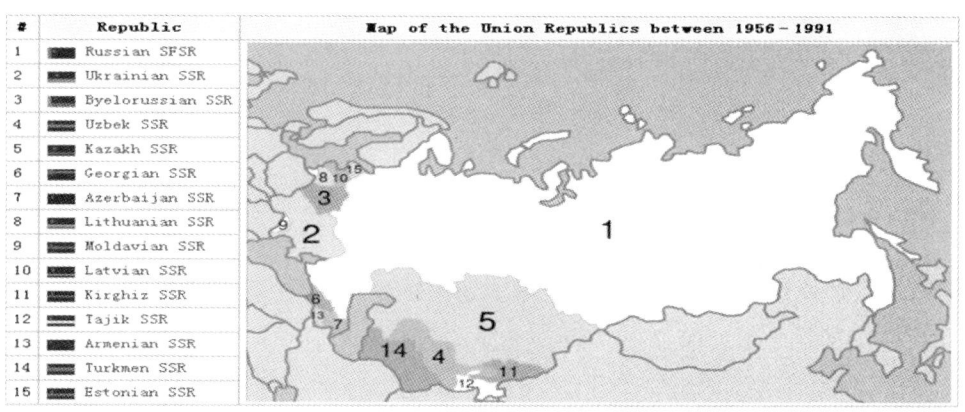

图3-8 苏联解体示意图

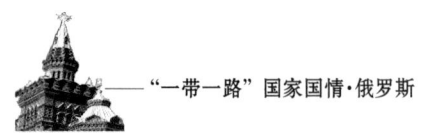

（三）俄罗斯市场经济

苏联解体前，俄罗斯的政治经济状况已经出现危机，苏联解体进一步加重了这种局势的严重性。俄罗斯由计划经济向市场经济的转型是在极端恶劣的政治经济条件下进行的。叶利钦的"休克疗法"在某种意义上更是一种危机应对策略。而此后的普京改革则是俄罗斯经济的复兴之路。

1. 叶利钦——向市场经济过渡的"休克疗法"

叶利钦是苏联解体后首任俄罗斯总统。1991 年底，苏联解体，俄罗斯虽然继承了原苏联的大部分丰厚家底，但是还有一大堆半死不活的企业，外加 1 万亿卢布内债和 1200 亿美元外债。叶利钦认为，20 世纪 50 年代以来的改革，零打碎敲、修修补补，白白断送了苏联的前程。俄罗斯要避免重蹈覆辙，重振大国雄风，不能再做"小脚老太太"，应该大刀阔斧地进行深刻变革。美国经济学家萨克斯的"休克疗法"进入了叶利钦的视野，并在俄罗斯全面铺开。

"休克疗法"（Shock Therapy）由杰弗里·萨克斯（Jeffrey Sachs）引入经济领域，主要内容是经济自由化、经济私有化、经济稳定化。由于改革具有较强的冲击力，在短期内可能使社会的经济生活产生巨大的震荡，甚至导致出现"休克"状态，因此，人们称为"休克疗法"。他在担任玻利维亚政府经济顾问期间，用"休克疗法"在南美小国玻利维亚取得成功，创造了玻利维亚奇迹，萨克斯本人也名声大噪，被誉为"国际金融界的金童"。

放开物价是"休克疗法"的重头戏，也是第一步棋。俄罗斯政府规定，从 1992 年 1 月 2 日起，放开 90% 的消费品价格和 80% 的生产资料价格。与此同时，取消对收入增长的限制，公职人员工资提高 90%，退休人员补助金提高到每月 900 卢布，家庭补助、失业救济金也随之水涨船高。物价放开的头 3 个月似乎取得了立竿见影的效果，收效明显。购物长队不见了，货架上的商品琳琅满目，习惯了凭票供应排长队的俄罗斯人，仿佛看到了改革带来的实惠。可没过多久，物价像断了线的风筝扶摇直上，到了 1992 年 4 月，消费品价格比 1991 年 12 月上涨 65 倍。政府原想通过国营商店平抑物价，不料黑市商贩与国营商店职工沆瀣一气，将商品转手倒卖，牟取暴利，政府的如意算盘落了空，市场乱成"一锅粥"，企业纷纷压缩生产，市场供求进入了死

循环。

"休克疗法"的第二步棋是财政、货币"双紧"政策出台。财政紧缩主要是开源节流、增收节支,包括取消税收优惠,所有商品一律缴纳28%的增值税,政府削减公共投资、军费和办公费用。货币紧缩政策主要是控制货币流量,从源头上抑制通货膨胀,包括提高央行贷款利率,建立存款准备金制,实行贷款限额管理。可是,这一次政府再次失算。由于税负过重,企业生产进一步萎缩,失业人数激增,政府不得不加大救济补贴和直接投资,财政赤字不降反升。紧缩信贷造成企业流动资金严重短缺,企业间相互拖欠,三角债日益严重。政府被迫放松银根,1992年增发货币18万亿卢布,是1991年发行量的20倍。在印钞机的轰鸣中,财政货币紧缩政策流产了。

"休克疗法"的第三步棋是大规模推行私有化。为了加快私有化进程,政府最初采取的办法是无偿赠送。经有关专家评估,俄罗斯的国有财产总值的1/3约1.5万亿卢布,刚好当时人口总数是1.5亿人,以前财产是大家的,现在分到个人,也要童叟无欺、人人有份。于是每个俄罗斯人领到一张1万卢布的私有化证券,可以凭证自由购股。可是,到私有化正式启动时已是1992年10月,时过境迁,此时的1万卢布,只够买一双高档皮鞋。因此这个措施使大批国有企业落入特权阶层和暴发户手中。

俄罗斯"休克疗法"的后果是:①经济长期衰退,国力下降。20世纪90年代,俄国连续7年经济负增长,GDP累计下降约40%。2005年俄罗斯经济总量不到中国的1/2。②国有资产大量流失。据统计,私有化期间社会财富损失约1.7万亿美元,相当于1996年GDP的4.2倍、"二战"期间损失的2.5倍。③贫富分化加剧。在私有化过程中极少数人暴富,广大工薪阶层的收入下降了50%~70%。国企"大拍卖"后的1996年,4%的富人的收入甚至高于80%的低收入人口的收入总和。④寡头势力膨胀。1996年3月的一天,叶利钦秘密召见了7个金融寡头,双方达成了一项协议:银行家提供财政支持,确保叶利钦连任,叶利钦则承诺维护寡头的经济利益。从此,俄罗斯出现了一个新的政治词汇——"七大寡头"。他们控制了国家金融、工业和媒体,在最厉害的时候,俄罗斯政府被7~10个商人控制,他们甚至可以随心所欲地撤换总理。

由于改革的失败，俄罗斯副总理盖达尔不得不于1994年1月16日被迫辞职。叶利钦也被迫在1994年2月的国情咨文中宣布放弃"休克疗法"的改革，并在1996年大选时承认"过去在改革中试图抄袭西方经济的做法是错误的"。

图3-9 叶利钦在军车上发表演讲

2. 普京——"给我二十年，还你一个强大的俄罗斯"

20世纪90年代俄罗斯采取"休克疗法"确立市场经济制度，为此付出了沉重的代价，曾与美国并列的超级大国地位一落千丈，沦为二流乃至三流国家。俄罗斯留给西方人的印象就是：俄罗斯除了庞大的核武库之外，什么都不是。2000年普京执掌俄罗斯政权，开始对俄罗斯进行大刀阔斧的"再改革"。

（1）普京公式（2000~2012年）。

1999年12月30日，普京在接管俄罗斯前夕在《独立报》发表了题为《世纪之交的俄罗斯》的纲领性文件，明确指出，俄罗斯并不属于代表世界经济和社会发展最高水平的国家之列，俄罗斯正面临着深重的经济社会问题，他引申尼古拉二世时期的内阁总理斯托雷平的名言称"给我二十年，还你一个强大的俄罗斯"。普京把俄罗斯的发展战略定义为"市场经济和民主原则与俄罗斯现实有机地结合起来的可控制的市场经济"，这一战略习惯上被称为"普京公式"，即市场经济＋民主原则＋俄罗斯现实。

首先，划分联邦区，实现垂直领导。普京强调，"俄罗斯曾是中央集权的

国家,它应该永远是这样","有着强大权力的国家对于俄罗斯人来说不是什么不正常的事,恰恰相反,它是秩序的源头和保障,是一切变革的倡导者和主要推动力"。2000年5月,普京签署命令将俄联邦89个实体(共和国、边疆区和州)按地域原则划分为7个(2010年重新设立北高加索,这是俄罗斯第8个联邦区),分别为:以莫斯科为中心的中央联邦区,以圣彼得堡为中心的西北联邦区,以顿河罗斯托夫为中心的北高加索联邦区(后改为南部联邦区),以下诺夫哥罗德为中心的伏尔加联邦区,以叶卡捷琳堡为中心的乌拉尔联邦区,以新西伯利亚城为中心的西伯利亚联邦区和以哈巴罗夫斯克为中心的远东联邦区。在每个联邦区设立由总统任命并直接对总统负责的总统特使(或称总统全权代表),2004年,普京又提出改变地方领导人产生办法,取消原来的直接选举,改为由总统提名,地方议会选举产生,这些措施加强了总统对国家的垂直领导。

其次,打击垄断寡头。普京任总统以后,寡头们的实力并没有得到完全削弱,当时寡头们仍然控制着俄罗斯64家规模最大的私营企业财富总和的85%,12家规模最大的私营企业的总销售额相当于政府的财政收入。俄罗斯人对寡头深恶痛绝,普京总统上台伊始就定下一条规则,即不剥夺寡头已有的财产,但寡头要合法经营,不得干政。谁破坏了游戏规则,谁就要付出代价。普京一上台就开始实施能源战略。在石油价格持续上涨的2003年,政府试图导入新机制,设立联邦稳定基金,规定当每桶石油价格超过27美元时,超出部分按比例提交稳定基金,收缴国库。但是,这一战略刚刚实施就遭到寡头们的强烈反对。当时拥有俄罗斯最大石油公司尤科斯78%股份的霍多尔科夫斯基以自己雄厚的实力不断对政府施压,试图阻止方案出台。媒体寡头别列佐夫斯基通过自己的电视台猛烈批评普京"不相信民营经济体系"。但普京的态度也非常坚决,"绝不允许商人干预政治"。随后,别列佐夫斯基因涉嫌洗钱、欺诈等罪名被警方调查,他因担心被捕而远走伦敦。霍多尔科夫斯基因逃税等罪名被检方逮捕。此后一个月,稳定基金方案顺利实施。目前"七大寡头"的现况是:霍多尔科夫斯基入狱,古辛斯基流亡以色列,别列佐夫斯基丧命英国,斯摩棱斯基几近破产,维诺格拉多夫已破产,马尔金开赌场度日,弗里德曼低调成功。

最后，大力发展经济。普京第一次当总统的八年，俄罗斯 GDP 从 1999 年的 0.2 万亿美元增加到 2008 年的 1.64 万亿美元。职工平均月薪从不足 100 美元增加到 600 美元，退休金增长近 10 倍。2001 年，俄罗斯 GDP 在世界上排名第 16 位，2011 年上升到第 9 位（见表 3-1 和表 3-2）。

表 3-1　2001 年世界各国 GDP 总值排名

序号	国家	GDP 总值（亿美元）
1	美国	101714
2	日本	42451
3	德国	18738
4	英国	14063
5	法国	13027
6	中国	11590
7	意大利	11409
8	加拿大	6771
9	墨西哥	6178
10	西班牙	5775
11	巴西	5025
12	印度	4775
13	韩国	4221
14	荷兰	3749
15	澳大利亚	3685
16	俄罗斯	3099

表 3-2　2011 年世界各国 GDP 总值排名

序号	国家	GDP 总值（亿美元）
1	美国	150756
2	中国	72981
3	日本	58665
4	德国	36073
5	法国	27780
6	巴西	24929
7	英国	24313
8	意大利	21987
9	俄罗斯	18504
10	印度	18268

资料来源：IMF《世界经济展望》数据库 2012 年版。

(2) 普京的"新经济"政策（2012年至今）。

为了实现大国复兴的目标，普京在竞选期间就大力提倡"新经济"政策。2012年3月，俄罗斯总统选举结果揭晓，普京以63.6%的支持率当选，开启了为期六年的第三次总统执政生涯。普京任总统期间，在对内政策、对外政策方面偏强硬，被认为是一位"铁腕总统"，被美国《时代》《福布斯》杂志评选为世界最有影响力人物。2015年2月13日，俄罗斯人对普京的信任度高达85%，创历史新高。

"新经济"政策的核心是多元化，在经济全球化时代，俄罗斯深刻意识到，一个自我隔离和封闭的经济体不可能真正强大。早在2002年，普京就提出，对于世贸组织，"谁不善于或不想使用它，宁愿坐在贸易保护主义的配额和税率的栏杆外面，谁就注定要失败，在战略上绝对要失败"。2012年8月22日，经历了19年断断续续的艰难谈判后，俄罗斯正式成为世贸组织第156个成员，漫长而又曲折的"入世"之路终于画上句号，俄罗斯成为最后一个加入WTO的大型经济体。据世界银行专家估算，中期而言，"入世"将给俄罗斯经济带来每年190亿美元的收益，从长期看，收益将达每年640亿美元。其国内熟练劳动力的工资水平将增长5.5个百分点，非熟练劳动力的工资水平将增长3.8个百分点，同时资本利得会增长1.7个百分点。

正是在"可控市场经济"和"新经济"理念的指导下，从1999年起俄罗斯经济恢复增长，10年来GDP年均增长约7%，2012年GDP总量达到3.38万亿美元。值得关注的是，俄罗斯在经济逐渐回暖的同时，并没有忘记将国家财政的一部分用来提高中低层群众的生活福利。1999~2010年，俄罗斯居民月均实际可支配收入从1658卢布增加到18500卢布，11年提高10倍多，增速一直超过GDP。贫困人口从2000年的4230万人减至2012年底的1560万。此外，俄罗斯还延续了苏联时期的住房、医疗、教育等社会保障制度。比如，住房私有化实行人均18平方米以内免费获得，买新房享受补贴和税收优惠；免费医疗覆盖全体人民，叫救护车、住院、手术、治疗全部免费；从小学到高中都是义务教育，连书本、午餐都免费等。

图 3-10　2012 年 5 月 7 日，普京第三次宣誓就任俄罗斯总统

二、盛衰荣辱：俄罗斯的经济现状

（一）设立八大经济区划

俄罗斯在苏联时期被划分为 11 个经济区和 1 个经济单位，包括北方、西北、中央、中央黑土、伏尔加—维亚特、伏尔加沿岸、北高加索、乌拉尔、西西伯利亚、东西伯利亚、远东区、加里宁格勒州（独立经济单位）。2000 年普京设立了七大联邦区，2010 年梅德韦杰夫重新设立了北高加索联邦区，这是俄罗斯第八个联邦区。俄罗斯的八大联邦区与原来的 11 个经济区大致吻合，八大区域各具特点：中央联邦区是京畿重地，工农并重；西北联邦区是进口枢纽、汽车基地；南部联邦区是俄国粮仓、旅游胜地；北高加索联邦区面积袖珍，经济落后；伏尔加联邦区是工业强区，企业密集；乌拉尔联邦区横跨欧亚，能源重地；西伯利亚联邦区产业单一，发展缓慢；远东联邦区面向亚太，仍待开发。

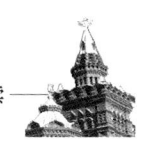

第三章 激荡百年：俄罗斯经济解读

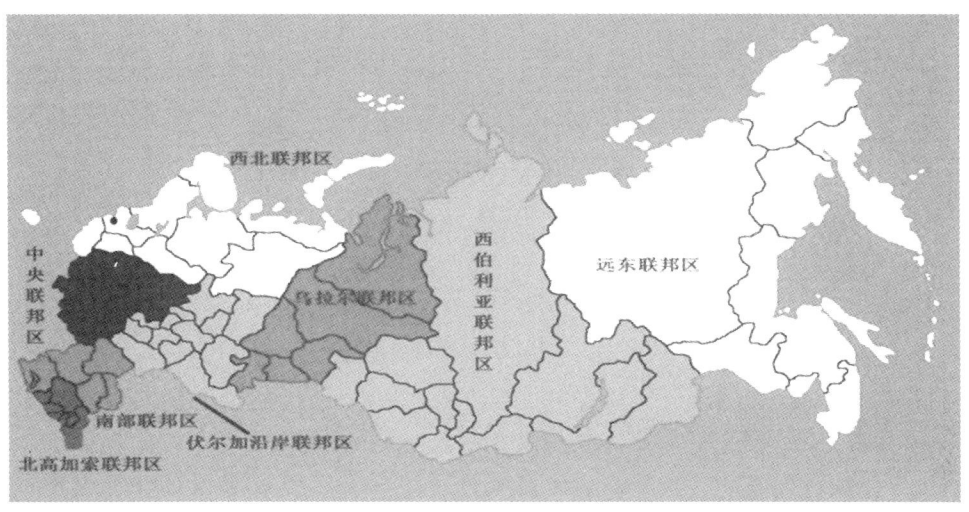

图 3-11 俄罗斯八大联邦区

加里宁格勒州不属于任何经济地区。加里宁格勒州是俄罗斯最西部的一个行政区，面积仅 1.5 万平方公里，包括 13 个区和 8 个城市，人口 96 万人，加里宁格勒州南邻波兰，东北部和东部与立陶宛接壤，与俄罗斯本土不相邻，是一块飞地。从加里宁格勒到华沙的距离为 400 公里，到柏林、哥本哈根、斯德哥尔摩的距离均在 600 公里左右。这个地区在被苏联兼并之前，作为统一德国的一个州已经有 700 年历史了。那时这个州的名字是东普鲁士，首府是美丽的中世纪城市哥尼斯堡。哥尼斯堡是著名的教育中心，东普鲁士曾经大名鼎鼎的阿尔贝蒂娜（Albertina）大学就位于此处，阿尔贝蒂娜（Albertina）大学成立于 1544 年，也是哲学家康德执教一生的地方。目前该大学由俄罗斯接管，更名为康德大学。1946 年，苏联在这里设州，并以刚刚去世的苏联领导人加里宁的名字命名，哥尼斯堡也改名为加里宁格勒，定为该州首府。

苏联解体后，因为地处波兰以北的加里宁格勒和俄罗斯本土分隔了，所以当地陷入了严重的经济危机，失业率高涨，很多年轻人离开这里。瑞典前总理格兰·帕尔森曾经这样描述加里宁格勒："这个城市污染严重，有艾滋病和肺结核等疾病流传，有核废料。你能想象得到的问题在加里宁格勒都存在。"但自从普京上台之后，他致力于把这个经济落后的地方打造成"波罗的海的香港"。普京总统将加里宁格勒列为经济特区，鼓励外商投资。加里宁格勒港口是俄罗斯唯一一个不结冰的波罗的海港口（不冻港），现在每年至少处理 800 万吨货柜。这里有世界上最大的琥珀矿（约占世界储藏量的 90%）。2009 年普京把加里宁格勒定为俄罗斯四个赌博合法化的地方之一，当地有赌场区，区内有 3 万多个酒店房间，是名副其实的"波罗的海的拉斯维加斯"。

加里宁格勒现在是俄罗斯距离西方最近的领土，在军事上的意义不言自明。在波罗的海沿岸三国独立后，只有加里宁格勒可以为俄罗斯的波罗的海舰队提供出口开阔的基地。加里宁格勒的预警雷达站可以监视整个西欧的空域，是俄罗斯最前沿的哨兵。这里也是俄罗斯的重要海军基地，俄罗斯历史最悠久的舰队——波罗的海舰队司令部就设在此。

（二）经历三次经济危机

1. 梦回 1998，那一年俄罗斯经济崩溃了

从 1997 年 10 月到 1998 年 8 月，俄罗斯经历了由三次金融大风波构成的金融危机。根本原因是俄罗斯本身经济虚弱，具体诱因则略有不同。第一次大风波主要是外来的，由东亚金融危机引起。第二、第三次大风波则主要是由俄罗斯政府的政策失误引起的，国际金融炒家染指俄罗斯金融市场也是其中一个重要原因。金融大风波的特点是，间隔越来越短，规模越来越大，程度越来越深，最终导致两届政府的垮台，甚至波及全球，产生全球效应。

第一次大风波是在亚洲金融风暴的影响下大量外资撤离俄罗斯市场。1997 年 10 月 28 日至 11 月 10 日，俄罗斯股票市场大跌 30%，殃及债券和外汇市场。俄罗斯央行救市后仍有 100 多亿美元外流。

第二次大风波发生于 1998 年 5~6 月。当时俄罗斯内债和外债余额高达 2000 亿美元，那年政府预算中债务还本付息额已占到财政支出的 58%。同时国会又修法改变了外资持有俄罗斯公司股份的比例，加剧了国际资本外流。俄罗斯国债收益率狂飙至 80%，卢布大幅贬值，金融资产无人问津。

第三次大风波源于俄罗斯政府试图稳定金融市场的干预措施：将卢布兑美元汇率的浮动上限由 1∶6.295 扩大到 1∶9.5（即主动贬值 50%）；到期外债延期 90 天偿还；短期国债展期为三年期国债。投资者因此彻底丧失信心，股市、债市、汇市统统暴跌，引发银行挤兑和居民抢购，1998 年俄罗斯的

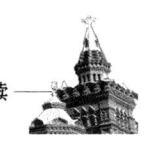

GDP下降了2.5%，工业生产下降了3%，粮食产量下降了2400万吨。

1998年俄罗斯的债务危机也连带伤害了其他国家。在俄罗斯最大的债权国德国，商业银行产生大量坏账。在同为独联体国家的乌克兰和白俄罗斯，其本币分别贬值35%和70%。其他发展中国家也受到波及。

2. 2008年，迟到但不会缺席的金融危机

始于2007年的美国次贷危机最终导致2008年9月的华尔街金融风暴，并迅速演变为全球金融危机。2009年上半年美国经济下滑3.9%，日本衰退6.5%，德国下降5.9%。由于稳定基金的存在，俄罗斯直到2008年上半年，金融状况仍然表现出了稳定发展态势。在当时美国次贷危机蔓延的情况下，俄罗斯好像成了反危机的可靠庇护所和投资者的"避风港"。但是，2008年夏，俄罗斯经济开始显露消极的趋势。

2008年6月，俄罗斯证券市场开始出现下跌趋势，8月，银行系统情势急剧恶化。8月初，由于俄格冲突，世界政治局势骤然激化，外国资本开始逃离俄罗斯市场。9月19日PTC证券指数暴跌了创纪录的42%，9月下跌幅度达到58%，证券市场彻底崩溃。

紧随证券市场危机，卢布汇率开始贬值，导致俄罗斯银行体系吸收的资金外逃和居民挤提存款。2008年8~10月俄罗斯外汇储备减少了1000多亿美元。卢布贬值对服务业特别是通信运营、零售商业和房地产业等造成严重打击，特别是拥有美元债务的企业，银行资产的质量明显恶化。据俄罗斯央行数据显示，2008年9月，居民从金融机构提走了900亿卢布，占银行存款总额的1.5%，而10月这两项数据则猛增到3545亿卢布和6%，仅储蓄银行一家存款流失就达951亿卢布。

俄罗斯的经济危机从金融部门开始迅速蔓延到实体经济部门。实体经济部门从2008年10月开始迅速恶化，随着需求大幅萎缩，流动性问题急剧凸显。第四季度与第三季度相比，工业下降6.1%，投资减少2.3%，对外贸易下降4.6%，居民实际收入减少5.8%。与世界主要国家相比，俄罗斯经济衰退最严重。同时，与多数国家集中力量控制通货紧缩不同，俄罗斯在与通货膨胀做顽强的斗争。这表明，俄罗斯的危机具有传统的和更危险的滞胀性质。但由于储备基金的存在，俄罗斯化解了这一危机。

表 3-3　2009 年 1~6 月世界主要经济体衰退情况（同比，%）

国家	GDP	工业	通货膨胀（年度计算）
美国	-3.9	-12.4	-1.4
日本	-6.5	-29.9	-1.8
德国	-5.9	-19.5	+0.1
英国	-5.6	-12.1	+1.8
法国	-2.6	-15.9*	-0.5
意大利	-6.0	-22.1	+0.5
中国	+7.1	+7.0	-1.7
印度	+6.0	—	+9.3
巴西	-1.6	—	+4.8
俄罗斯	-10.9	-14.8	+11.9

注：* 表示 2009 年 1~5 月数据。
资料来源：国际货币基金组织。

3. 2013 年以来的金融危机与卢布贬值

2013 年以来，俄罗斯经济发展速度大幅下滑（很多人认为已经发生了经济危机），全年的经济增速只有 1.3%，与之前预测的 3.6% 的目标相差甚远。而同时通货膨胀率却一直在上升。这两个条件是卢布一路走低的原因。

2014 年下半年，卢布对美元的汇率一直处于下滑趋势。进入 12 月后，这种下滑呈加速趋势。特别是在 12 月 15 日和 16 日这两天，受到原油价格下跌、西方制裁、乌克兰危机以及市场恐慌的影响，俄罗斯卢布持续暴跌，震撼全球。这两日卢布对美元的跌幅均超过 10%。与 2014 年年中相比，卢布对美元已经贬值了 50%。2015 年 5 月中旬开始卢布贬值卷土重来。两个多月的时间里，卢布对美元贬值 28%，对欧元贬值 22%。

看看卢布暴跌的日子里，到底发生了什么。

第一，2014 年，俄罗斯股市 RTS 指数下跌 56.39%~629.15%，熊冠全球。

第二，2014 年 12 月 15~16 日卢布暴跌之际，华人横扫莫斯科奢侈品店，爱马仕、LV、Prada 全部卖空。

第三，俄罗斯人急忙将自己的储蓄和退休金兑换成美元和欧元，同时购买珠宝、汽车等商品，以应对卢布下跌。仅 2014 年 11 月，保时捷和雷克萨斯销量分别暴涨 55% 和 63%。

第四，苹果官网发布停售声明，"由于卢布的极端波动，考虑到产品的售价,我们在俄罗斯的线上销售暂时停止,对顾客造成的不便我们表示抱歉"。

第五,面对卢布贬值、物价飞涨,俄罗斯民众该如何渡过难关?俄罗斯一些政治人物发出呼吁:吃得省一点,用红色甜菜根当口红,女士不穿法国内衣而改穿国产棉内衣。

第六,全俄罗斯东正教大牧首基里尔呼吁人们节俭开支,"危机肆虐时,我们需要克服邪恶",他建议一些准备结婚的年轻人推迟婚期。

第七,根据俄罗斯旅游局提供的数据,2008~2013年,中国游客赴俄罗斯旅游人数由12.7万人增加到37.2万人,五年增长近3倍。2014年上半年中国跃居俄罗斯第一大旅游客源国。

第八,在俄罗斯的华人圈子里相互转发着一条警示消息:"中国领馆紧急通知!提醒大家注意安全!因卢布暴跌、物价上涨且又到年底,俄罗斯当地的一些黑社会团伙开始活动。现已发生几起针对华人的袭击抢劫案件!大家一定要提高警惕,晚上不要单独出门。注意自我保护!华人相互转告!"

第九,由于卢布汇率急跌,在俄罗斯各地,越来越多的年轻女子为生计所迫,选择充当代孕母亲。据从事代孕行业的诊所及中介机构统计,其数量已增长了50%。

第十,自2013年以来,俄罗斯关停了16%的银行(见图3-12)。

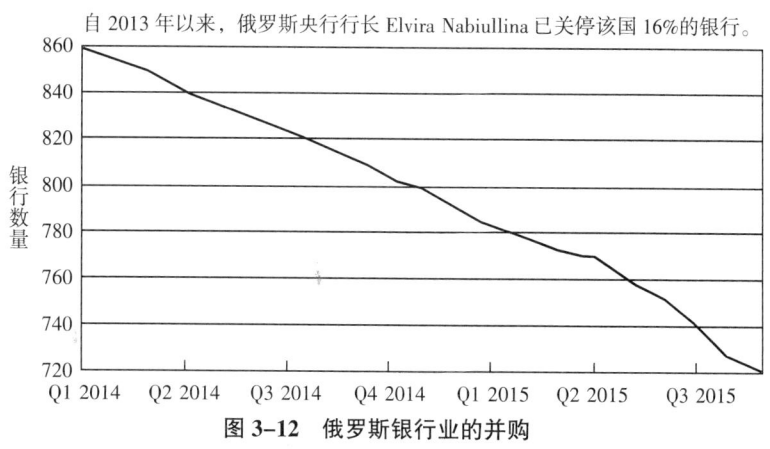

图3-12 俄罗斯银行业的并购

资料来源:彭博社。

2016年4月，俄罗斯央行副行长尤达耶娃认为："俄罗斯现阶段的经济状况不应该说是危机，而应该定义为'新常态'。"《俄罗斯经济评论》认为，俄罗斯央行所谓的经济"新常态"其实是经济严重滞胀，也就是说俄罗斯的经济处于停滞状态，而且同时还伴随着通货膨胀。

（三）依赖能源迅速崛起

俄罗斯被称为"地大物博"当之无愧。国土和自然资源居世界第一的国家是俄罗斯，世界上唯一一个拥有发展工业所需全部矿藏和资源的国家也是俄罗斯，这是上帝给它的恩惠。俄罗斯科学院的《俄罗斯：复兴之路》（2004）报告称，俄罗斯是世界上唯一一个自然资源几乎能够完全自给的国家。作为世界资源大国，俄罗斯已经探明的资源储量约占世界资源总量的21%，高居世界首位。俄罗斯《共青团真理报》曾在一篇题为《俄罗斯值多少钱?》的文章中指出，俄罗斯所有自然资源的总价值约300万亿美元。其中，俄罗斯已经探明的资源储量价值约30万亿美元，居世界首位。俄罗斯著名学者奥·切尔科维奇在题为《世界经济背景下的俄罗斯》的论文中援引权威数据称，与俄罗斯相比，美国已经探明的自然资源储量价值为10万亿美元，中国为5万亿美元，西欧为2.5万亿美元。

俄罗斯能源的重要地位在19世纪末确立，当时沙皇俄国生产着全球31%的出口石油。俄罗斯能源战略在"二战"后开始形成，石油出口收益开始占到苏联出口收入的一半。面对从叶利钦手中接过的千疮百孔的俄罗斯，普京必须找到一条带领俄罗斯经济突围的道路。毫无疑问，任何一个国家，若想在世界经济中占据一席之地，最便捷的途径莫过于发挥自身比较优势来谋求快速发展和提升实力。俄罗斯经济的比较优势显而易见，集中体现在丰富的自然资源方面。普京的能源强国战略经历了从无到有、从模糊到清晰的演变过程，大体可分为三个阶段。

2000~2003年7月，普京继承和延续了叶利钦时期的能源政策。对能源工业继续奉行自由化政策，强调减少国家干预，任由各种所有制形式的能源企业进行自由竞争。在这一时期，私营石油公司的实力继续增强，影响力进一步扩大。天然气工业的改革被提上政府的议事日程。电力工业的市场化改革全面启动。继续对石油和煤炭行业进行私有化改造，石油工业中的国有成分进一步减少。

2003年7月至2005年12月，以"尤科斯事件"为标志，俄罗斯政府加强了对石油工业的整顿与控制。国家强力介入能源工业，强化国家对能源工业的控制。通过整肃"尤科斯"石油公司和大力扶持国有的"俄罗斯石油公司"，国有石油公司的实力迅速壮大。对石油企业停止执行私有化计划，限制私营石油公司进行强强联合。

2005年12月至2012年，以普京总统2005年12月在国家安全会议的讲话为标志，俄罗斯能源强国战略最终形成。普京此次讲话的核心思想是俄罗斯要成为"世界能源领导者"，使能源成为带动经济增长的"发动机"，成为执行对外政策的强有力工具，成为俄罗斯全面振兴的战略基础。

事实证明，能源是俄罗斯崛起的利器。在油价从2000年的每桶28.5美元飙升至2010~2014年的113美元的这段时间里，俄罗斯获得了充足的资金。普京入主克里姆林宫之时，正值国际石油价格持续飙升，这为俄罗斯重振经济、恢复国威创造了难得的历史机遇。"石油美元"的大量流入为俄罗斯政府摆脱财政困境、解决重大社会问题创造了条件，油气工业的快速发展成为保持经济稳定增长的强大动力。能源强国战略对内表现为强化国家对能源资源和能源产业的控制，使能源工业成为经济增长的"发动机"，使国家、社会与企业共享"能源红利"；对外表现为将能源作为强有力的外交政策工具，谋求本国利益最大化。

（四）面临金价 + 油价 + 制裁困境

近年来，俄罗斯遭遇了金价 + 油价 + 制裁三连杀。成也萧何败也萧何，能源，这一俄罗斯曾经崛起的利器，现在成了一种"资源诅咒"，给俄罗斯经济带来了致命的打击。

2008年国际金融危机对俄罗斯经济产生了极大的冲击，全球经济出现严重衰退，使得世界各国对能源和原材料的需求降低，油气价格不断下挫。2009年2月6日，俄罗斯天然气工业股份公司宣布，欧洲能源公司当年支付的天然气平均价格将从每千立方米409美元降至280美元，同时油价从每桶

147美元降至40美元。能源价格的大幅度下跌对俄罗斯来说确实是致命的打击。无论是在2009年世界排名前十位的国家中，还是在"金砖国家"中，俄罗斯经济下滑幅度都是最大的。

2013年6月，布伦特原油指数最高探至113.92，其后陷入下跌泥潭，不能自拔。2015年初，布伦特原油指数更是跌至49.46的冰点，俄罗斯经济步入了万劫不复之地。

2014年末，卢布再次上演生死大战，国际油价的持续暴跌，使得俄罗斯卢布兑美元汇率出现了断崖式下跌，一夜暴跌了13%，首次突破了60卢布大关，再创历史新低，接近生死边缘。自2014年3月乌克兰危机升级以来至2014年底，卢布贬值幅度达到72.3%，成为全球表现最差的货币。

2015年底，三大评级机构纷纷发布警告称，俄罗斯公共财政正急剧恶化。2015年，俄罗斯国内生产总值（GDP）增速为−3.7%，俄罗斯通货膨胀率为13%。

2016年1月20日，石油价格刷新每桶27.10美元的数年低位，俄罗斯通货膨胀率高达15%。俄罗斯人均工资为3.3万卢布（约合人民币2800元），史上首次低于中国。

西方对俄罗斯的制裁始于2014年乌克兰危机后，受此影响，俄罗斯的外来投资和出口大幅度减少，卢布遭遇巨大贬值压力，资本外逃严重，国内通胀率高企，如此种种，均对俄罗斯经济构成了极大的冲击。如果西方国家对俄罗斯的制裁以及俄罗斯的报复性措施继续延长至中期的话，那么对该国经过通货膨胀调整后的实际国内生产总值（GDP）可能造成最多9%的拖累。

2015年俄罗斯GDP大约是1.3万亿美元，广东省则是1.2万亿美元，而经济增速的差距更是毫无悬念。换句话说，俄罗斯经济总量大概相当于中国的1/9。

第三章 激荡百年：俄罗斯经济解读

图 3-13　2016 年 6 月，日本对俄罗斯实施迄今为止最严厉的经济制裁

三、相机抉择：俄罗斯经济政策

担任了三届总统、一任总理的普京，工作作风干练谨慎，生活中兴趣爱好广泛。钢琴、手风琴、游泳、骑射、垂钓、拳击、摔跤、柔道和山地滑雪，普京样样精通。深山射虎、水中戏鲸、驾机上天、潜水下湖，普京无所不能。但有一个问题会让普京黯然失色，那就是伤痕累累的俄罗斯经济正陷入崩溃的边缘。尽管俄罗斯经济学家相信俄罗斯经济还能"坚持"两年，但面对油价下跌、债务违约和西方制裁这"三座大山"，俄罗斯经济或将比他们预想的更早陷入危机。普京不会坐以待毙，他制订并修订了俄罗斯经济社会发展的"一揽子"计划，正成为俄罗斯经济复兴的指南。

（一）"普京计划"：俄罗斯经济复兴指南

1. 原始的"普京计划"

2000~2008 年，在蓬勃发展的世界经济的带动下和全球旺盛能源需求的推动下，俄罗斯获得了长足发展，国内生产总值年均增长率达到了 6.6%。2007 年，俄罗斯宏观经济指标全面恢复到了历史最高水平，重新回到世界十大经济体的行列。在这一历史背景下，即将卸任的俄罗斯总统普京发表题为《2020 年俄罗斯联邦社会经济长期发展构想》的非同寻常的告别演说，提出了宏伟的国家建设规划，确定了俄罗斯经济社会未来 12 年的发展目标、发展模式和发展路径，后被媒体概括为"普京计划"，它最终成为俄罗斯的国家发展战略。

第一，总体目标。总体目标是，俄罗斯经济社会发展水平足以支撑其作为 21 世纪世界强国的地位，使俄罗斯在全球经济竞争中处于超前地位，保障俄罗斯的国家安全和维护公民的宪法权利，2015~2020 年，以经济规模（按购买力平价计算的 GDP）衡量，俄罗斯进入世界前五强。

第二，具体目标。俄罗斯 2020 年要达到的基本社会经济目标是，经济进入世界五强，按照购买力平价计算的人均 GDP 从目前的 13700 美元增加到 3 万美元，增长 1.2 倍。三口之家的住房面积不少于 100 平方米。2020 年前中产阶级在总体居民结构中最低限度不少于 60%，也许不能少于 70%（而全世界的这一占比从目前的 30% 上升到 2020 年的 52%）。在 2008~2020 年的 12 年内，俄罗斯经济主要部门的劳动生产率至少要提高 3 倍。人均寿命在 2020 年前提高到 75 岁，死亡率减少 1/3。家庭收入差距要从现在不可接受的 15∶1 的大幅度悬殊降到更为合适的程度等。

第三，实现步骤。该构想计划分三个阶段来实施：第一阶段（2008~2012 年）为跨越准备阶段，第二阶段（2013~2017 年）为跨越阶段，第三阶段（2018~2020 年）为巩固与扩大阶段。

第四，评价。历史从来都是以成败论英雄。截至 2012 年，"普京计划"第一阶段已经顺利实施完毕。这一年也是俄罗斯的大选之年，普京重返克里姆林宫，这或许是对他计划的最大肯定。俄罗斯经济虽然无法与中国、印度等新兴经济体的快速增长相比，但是在八国集团中显然好于西方发达国家，其经济保持了稳定增长，基本恢复到了危机前的水平。2012 年 8 月 22 日，俄罗斯正式成为 WTO 第 156 个成员。

2. 升级版的"普京计划"

2012年，普京再次当选俄罗斯总统，《2020年俄罗斯联邦社会经济长期发展构想》进入实施的第二阶段。由于该构想是在2008年危机之前制定的，考虑到全球经济危机的严重打击，普京委托俄罗斯新自由主义大本营高等经济学院和国民经济学院组织21个专家组共1000多人对该构想进行重新修订。修订后的构想被称为升级版的"普京计划"。

2012年1月30日普京在俄罗斯《导报》上发表文章说，俄罗斯经济必须摆脱对原材料出口的过度依赖，俄罗斯应发展高效和低能耗的创新型经济，以实现经济多元化。俄罗斯将优先发展制药业、复合材料、化学工业、非金属材料、航空工业、信息技术和纳米技术。

2015年3月，俄罗斯政府确定财政拨款优先发展的经济领域，包括农业（包含农业服务）、加工业（包含食品生产）、化工业、机械制造业（航空、船舶、汽车生产等）和住房建设。此外，优先投资项目还有运输行业，包括空运（空港、空运商业、运输基础设施），通信与电信以及电、气、水和其他资源的生产和分配。石油产品和医药产品的生产也在优先投资之列，分别包含在加工业和化工业中。

2015年3月俄罗斯出台2035年之前的能源发展战略，设想到2035年天然气产量将从6400亿立方米增加到8050亿~8800亿立方米，石油年产量达到5.25亿吨，难以开采石油和大陆架石油在俄罗斯石油总产量中的比重到2035

图3–14 普京的两难选择

年将达到25%，年产量将达到1.3亿吨。石油出口量将从目前的2.2亿吨增加到2.7亿吨。此外，能源战略设想到2035年液化天然气产量将增长5倍；煤炭产量将达到4.35亿吨，出口量将增长20%；电力需求将增长15%；能源投资总额将达2.5万亿美元。

（二）财政：建立财政稳定基金

自2000年以来，由于良好的外部经济环境，俄罗斯以不低于6%的速度快速恢复增长，经历了近10年的成功发展，GDP从1999年的4.8万亿卢布增加到2008年的41.7万亿卢布，10年增加了近9倍。1998年，东南亚金融危机爆发之时，俄罗斯由于缺少财力储备，国家以及全体国民蒙受了巨大的经济损失。然而，面对2008年更为严重的全球性金融危机，俄罗斯并没有重演1998年的悲剧，其中最主要的原因就在于2004年设立的财政预算储备机制——稳定基金发挥了积极的反危机功效。

俄联邦政府于2004年1月1日以法律形式建立了稳定基金。根据《俄罗斯预算法典》第13.1条规定，稳定基金是联邦预算资金的一部分。稳定基金来源于每月的石油和石油产品的出口关税、石油可利用矿产开采税以及部分或全部上一年度的财政盈余。在深刻吸取东南亚金融危机教训的基础上，俄罗斯将绝大部分油气收入以法定基金的形式储存起来，以应对油价下跌、资源枯竭或经济形势变化可能给政府预算及宏观经济稳定造成的冲击。

2004年稳定基金额超过了5000亿卢布，但由于超过部分不多，联邦政府没有动用。

2005年稳定基金的收入较多，政府动用了6474亿卢布偿还外债，占2005年稳定基金收入总额的46.5%。

2006年政府动用6167亿卢布（折合220亿美元）提前还清了巴黎俱乐部债权国债务，这就使俄罗斯进入了巴黎俱乐部纯债权人行列。

2007年，俄罗斯稳定基金总额为3.849万亿卢布（折合1568.1亿美元）。

2008年，就在稳定基金如日中天之时，俄罗斯稳定基金被拆分为储备基金和国家福利基金。一个很重要的原因是避免稳定基金规模过大而招致西方的攻击。美国和欧洲担心，俄罗斯政府的稳定基金如果拥有了美国和欧洲的

第三章 激荡百年：俄罗斯经济解读

公司的大股份，实际上即意味着控制了这些发达国家的经济，将会威胁到其国家主权。按照俄罗斯政府的决定，此项分拆计划从 2008 年 2 月 1 日正式施行。储备基金的用途是在世界能源价格下跌、国家收入减少时用于补充财政收入或偿还国家外债。国家福利基金则投资于较高风险的资产（包括外国股票），可以用来补充国家退休基金的不足。根据规定，储备基金 2008 年应达到 1428.57 亿美元，2009 年应达到 1620.4 亿美元，2010 年达到 1836.73 亿美元。国家福利基金的资金总额为 7680 亿卢布，约合 320 亿美元。

俄罗斯在财政经济状况明显好转的背景下设立预算稳定基金，是一项富有远见的举措。这使得其政府宏观调控能力进一步加强，财政运转进入良性循环，成功应对了 2008 年金融危机。2009 年，俄罗斯稳定基金共支出 2.955 万亿卢布用以弥补财政赤字和实施反危机措施，超过全年财政支出的 30%，约为当年反危机支出（3.66 亿卢布）的 81%。

俄罗斯财政部表示如果原油价格能超过每桶 70 美元，则该部将继续补充储备基金。但是，事与愿违，俄罗斯现在的油价还远低于这一水平。众所周知，俄罗斯经济 70% 是依赖于出口石油的，2016 年初油价再次暴跌并跌破每桶 30 美元，导致俄罗斯的整个国家经济发展都受到极大的冲击，全国经济萧条，临近破产的边缘。据俄罗斯财政部公布的最新数据显示，截至 2016 年 2 月 1 日，俄罗斯储备基金共计 3.737 万亿卢布，比上一年减少 36.3%。以美元

图 3-15 俄罗斯财政部长：储备基金恐将耗光

计算，俄罗斯储备基金共计497.2亿美元，比上一年减少41.5%。再往远一点考虑，如果2016年情况得不到好转，俄罗斯储备基金将耗光。

（三）金融：统一大金融市场监管

背景一：私有化运动与金融寡头。有人说，俄罗斯人承受的最深重的灾难和摧毁不是卫国战争，甚至不是拿破仑或希特勒，而是从1992年开始、目前仍在进程中的私有化运动。它让俄罗斯社会财富损失达1.7万亿美元，相当于打了两个半卫国战争。据统计，1994~1996年，俄罗斯私有化损失严重，平均一家企业的售价为1800美元，而当时一辆本田雅阁汽车的售价是8000美元，可以购买6家俄罗斯国有企业。同时，私有化运动也催生了以"七大寡头"为代表的金融、工业巨头和寡头专政的经济社会形态。寡头控制了国家金融、工业和媒体。在最厉害的时候，俄罗斯政府被7~10个商人控制，他们甚至可以随心所欲地撤换总理。叶利钦第二次当选总统之前，为获得联合支持，与寡头有秘密协议，承诺在金融管制上继续放权，导致国内经济金融与政治利益博弈异常复杂，叶利钦在职期间换了7个总理。2000年俄罗斯总统普京立誓要将这些俄罗斯金融寡头作为一个政治派系而加以清除，以便构建俄罗斯独立的金融体系。

背景二：西方制裁与卢布危机。不管你承认还是不承认，美国及其盟友（如欧盟、日本、加拿大、澳大利亚等）主导了当今世界。但不论是苏联还是现在的俄罗斯，常常以不同于西方国家的异类形象出现，主要表现如美苏冷战、乌克兰局势等，于是也就屡遭制裁的厄运。俄罗斯经济结构单一，过于依赖原油等能源行业。对卢布汇率影响最大的出口市场上，石油、天然气以及石油制品等出口额占总出口额的比重已经超过60%。一旦遭遇制裁，能源价格下跌，卢布汇率便会遭到重创。面对1998年以来最严重的卢布大贬值以及西方国家接二连三的制裁措施，深陷困境的俄罗斯致力于打造本国独立金融系统以应对制裁。

最近20年，俄罗斯经历了两次严重的金融危机，目前还在卢布贬值、经济衰退的旋涡中挣扎。1998年金融危机来临时，俄罗斯正处于国民经济深度衰退期，整个国家如同不设防的城市，任凭入侵者猖狂肆虐，根本无力抵抗，损失极为惨重。2008年金融危机爆发时,俄罗斯经济状况已经大大改善,政府以雄厚的财政储备做支撑,出台了一系列反危机措施,在一定程度上缓解了危机造成的损失。

后危机时期,俄罗斯加强了金融监管。

2013年7月24日,俄罗斯总统普京签署了一项法案,宣布组建隶属于中央银行(俄罗斯银行)的统一大金融市场监管机构。根据法案,中央银行将取代联邦金融市场局对证券商、保险公司、小金融组织、交易所投资和养老基金等所有金融机构的经营活动实行全权统一监管。

建立统一大金融市场监管机构,目的在于提高金融市场运作的稳定性和监督效率,消除各类联邦法律机构职能重复、政出多门的现象。根据法案,由于央行职权的扩大,应相应提高国家银行委员会的地位,将其更名为国家金融委员会,并撤销了之前的联邦金融市场局。至此,俄罗斯建立新的联邦金融管理体制的法律程序基本完成。

上述法案的实施标志着俄罗斯金融监管体制的重大变革,原来的多家管理机构并存的模式宣告终结,取而代之的是统一的、综合的大金融监管模式。这项改革确立了中央银行在金融市场上的权威地位,从而将金融政策的制定和监督执行两项职能同时归属于一个机构,这在很大程度上确保了金融政策的统一性和连贯性,便于金融政策的制定和执行,也增强了防范危机和应对突发事件的能力。

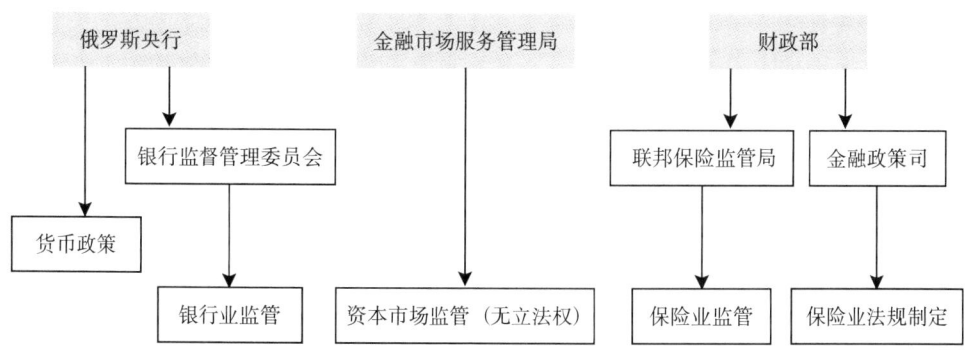

图3-16 俄罗斯改革前的金融监管框架

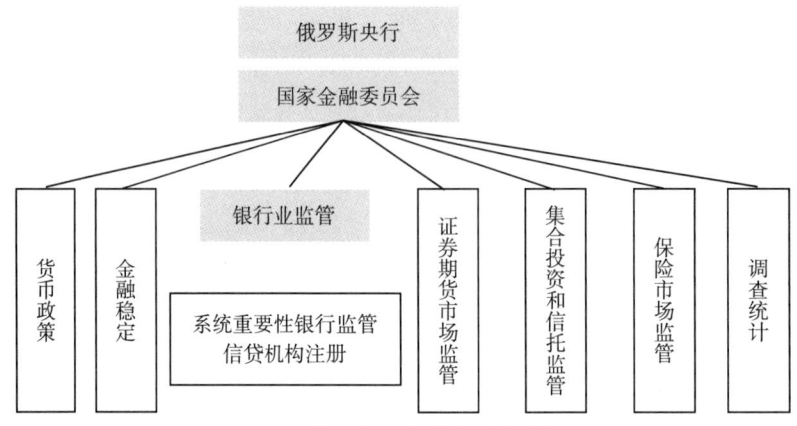

图 3-17 俄罗斯现行的金融监管框架

（四）对外贸易：建立以俄罗斯为中心的欧亚经济区

在俄罗斯的贸易伙伴中，中国居第一位。欧盟的荷兰、德国、意大利紧随其后，独联体内部的乌克兰、白俄罗斯居第五位、第六位（见图 3-18）。日本和美国虽然仅在第八位、第九位，但制裁却是常态。一目了然，俄罗斯的经济重心在乌克兰（独联体内部稳定）、欧盟（战略方向）和中国（地缘关系）。

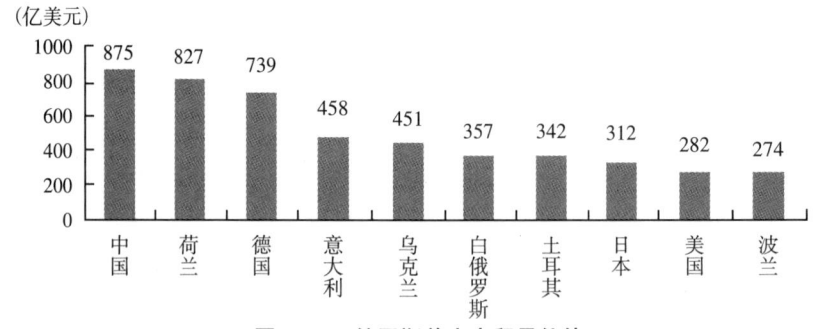

图 3-18 俄罗斯前十大贸易伙伴

资料来源：俄罗斯海关局，驻俄罗斯使馆经商参处，中国银河证券研究部。

1. 攘外必先安内——独联体兄弟内部的欧亚经济联盟

2014 年 5 月 29 日，俄罗斯总统普京、白俄罗斯总统卢卡申科、哈萨克斯坦总统纳扎尔巴耶夫正式签署了《欧亚经济联盟条约》。根据条约，欧亚经济

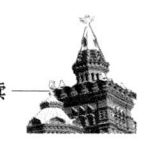

联盟将于 2015 年 1 月 1 日正式启动，到 2025 年联盟将实现商品、服务、资金和劳动力的自由流动，终极目标是建立类似于欧盟的经济联盟，形成一个拥有 1.7 亿人口的统一市场。现在，欧亚经济联盟是一个由白俄罗斯、哈萨克斯坦、俄罗斯、亚美尼亚、塔吉克斯坦、吉尔吉斯斯坦 6 个为加深经济、政治合作与融入而计划组建的一个超国家联盟。

白俄罗斯是俄罗斯最可靠的盟友。俄罗斯与白俄罗斯不仅在民族、语言、文化、宗教上基本相同，而且在现实的地缘政治、安全和经济上都存在较强的相互依赖关系，这也就不难理解两国为什么刚刚"分家"就很快又走上联合之路。俄罗斯和白俄罗斯从 1991 年独立到决定成立联盟国家，中间仅经历了不到 10 年的时间。1999 年两国在莫斯科签署《关于成立俄白联盟国家的条约》及《关于实施条约的行动计划》，标志着俄白联盟正式成立。俄罗斯是白俄罗斯最重要的贸易伙伴，占白俄罗斯对外贸易总额的 60% 以上。白俄罗斯加盟共和国曾是苏联的"装配车间"，其所生产的拖拉机、联合收割机和重型卡车等产品大量供应其他加盟共和国。现在，白俄罗斯生产的机械产品近 40% 出口到俄罗斯，远远超过对其他国家的出口。俄罗斯是白俄罗斯的能源供应国，每年向白俄罗斯出口石油 2000 多万吨、天然气 200 多亿立方米。俄罗斯对欧盟国家出口商品的约 70% 要通过白俄罗斯过境运输。

哈萨克斯坦是苏联解体后所有的国家中最发达的国家之一，独立后的 20 年来，哈萨克斯坦的经济取得了巨大成就，许多经济发达的国家为之羡慕：工资增长了 4~5 倍，平均养老金增加了 2~3 倍，而收入低于最低生活费的居民比例从 50% 降至 13%。显然，国家的稳定和繁荣在很大程度上保障了人民的经济富裕。俄罗斯与哈萨克斯坦的关系仅次于其与白俄罗斯的关系，三个国家在一起做了很多事情，如欧亚经济共同体、关税联盟等。但是哈萨克斯坦近年来一直追求在国际上更为独立、有影响的大国形象，追求真正的大国地位，毕竟哈萨克斯坦的领土面积世界第九。尤其是在其经济取得越来越大成就的时候，哈萨克斯坦不愿意再当俄罗斯的"小弟"，其政策更多地开始左右逢源，同时在招商引资领域继续加强与西方合作。

乌克兰在独联体中的地位举足轻重，没有乌克兰的参与，欧亚联盟将是不完整的、残缺不全的。从某种意义上可以说，乌克兰的加入与否最终决定着欧亚联盟的成败。乌克兰人口比白俄罗斯和哈萨克斯坦两国人口的总和还多了将近1倍，相当于中亚5国的总人口。乌克兰是独联体第二大经济体和第二大市场，它的经济总量、工农业生产水平、科技水平以及综合发展潜力仅次于俄罗斯，远高于独联体其他成员国，俄乌贸易规模占到了俄罗斯对独联体整体贸易的41.31%。这意味着，俄罗斯对独联体国家贸易额的将近一半是由对乌贸易来实现的。因此，俄罗斯领导人一而再、再而三地向乌克兰表达善意，诚恳地邀请乌克兰加入关税同盟，最终成为欧亚联盟大家庭的一员。然而这却与乌克兰的意愿相违背，因为乌克兰的既定方针是融入欧洲，尽早实现与欧洲的一体化。欧盟和俄罗斯对乌克兰的争夺战还会继续。

图3-19　欧亚经济联盟版图

2. 融入欧洲——与欧盟的"现代化伙伴关系"

现代化战略是最近几年来俄罗斯最具争议的问题之一。自2008年俄罗斯总统梅德韦杰夫提出现代化战略之后，欧盟国家给予积极回应，并且结成多种形式的现代化伙伴关系。2010年俄罗斯和欧盟签署了有关"现代化伙伴关系"的联合声明，截至2012年底，俄罗斯与欧盟27国成员中的23个国家签署了相关的声明和备忘录。可是由于多种原因，现代化计划进展并不大。原因有三：

一是俄罗斯与欧盟认识不同。在俄罗斯看来，现代化与解决两大任务密切相关。一大任务是在经济领域弱化经济体的原材料化的趋势、倾向及特点，

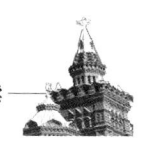

发展新的技术工艺和生产竞争力；另一大任务是在政治领域完善民主制度并以此促进提高经济体的竞争力。就本质而言，优先权在经济领域，并要求尽快行动起来，而解决与完善民主的政治问题被当作第二位的目标。与此相反，欧盟则是从能够体现它的标准化力量的政治成就出发来考虑问题（在实践中实行民主、法治、人权）。布鲁塞尔同俄罗斯的对话当中特别强调这一方面，欧盟条约第 21 条规定如此，其他一系列文件亦是如此。

二是欧盟与俄罗斯合作中存在斗争。在 2014 年乌克兰危机中，欧盟扩大了对俄罗斯的制裁，要求欧洲投资银行暂停提供俄罗斯新公共部门计划融资，同时也将力促欧洲复兴开发银行中止资助俄罗斯。欧盟的经济总量是俄罗斯的 10 倍，一般预测如果欧盟切断和俄罗斯的经济联系，欧盟经济可能下滑 2%，而俄罗斯经济可能下滑 20%。欧洲的能源目前有 20% 左右由俄罗斯供给，切断俄罗斯能源供给后，欧盟有 28 个国家，如果互相帮助，不难渡过难关，何况还有美国和世界很多国家愿意同欧洲共度时艰。

三是欧盟与美国合作中存在斗争。欧盟在某种程度上就是为摆脱对美国的依赖而产生的。虽然欧元从 1999 年诞生至今只有不到 20 年的时间，但是它已经迅速成为仅次于美元的第二大国际货币。无论是经济方面还是军事方面，欧盟的影响力都可以和美国抗衡。欧盟虽然有 28 个国家，但是当家的就只法德两国，连英国都不在欧盟的权力核心。因为法德作为欧陆大国一心排斥作为岛国的英国，认为英国是美国在欧洲的代理人，是欧洲的内奸。法德

图 3-20　欧盟 VS 欧亚经济联盟

的内心深处一直希望欧盟能摆脱美国的掌控,实现独立防卫。也就是说欧洲大陆对美国是有二心的。在这个背景下,欧盟希望欧洲大陆包括俄罗斯在内实现和平、团结、发展。这种把英美排斥在外的大计划是美国所恐惧的,所以美国一有机会就想挑拨欧盟和俄罗斯的关系。乌克兰危机中,美国唆使欧盟制裁俄罗斯,欧盟表现并不积极,正是双方心态的真实表现。更何况,欧盟国家所需的天然气有近30%来自俄罗斯,波罗的海三国的天然气完全从俄罗斯进口,俄罗斯不仅影响世界能源市场,甚至会对欧洲的经济产生影响。一直以来,能源武器都是俄罗斯对外政策的王牌。在应对美国制裁时,能源牌将成为俄罗斯的"撒手锏"。

3. 在最美的时候遇见你——对接中国的"一带一路"

2013年3月,习近平当选中国国家主席,首个访问的国家就是俄罗斯。这一外事安排与2003年胡锦涛上任后的选择如出一辙。

2013年9月7日上午,中国国家主席习近平在哈萨克斯坦纳扎尔巴耶夫大学作重要演讲,提出共同建设"丝绸之路经济带"。

2013年10月3日上午,习近平在印度尼西亚国会发表重要演讲时强调中国愿同东盟国家共建21世纪"海上丝绸之路"。

2013年11月12日中共十八届三中全会审议通过的《中共中央关于全面深化改革若干重大问题的决定》提出,加快同周边国家和区域基础设施互联互通建设,推进丝绸之路经济带、海上丝绸之路建设,形成全方位开放新格局。

2014年索契冬奥会期间,习近平和普京就俄罗斯跨欧亚铁路与丝绸之路经济带和海上丝绸之路的对接问题达成了战略共识。

在中俄关系不断深化的最美时刻,中国的"一带一路"向西"遇见了"俄罗斯提出的欧亚经济同盟。俄罗斯横跨欧亚大陆,既是欧洲大国,也是亚太大国。近年来,俄方提出了"东向"政策,而中方在保持全方位对外开放的同时加快向西开放,这为两国发展战略的交汇与对接创造了难得的历史性机遇。中俄的合作伙伴关系,从上合组织到"金砖银行",再到"亚投行"和丝路基金,不断在加深。中国和俄罗斯以及其他"金砖国家"正在努力以自身货币作为结算手段,而非美元。同时,中方希望中、俄、蒙三方合作,启动中、蒙、俄经济走廊,铺设一条贯通三国、横跨亚欧大陆的合作新通道,搭建一个各国共同发展的新平台。

中国与俄罗斯的合作机遇前所未有：一是国家关系的高水平。两国领导人一致认为，目前中俄关系"处于历史最好时期"，成为"大国关系的典范"。二是发展战略的高度契合。新形势下中俄双方都在以新的姿态、更高的要求推动相关合作取得新进展。双方对"一带一路"与欧亚经济联盟的相互对接已达成高度共识，正在加紧谋划战略对接的规划举措。三是发展要素的广泛互补性。中国轻工、电子、通信技术比较先进，俄军工、航天、航空、材料技术比较发达。中国拥有相对先进的制造业和基础设施，以及世界最庞大的外汇储备，企业"走出去"正在迈向"产能合作"与"投资合作"并举的新阶段；俄罗斯则急需外部资金、技术投入。在遭受西方大国金融制裁和技术装备制裁的困难情况下，中国的投资与技术对俄罗斯具有雪中送炭的战略价值。2015 年 11 月，俄罗斯石油公司收到了中国 9965 亿卢布（约合人民币 972.6 亿元）的石油预付款。这是乌克兰危机爆发后俄罗斯企业所获得的最大一笔海外资金。

2013~2016 年，习近平与普京已经会面 11 次，这可以说是中俄全方位战略协作伙伴关系的最好印证，合作前景光明。

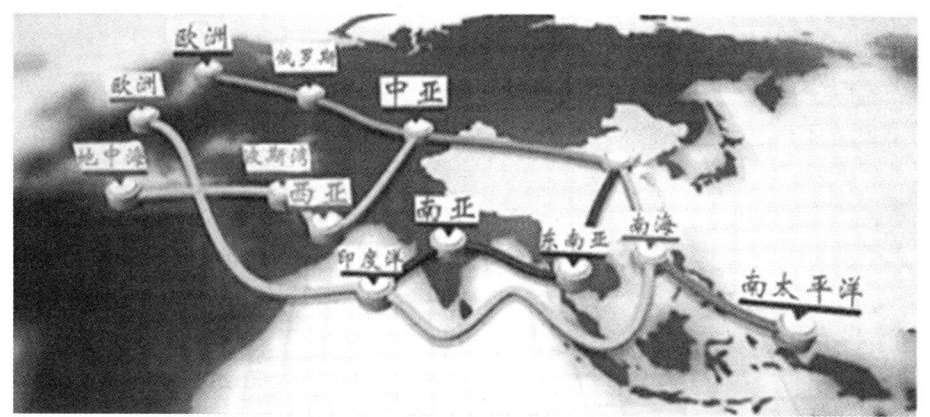

图 3-21　六大经济走廊与"一带一路"版图走向一致

4. 俄罗斯对外贸易政策法规

俄罗斯主管贸易的政府部门是经济发展部、工业与贸易部、农业部、联邦海关署等。经济发展部、工业与贸易部的主要职责是制定对外贸易政策和管理对外贸易，签发进出口许可证，管理进出口的外汇业务，制定出口检验制度，审批有关对外贸易的协定或公约等。联邦海关署执行俄罗斯政府的对外贸易管理政策，办理关税业务和报关业务等。

俄罗斯与贸易相关的主要法律有俄罗斯联邦《对外贸易活动国家调节原则法》《对外贸易活动国家调节法》《俄联邦海关法典》《海关税则法》《技术调节法》《关于针对进口商品的特殊保障、反倾销和反补贴措施联邦法》《外汇调节与监督法》和《在对外贸易中保护国家经济利益措施法》等。

（1）海关估价

关税须按照海关产品估价以硬通货或按现行汇率以卢布支付。海关估价一般以进口产品的 CIF 价为基础。另外要征收货物实际成本 0.15% 的海关手续费。临时进口费为 1000 卢布。根据海关规定，海关处理程序不应长于一个月。如俄罗斯海关拒绝接收货物，法规规定产品须运返原产国。

（2）自由贸易区

在俄罗斯没有实际意义上的自由贸易区。有几个自由经济区，意在鼓励在特别区域内进行投资。还有几个自由关税区和自由货库，在上述两区域无须缴纳海关关税。在这些区域内可进行多种生产及商业活动，但不能从事零售。库存期限不限。自由关税区和自由货库均地处海关地带（机场、码头、铁路及卡车站）。俄罗斯在全国各地批准了一批所谓自由贸易区，这些区域允许免税进口大量产品。

（3）进出口管理

【进口管理】①配额管理。俄罗斯对食用酒精、伏特加酒、烈性炸药、爆炸品、爆炸器材、烟火制品、原糖等实行进口配额管理。②许可证管理。对两大类商品实行进口许可证制度。第一类属于特殊商品，包括化学杀虫剂、工业废料和密码破译设备。第二类属于需要按俄罗斯总统和政府规定的特殊程序进口的商品、技术和科技信息，包括武器弹药、核材料、放射性原料、贵金属、宝石、麻醉剂、镇静剂、两用材料和技术、可用于制造武器装备的个别原材料和设备等。③产品标志和认证。俄罗斯境内禁止销售无俄文说明的进口商品。对酒类制品、音像制品和计算机设备等产品，禁止销售无防伪标志及统计信息条的产品。对化学生物制剂、放射性物质、生产废料以及部分初次进口到俄罗斯的产品尤其是食品需在进口前进行国家注册；工业、农业和民用建筑等用途的进口产品需具备卫生防疫鉴定。俄罗斯联邦海关2005年1月发布的《需强制认证的进口产品名单》中主要包括对动植物及其产品、食品、酒精和非酒精饮料、纺织原料及其制品、机器设备和音像器材等部分进口产品实行强制认证。

【出口管理】①出口配额和出口许可证。俄罗斯对国际协议规定要求限制数量的产品、部分涉及国家利益的特殊产品和国内需求较大的产品等实行出口配额和许可证管理。出口配额的分配主要是通过招标和拍卖进行。配额如有剩余，亦可根据出口实绩进行增发。需持出口许可证的商品包括野生动物、药材、译码器件、武器装备、爆炸品、核材料、放射性材料、贵金属、宝石及半宝石、矿产资源及矿床信息、麻醉剂、精神心理药剂、毒性物质、某些可用于飞行制造武器装备的原料、设备、技术、信息等。②对军民两用产品出口实行监督。出口军民两用产品和技术需申领出口许可证，颁发依据为出口产品是否符合俄罗斯承担的有关国际义务。③统一验证制度。俄罗斯对出口产品的数量、质量和价格实行统一的强制性验证制度，包括对石油、成品油、天然气、煤、黑色及有色金属、木材、矿肥等产品进行验证。以上程序不适用于食品、兽医用品及壳类产品，此类货品的检疫及签证由国家检疫及卫生部门负责。

（4）关税

【进口关税】俄罗斯联邦政府自2001年1月1日起实行新的进口关税税率，大多数商品为从价税，但有的商品须计征从量关税和复合关税。新的关税政策将原7档进口税率（0、5%、10%、15%、20%、25%、30%）减为4档，即5%、10%、15%、20%。俄罗斯对不同类型国家按不同税率征收进口关税，税率表上所标税率为基本税率。凡从享有最惠国待遇的国家进口的商品按基本税率计征关税；凡从不享有最惠国待遇的国家进口的商品按基本税率的两倍计征关税。与俄罗斯签有自由贸易协定的独联体国家及联合国贸发会议批准可享受普惠制的发展中国家均可在俄罗斯享受关税优惠。其中对产自与俄罗斯签有自由贸易协定的独联体国家及最不发达国家的商品免征进口关税，对产自发展中国家的商品按基本税率的75%计征关税。

中国属于享受普惠制优惠的发展中国家，优惠幅度为25%。为享受优惠关税，报关人必须递交产地证书。如递交不出产地证书，但可用其他方法确定产地，那么对产自与俄罗斯签有自由贸易协定或享有最惠国待遇的国家的商品按基本税率计征进口关税。对产地不明的商品按基本税率的两倍计征进口关税。但下列商品不享受进口关税优惠：果汁、菜汁、矿泉水、汽水及其他非酒精饮料、曲啤、80度以内非变性食用酒精、烈性酒、甜酒、其他酒精饮料、合成材料服装、鞋、护腿套、天然宝石、人造宝石及其制品、非金银宝石妇女饰物、电话机、电唱机、录音机、音箱、录像机、放像机、无线电话电报传送接收设备、广播电视传送接收设备、小汽车、客货两用车、赛车、钟表、钟表零件、表带、表链。外商企业注册后一年内作为法定资本投资进口的商品免征关税和其他税，但消费税应税商品除外。用于国际货运的交通工具及其附属设备、作为人道主义援助和慈善目的输入的商品、自然人非用于生产或其他商业目的而输入的总值在1000美元以内和重量在50公斤以内的商品免税。为对进口商品计征关税，须确定商品的税号、价值和产地。

【出口关税】俄罗斯是世界上为数不多的实行出口关税的国家。几年前，俄罗斯对大多数出口商品都课征出口关税。这是因为俄罗斯出口产品中燃料和原料等资源类产品的占比高达80%，而机械制造产品仅占9%。实行出口关税，旨在限制资源类产品的出口，鼓励高科技产品的出口，改变产品出口结构。当然，俄罗斯实行出口关税是迫不得已的临时措施。近几年已有迹象表明，俄罗斯在不断调整和降低出口关税。例如，以前俄罗斯为了限制农产品和食品出口，对这些产品规定了极高的出口关税，因为这些产品的生产主要靠国家补贴。而现在实行了市场自由化，国家对农业的补贴也微乎其微，因此农产品和食品的出口关税大大降低。此外，某些有色金属、有色金属的生产原料和石油化工产品的出口关税也大幅降低。前不久，俄罗斯取消了黑色金属及其制品的出口关税。俄罗斯计划未来将尽快取消全部出口关税。

表 3-4 2011年俄中双边贸易主要商品构成（类）

金额单位：百万美元

对中国出口							自中国出口						
海关分类	HS编码 章	商品类别	2011年	上年同期	同比(%)	占比(%)	海关分类	HS编码 章	商品类别	2011年	上年同期	同比(%)	占比(%)
		总值	26877	19265	39.5	100.0			总值	45451	37786	20.3	100.0
第5类	25-27	矿产品	17697	11003	60.8	65.9	第16类	84-85	机电产品	21237	17055	24.5	46.7
第9类	44-46	木及制品	2585	2230	15.9	9.6	第11类	50-63	纺织品及原料	4121	4035	2.1	9.1
第6类	28-38	化工产品	2273	1694	34.2	8.5	第15类	72-83	贱金属及制品	3883	3214	20.8	8.5
第1类	01-05	活动物、动物产品	1067	903	18.3	4.0	第12类	64-67	鞋靴、伞等轻工产品	2483	2886	-14	5.5
第10类	47-49	纤维素浆、纸张	1003	730	37.3	3.7	第20类	94-96	家具、玩具、杂项制品	2399	2283	5.1	5.3
第16类	84-85	机电产品	734	911	-19.4	2.7	第7类	39-40	塑料、橡胶	2210	1563	41.5	4.9
第7类	39-40	塑料、橡胶	713	734	-2.8	2.7	第17类	86-89	运输设备	2176	1274	70.7	4.8
第15类	72-83	贱金属及制品	500	659	-24.1	1.9	第6类	28-38	化工产品	1563	1181	32.3	3.4
第17类	86-89	运输设备	215	259	-16.8	0.8	第13类	68-70	陶瓷；玻璃	964	771	25	2.1
第18类	90-92	光学、钟表、医疗设备	41	62	-33.8	0.2	第18类	90-92	光学、钟表、医疗设备	942	770	22.4	2.1
第4类	16-24	食品、饮料、烟草	14	48	-69.8	0.1	第2类	06-14	植物产品	870	656	32.7	1.9
第11类	50-63	纺织品及原料	10	16	-35.6	0.0	第8类	41-43	皮革制品；箱包	811	677	19.8	1.8
第8类	41-43	皮革制品；箱包	6	6	1.5	0.0	第4类	16-24	食品、饮料、烟草	587	450	30.5	1.3
第2类	06-14	植物产品	6	6	-7.4	0.0	第10类	47-49	纤维素浆、纸张	337	278	21.4	0.7
第20类	94-96	家具、玩具、杂项制品	5	3	69.9	0.0	第5类	25-27	矿产品	311	234	32.8	0.7
		其他	6	1	748.8	0.0			其他	555	459	20.9	1.2

资料来源：俄罗斯海关。

（5）投资行业

【禁止的行业】赌博业、人寿保险业。

【限制的行业】2008年4月2日和16日，由俄罗斯议会上下两院分别通过和批准，5月5日，由普京签署了《有关外资进入对国防和国家安全具有战略性意义行业程序》的联邦法。该法第5款明确规定13大类42种经营活动被视为战略性行业，主要包括国防军工、核原料生产、核反应堆项目的建设运营、用于武器和军事技术生产必需的特种金属和合金的研制生产销售、宇航设施和航空器研究、密码加密设备研究、天然垄断部门的固定线路电信公司、联邦级的地下资源区块开发、水下资源、覆盖俄罗斯领土一半区域的广播媒体、发行量较大的报纸和出版公司等。

【鼓励的行业】俄罗斯政府鼓励外商直接投资的领域大多是传统产业，如石油、天然气、煤炭、木材加工、建材、建筑、交通和通信设备、食品加工、纺织、汽车制造等行业。

四、2050年：俄罗斯经济大国梦

毫无疑问，俄罗斯拥有成为大国的一切基本条件：广袤的国土、丰富的资源、庞大的人口、深厚的文化底蕴。但在俄国的发展历史上，每一次巨大的进步与飞跃都起源于重大的改革乃至伟大的革命。

未来的俄罗斯，何时能够实现经济大国梦？

2012年高盛发布了对38年后世界主要国家GDP排行的预测。预见未来总是非常困难的，你只要稍微改变一点假设，就可能对结果产生重大影响。不过不管怎样，高盛的预测结果仍然值得一看。

第一，到2050年，"金砖四国"（巴西、俄罗斯、印度、中国）的经济总量将主宰全世界的产出，中国（707100亿美元）将取代美国（385200亿美元）成为以GDP计算的头号大国。而俄罗斯（85640亿美元）将超越日本（66750亿美元）排名第六，这也是俄罗斯进入经济大国的重要标志。

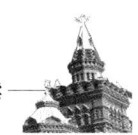

第三章 激荡百年：俄罗斯经济解读

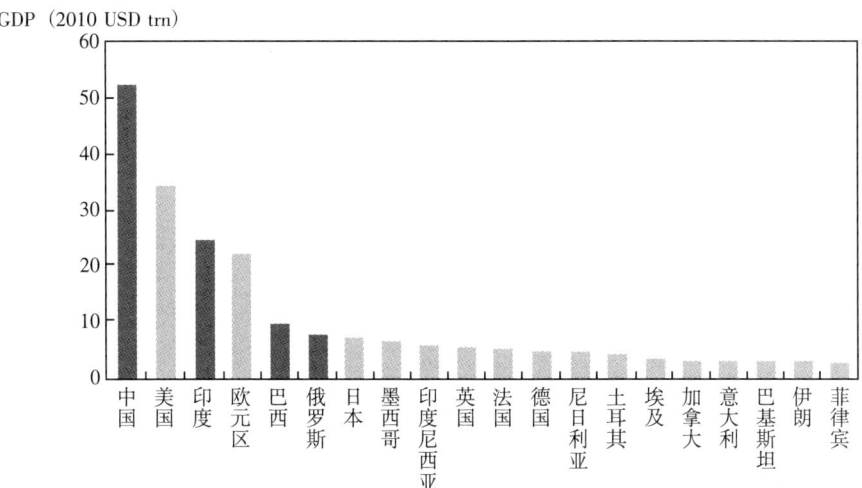

图 3-22　2050 年世界 GDP 总排行（第六为俄罗斯）

资料来源：高盛全球经济研究。

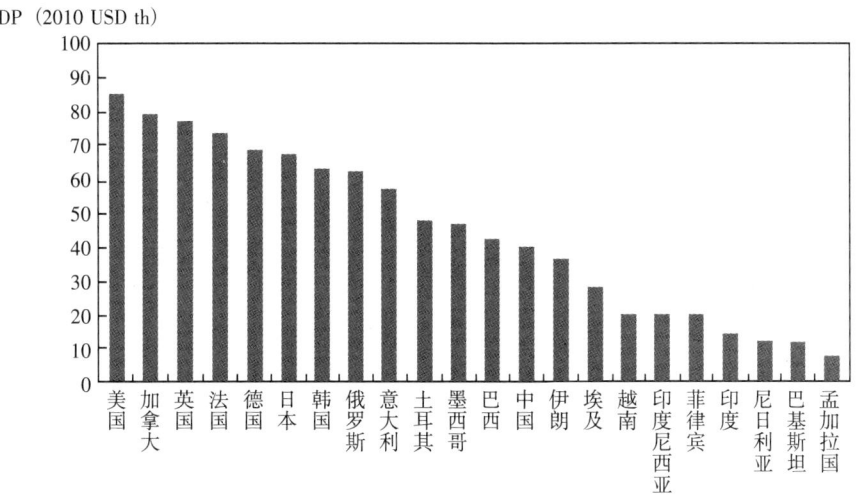

图 3-23　2050 年人均 GDP 排行（第八为俄罗斯）

资料来源：高盛全球经济研究。

第二，从人均 GDP 看，这个排行榜的顺序发生了巨大的变化，38 年后"金砖国家"仍落后传统西方国家，中国的人均 GDP 仍然只有美国的一半（现在美国人均 GDP 差不多是中国的 6 倍）。但较为奇怪的一点是高盛认为在 2050 年俄罗斯人均 GDP 将是"金砖国家"中最高的，并且超过意大利，而现在意大利的人均 GDP 差不多是俄罗斯的两倍。

2015年6月，俄罗斯经济发展部部长乌柳卡耶夫说："当然，俄罗斯不是经济大国，因为我们在世界经济中的占比仅为3%~3.5%，经济总量只有美国的$\frac{1}{10}$~$\frac{1}{9}$。我们需要至少50年的经济稳定增长才能步入真正的经济大国行列。"

无尽的思考：什么是大国？俄罗斯究竟是不是一个大国？如此虚弱的"小经济"能不能称为大国？为什么世界上唯一一个国内资源完全自给的国家经济却如此脆弱？为什么经济低迷的俄罗斯依然可以继承苏联的高福利"遗产"？为什么经济如此弱的俄罗斯可以对第一经济强国的美国说"不"？为什么绝大部分领土在亚洲的俄罗斯，首都却在欧洲？为什么从彼得大帝急行军式追赶西欧的改革开始，历经230多年的努力后俄罗斯不仅没有融入欧洲，还产生了一个独特的社会主义制度？为什么历次欧洲的核心联合或体制变化，譬如欧盟，俄罗斯往往都游离在外围？为什么作为昔日两个超级大国之一，在国际体系中仅仅成了地区性大国，在经济上更是一头栽入了第三世界之中，GDP仅相当于中国的一个广东省？为什么直到今天，只有俄罗斯一家在战后仍经历了大起大落的命运，在新世纪到来时，也只有它一家仍旧吉凶未卜？

英国前首相温斯顿·丘吉尔曾在1939年对苏联做了经典描述——"谜中之谜"。"帝国的俄罗斯"还是"民主的俄罗斯"？"富有的俄罗斯"还是"贫穷的俄罗斯"？"东方的俄罗斯"还是"西方的俄罗斯"？"崛起的俄罗斯"还是"衰落的俄罗斯"？我们分不清。它的发展，它的强大，它的衰落，它的昨天，它的今天，它的明天，都是一个未解之谜。19世纪俄国著名的思想家陀思妥耶夫斯基曾经说过："真正伟大的民族永远不屑于在人类当中扮演一个次要角色，甚至也不屑于扮演头等角色，而一定要扮演独一无二的角色。这是俄罗斯人对自己的期许。"俄国19世纪诗人费多尔·丘特切夫这样评价自己的祖国："用理性不能理解俄罗斯，用一般的标准无法衡量俄罗斯，在它那里存在的是特殊的东西。"

这个"特殊的东西"或许应该被称为"俄罗斯特色的道路"！

世上没有救世主，只有自己救自己！走自己的路，俄罗斯，加油！

第四章

撼动灵魂：俄罗斯文化艺术概览

　　魅力洋溢的俄罗斯文化早已成为人类文明的瑰宝，沉淀于历史的永恒记忆。深刻了解俄罗斯文化，才能更深刻地审视俄罗斯的历史积淀，把握俄罗斯的民族性格，进而理解俄罗斯的国家行为。俄罗斯地跨欧亚两洲，这种地理位置的特殊性，使俄罗斯既不属于欧洲，也不属于亚洲。因此，俄罗斯文化具有既非东方又非西方的矛盾性。俄国宗教哲学家恰达耶夫在《哲学通信》中写道："我们既不属于西方，也不属于东方。"俄罗斯是连接东西方的一个桥梁。这种位置特点决定了俄罗斯精神势必将东西方两个精神世界中的最主要因素结合起来，但也使俄罗斯动摇于这两种文化之间，甚至使两者相互排斥、相互对立。

一、关照人性的俄罗斯文学

　　俄罗斯文学和乌克兰文学、白俄罗斯文学同出一源，发轫于 10 世纪末。古代俄罗斯书面文学的第一部著名作品是 12 世纪末无名诗人所写的英雄史诗《伊戈尔远征记》。该史诗记述了主人公伊戈尔征讨草原游牧民族波洛夫人的真实历史。俄罗斯文学自诞生之日起就着力表现俄罗斯特有的社会民族风情和俄罗斯人的民族性格。

18世纪统一的民族国家的形成促进了俄国文学的发展。19世纪30年代，俄罗斯民族文学形成并随即迅速走向繁荣。它以批判现实主义为标志，不但赢得了国际文坛的认可，而且为具有民族性特征的俄罗斯文学创造了良好的开端。普希金、莱蒙托夫、果戈理、赫尔岑、冈察洛夫、屠格涅夫、涅克拉索夫、陀思妥耶夫斯基、奥斯特洛夫斯基、萨尔蒂科夫·谢德林、列夫·托尔斯泰和契诃夫等，是世界一流的小说、诗歌、戏剧巨匠。

1917年的十月革命之后直到20世纪80年代末，俄罗斯实行社会主义的苏维埃制度，因此其文学又通称为苏维埃俄罗斯文学。因为俄罗斯是当时苏联15个加盟共和国之一，所以这个阶段俄罗斯文学又是整个苏联文学的一部分。执政的共产党和苏维埃政府加强了对文艺事业的领导，提倡以社会主义现实主义为基本创作方法。因此，除高尔基和绥拉菲莫维奇等老作家及富尔曼诺夫、法捷耶夫和肖洛霍夫等文坛新秀外，马雅可夫斯基、阿·托尔斯泰、爱伦堡、费定和列昂诺夫等原起步于各现代主义流派的作家，都很快转向社会主义现实主义，其诗歌、小说、戏剧盛极一时。

第二次世界大战后活跃于文坛的诗人特瓦尔多夫斯基，诗人兼戏剧、小说作家西蒙诺夫以及小说家柯切托夫、邦达列夫和拉斯普京等的创作，增强了对苏维埃现实中缺点和错误的暴露与批判，使社会主义现实主义文学具有了新的特色。

（一）心灵吟唱的俄罗斯诗歌

俄罗斯可谓诗的国度。人们追捧诗人，对普希金等著名诗人的诗倒背如流。亲朋聚会的高潮总是情绪饱满地朗诵诗歌。逢诗人诞辰或者忌日，各地也会举行诗歌朗诵会。在俄罗斯书店，诗歌书籍的地位很高，位置醒目，销量也很大。俄罗斯人在庆祝生日、朋友离别或是参与其他重要事件时，都要把诗集作为重要的礼品赠送。诗歌的精神已经融进俄罗斯人的血液中，在伟大的卫国战争、苏联解体等重大历史时刻发挥着鼓舞民众的重大作用。在伟大的卫国战争期间，诗人西蒙诺夫的一首《等着我吧》（苏杭译《诗刊》，1980

年6月）表达了前线战士对爱人的无限思念和对胜利的信心："等着我吧，我会回来的/只是要你苦苦地等候/等到那愁煞人的阴雨/勾起你的忧愁满怀……"许多战士将这首诗抄录在致远方爱人的信中，还有人将它从报纸上剪下来放在内衣口袋里，有人甚至将它醒目地刷在开往前线的军车上。

1. 俄罗斯诗歌的太阳——普希金

对于俄罗斯人来说，普希金是无法形容的，一如俄罗斯皑皑的白雪。对于俄罗斯人来说，普希金又是活生生的，一如他们用以维持生命的黑面包和红菜汤。亚历山大·谢尔盖耶维奇·普希金（1799~1837）是俄国传统文化的集大成者。他既是19世纪俄国浪漫主义文学的主要代表人，又是现实主义文学奠基人，同时还是现代标准俄语的创始人，是"俄国文学之父"、"俄国诗歌的太阳"。他创立了俄罗斯民族文学和文学语言，在诗歌、小说、戏剧乃至童话等各个文学领域都给俄罗斯文学提供了典范，被高尔基誉为"一切开端的开端"。

图 4-1　普希金广场

诗歌，本来就是天籁，是一种情感的自然宣泄与流露。激情和苦难是诗人的全部资源，没有激情写不出震撼人心的诗句，没有苦难怎么会有包容世界的胸怀。普希金一生写下了880首抒情诗。普希金抒情诗内容之广泛，在俄国诗歌史上前无古人，其作品既有政治抒情诗《致恰达耶夫》（1818）、《自由颂》（1817）、《致西伯利亚的囚徒》（1827）等，也有大量爱情诗和田园诗，

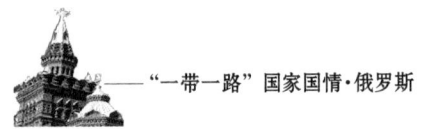

如《我记得那美妙的一瞬》(1825)和《我又重新造访》(1835)等。普希金一生创作了12部叙事长诗,其中最主要的是《鲁斯兰和柳德米拉》(1820)、《高加索的俘虏》(1822)、《青铜骑士》(1833)等。普希金的剧作不多,最重要的是历史剧《鲍里斯·戈都诺夫》(1825)。此外,他还创作了诗体小说《叶甫盖尼·奥涅金》(1831)、散文体小说《别尔金小说集》(1831)及关于普加乔夫白山起义的长篇小说《上尉的女儿》(1836)。普希金在自己的作品中提出了时代的重大问题,如专制制度与民众的关系问题、贵族的生活道路问题、农民问题;塑造了有高度概括意义的典型形象,如"多余的人""金钱骑士""小人物"、农民运动领袖。这些问题的提出和文学形象的产生,大大促进了俄国社会思想的前进,有利于唤醒人民以及俄国解放运动的发展。其中,长篇诗体小说《叶甫盖尼·奥涅金》是普希金最重要的一部作品,被别林斯基誉为"俄罗斯生活的百科全书和最富人民性的作品"。

一声叹息:诗人之死。普希金去世时年仅38岁,他的死与自己美丽的妻子娜塔利娅·尼古拉耶夫娜·冈察洛娃有关。这位俄国第一美人的社交能力极强,因此普希金被人们取了一个极具污蔑性的绰号"绿帽子团长"。最终这位伟大的诗人在与情敌的决斗中身负重伤,不治身亡。他的早逝令俄国进步文人深感痛惜,他们感叹道"俄国诗歌的太阳沉落了"。

在普希金之后,俄罗斯文学中有了真正的俄罗斯精神,天空出现了满天星辰,交相辉映。普希金是一个象征,是俄罗斯知识分子精神力量的象征。

2. 为自由而歌——莱蒙托夫

米哈依尔·莱蒙托夫(1814~1841)是19世纪继普希金之后俄国的伟大诗人。他14岁开始写诗,1837年为普希金因决斗而死所写的《诗人之死》一诗名震文坛。由于反抗专制统治,他屡遭流放,多次入狱,最后死于有预谋的决斗,年仅27岁。

莱蒙托夫在短短13年的创作生涯里,一共写下了400多首抒情诗,名篇有《帆》《浮云》《祖国》,他写的长诗有20余部,以《恶魔》《童僧》为代表,他还写了剧本《假面舞会》和杰出的长篇小说《当代英雄》等。莱蒙托夫继承了普希金和十二月党人诗人的传统,把热爱祖国和歌颂自由作为诗歌创作的基本主题,其风格沉郁中有刚劲,手法上既能出色地运用浪漫主义,又擅长

现实主义的描写。

《帆》表达了作者莱蒙托夫寻求自由、追逐理想,把懦弱和平庸遗弃在故乡的思想感情。该诗展现了这样的情形:在淡蓝色的大海中,有一片孤帆在游弋。它闪着白色的光,刺眼的白光。这白色的帆似乎在承受着极大的折磨。它在遥远的异地漂泊,波涛汹涌,夹杂着呼啸的海风。波涛和海风要打翻这精灵,要让这孤独的反叛者葬身在自己威猛的打击中。而帆,在狂风骤雨中顽强前行,向着理想和光明与风暴斗争。

3. "革命诗人"——马雅可夫斯基

弗拉基米尔·弗拉基米洛维奇·马雅可夫斯基(1893~1930)是苏联最有影响力的诗人、剧作家,1912年开始诗歌创作,深受未来派的影响。他早年参加了未来派的诗歌运动,同时很早就参加了布尔什维克党的活动。代表作有长诗《穿裤子的云》。十月革命后写了剧本《宗教滑稽剧》,是苏联第一部具有高度思想艺术水平的戏剧作品。之后有长诗《列宁》《好!》,讽刺喜剧《臭虫》《澡堂》等。他是戏剧革新家。主张舞台应有强烈的剧场性和假定性,反对自然主观地描摹生活。他的戏剧理论对后来的苏联戏剧产生了持久的影响,并在世界现代戏剧史上占有重要地位。

(二)灵魂叙事的俄罗斯小说

小说是人的精神产品,是创造者有意为之的创造物,总是带有某种目的和意义,具有某种价值,这种价值就是小说的功能形式。小说是以其叙事的灵性和魅力,"发现小说应当发现的"(昆德拉),承担寻求与拯救的使命。

1. 灵魂追求幸福——托尔斯泰

列夫·尼古拉耶维奇·托尔斯泰世袭伯爵,是19世纪中期俄国批判现实主义作家、文学家、思想家、哲学家。他的一生是从心灵深处汲取感情的一生。托尔斯泰说,"艺术家越是从心灵深处汲取感情,感情越恳切真挚,它就越独特"。代表作有《战争与和平》(1863~1869)、《安娜·卡列尼娜》(1875~1877)、《复活》(1899)、戏剧《黑暗的势力》(1886)等。托尔斯泰揭露沙俄统治阶级的罪恶,但他不允许以暴抗恶,主张人人自尊和道德自我完善,提倡基督教的博爱精神。列宁称他为"俄国革命的镜子",认为他的创作标志着"全人类的艺术发展上的一大进步"。托尔斯泰晚年追求平民化的生活,因执着于自己的信念使家庭关系恶化,他宣布放弃遗产,最终弃家出走,以实现平民化的夙愿,结果得了肺炎,死于阿斯塔堡火车站。现今,所有俄罗斯15岁左右的孩子都要学《战争与和平》,这是国家教学大纲规定的学习内容。

"幸福的家庭都是相似的,不幸的家庭各有各的不幸"是小说《安娜·卡列尼娜》的卷首语。小说通过追求爱情的女主人公安娜的悲剧和列文在农村面临危机时进行的改革与探索这两条线索,描绘了俄国从莫斯科到外省乡村广阔而丰富多彩的图景,先后描写了150多个人物,是一部社会百科全书式的作品。这部作品主要写了两个故事:其一是安娜与渥伦斯基从相识、热恋到毁灭的过程,以及围绕这一进程的所有社会关系的纠葛。其二是列文的故事以及他在宗教意义上展开的个人思考。书中的女主人公安娜·卡列尼娜成为世界文学史上最优美丰满的女性形象之一。她是资产阶级妇女解放的先锋,以自己的方式追求个性的解放和真诚的爱情,虽然由于制度的桎梏,她只能以失败而告终,但她以深刻的内心体验、强烈真挚的感情、蓬勃的生命力和悲剧性的命运而扣人心弦。安娜胆大的作风以及小说华丽的文字和恰到好处的张力给这本旷世之作赋予了生命,同时也让后人记住了它。

2. 从"人"的角度来审视革命——肖洛霍夫

19世纪末20世纪初,俄国无产阶级登上政治舞台。阿·马·高尔基(1868~1936)写的《海燕》以寓言形式和象征手法歌颂战斗的无产阶级,预告革命暴风雨的来临。1906年高尔基发表长篇小说《母亲》,首次描写了党领导的工人阶级斗争,塑造了无产阶级革命家的典型形象,奠定了社会主义现实主义文学的基础。高尔基的自传三部曲《童年》《在人间》和《我的大学》分别于十月革命前后写出,描写了作家从生活底层攀上文化高峰,从寻求真理到走向革命的历程。以十月革命和国内战争为题材的小说还有绥拉菲莫维奇的《铁流》、富尔曼诺夫的《恰巴耶夫》、法捷耶夫的《毁灭》、费定的《初欢》以及尼·阿·奥斯特洛夫斯基的《钢铁是怎样炼成的》等。伟大的卫国战争期间以反法西斯战争为题材的作品大多短小精悍,但也出现了一些中篇小说,如瓦西列夫斯卡娅的《虹》、戈尔巴托夫的《不屈的人们》、西蒙诺夫的《日日夜夜》等。第二次世界大战后,一些作家为苏联军民战争期间的英勇事迹所鼓舞，继续创作表现人民斗争事迹的长篇小说，最优秀的作品是波列伏依的《真正的人》和法捷耶夫的《青年近卫军》。

肖洛霍夫的《静静的顿河》（见图 4-2）从美学视角展现了战争与革命，从"人"的角度来审视革命，是现实主义与人道主义的完美结合。《静静的顿河》全书共四部八卷 140 余万字，据统计共描写了 434 人，展现了哥萨克人如何通过战争、痛苦和流血走向社会主义。《静静的顿河》是一部描写具有重大历史意义时代的人民生活的史诗，主人公葛利高里是生长在顿河岸边的哥萨克，他动摇于妻子娜塔莉亚与情人阿克西妮亚之间，徘徊于革命与反革命之间，他既是英雄又是受难者，他有着哥萨克的一切美好品质——勇敢、正直、不畏强暴，而同时他身上又带有哥萨克的种种偏见和局限，在历史急变的关头，他徘徊于生活的十字路口。作者肖洛霍夫运用悲剧手段塑造了一个个性鲜明的男子汉形象，从葛利高里身上，读者能感受到作者对人的尊重。肖洛霍夫因作品《静静的顿河》获得 1965 年的诺贝尔文学奖，获奖原因是"他在描绘顿河的史诗式的作品中，以艺术家的力量和正直，表现了俄国人民生活中的具有历史意义的面貌"。

图 4-2 《静静的顿河》

（三）繁荣发展的俄罗斯戏剧

"没有戏剧，无法生活"，这是世界名剧《海鸥》里的一句台词，也真实反映了俄罗斯人对戏剧的态度。俄罗斯戏剧的兴起和文学的发展有着密切的关系。俄罗斯戏剧出现在 17 世纪下半期沙皇阿列克谢·米哈依洛维奇的宫廷里（1672）。直到 18 世纪中叶，俄罗斯的职业戏剧才由费·格·沃尔科夫创立。彼得堡成立了雅俗共赏的"俄罗斯悲喜剧剧院"。19 世纪俄罗斯戏剧进入繁荣时期。有"俄罗斯戏剧之父"称号的亚·尼·奥斯特洛夫斯基（1823~1886）一生写了近 50 个剧本。他的剧本多以地主、商人、小官吏的家庭生活为题材，通过描写他们在宗法制度下的家庭关系和野蛮庸俗的生活习俗，揭露农奴制改革前后俄国社会的腐朽和黑暗。他的代表作戏剧《大雷雨》被杜勃罗留波夫誉为"黑暗王国的一线光明"。当时莫斯科小剧院由于上演奥斯特洛夫斯基的剧目而被称为奥斯特洛夫斯基剧院。

1. 同时嘲笑这一切——果戈理和他的《钦差大臣》

五幕喜剧《钦差大臣》（见图 4-3）讲述的故事发生在俄国的某个小城市。这个城市在粗鲁且腐化的市长和一群蠢笨的官吏主宰下，变得腐败不堪。风闻钦差大臣将微服私巡时，每个人都慌乱不已。此时突然听说一位叫赫列斯达可夫的人正投宿于城内唯一的旅馆里，于是，他们就误认为这位外形不凡，但实际上因赌博、游荡而辞官返乡，途经此地的赫列斯达可夫为钦差大臣了。市长大人立刻在家里举办盛大的欢迎会，且不断贿赂这个年轻人。假冒的钦差大臣更趁机向市长的女儿求婚。而市长以为和他攀上了关系，就能打开在首都升官发财的门路，所以欣然允诺了。然而，这名青年却因担心骗局被揭穿而匆忙逃走。当市长官邸里正处于热闹的高潮时，邮局局长手捧一封信走了进来。那封信是青年写给彼得堡的朋友的，他在信里大肆嘲笑那些把自己误认为是钦差大臣的笨蛋，并为每一个官吏取了一个令人难堪的绰号。当市长与官吏们正为这件事而哑然时，真正的钦差大臣来了。帷幕就在大家呆若木鸡的情况中落下了。

图 4-3 《钦差大臣》剧照

尼古拉·瓦西里耶维奇·果戈理（1809~1852）是俄国19世纪象征主义文学流派的源头、批判现实主义文学的奠基人之一。车尔尼雪夫斯基称他为"俄国散文之父"，别林斯基则称赞他"站在普希金所遗下的位置上面"。他的五幕喜剧《钦差大臣》和长篇小说《死魂灵》在当时的俄国产生了巨大影响。《钦差大臣》毫无疑问是果戈理具幽默讽刺性才华的高峰之作，用喜剧这面镜子照出了当时社会达官显贵们的丑恶原形，从而揭露了农奴制俄国社会的黑暗、腐朽和荒唐反动。果戈理依据他"所知道的俄罗斯的全部丑恶，把一切非正义的行为聚成一堆"，"同时嘲笑这一切"。他的作品以奇趣非凡的反常之形逗人发笑，使俄国戏剧跃居世界戏剧的前列。果戈理虽然顶着喜剧作家的头衔步入文坛，但他却从来都"不是一位简单的好逗乐子的人，而是一位忧郁、高尚的幽默家，嘴角挂着微笑，眼中含着热泪，心中充满叹息"。在他的创作中"愉快的笑常常变成思虑和忧伤。表面上是滑稽可笑的，可骨子里却隐藏着痛苦"。从低级庸俗的事物出发不断地向着理想升华，讽刺辛辣的语言表达的是心中汹涌着的爱，可笑的描写掩盖的是眼中痛苦的泪，这种双重性正是果戈理才华的本质特点。

2. 没有戏剧，无法生活——斯坦尼斯拉夫斯基

多少在如沸的掌声中走完艺术生涯的艺术家只给后人留下了缥缈的回忆和点滴的传闻，而斯坦尼斯拉夫斯基（1863~1938）在先后成功地演出了契诃夫、托尔斯泰、高尔基、易卜生写出的一系列名剧之后，终于从舞台跨进了理论殿堂，从局部经验跨向了普遍规律，写出了《演员自我修养》一书，该书影响深远，并使他的名字永留史册。

斯坦尼斯拉夫斯基表演体系是世界三大表演体系之一，是世界上第一个对演剧艺术最根本的问题进行系统的科学研究与全面阐述的体系。《演员自我修养》是现今世界上学表演的学生都需要阅读的一本经典书籍。这是一部经无数表演工作者成功检验的关于演员职业、责任与使命的工具书，更是一部关于演员与社会相结合，提升与完善演员艺术修养、道德修养的人生巨著。

《演员自我修养》的主要思路，即表演艺术的任务是根据剧本要求在舞台上再现角色形象，但要把形象体现得真实和深切就要求演员进入体验过程，在自己的天性中找到角色的依据，从而把自己完全地转化为角色，每次表演

都是如此。斯坦尼斯拉夫斯基之所以大力主张体验，是出于两种追求：对艺术真实的追求和对精神世界的追求。两者结合可称为"精神的艺术真实"，这是斯坦尼斯拉夫斯基体系的一块重要的美学基石。因此，在舞台上所描绘的形象的灵魂是由演员用他自己活的心灵的各种元素以及他自己的情绪回忆等配合和组织而成的。"一个人有多少心灵元素、情调、情绪和情感呢？我个人并没有计算过，不过我相信它们一定要比音乐中的音符来得多。所以你们可以放心，这些东西是够你们用一辈子的"。

（四）经典迭出的苏联电影和俄罗斯电影

如果要列出现代社会最为直接有效的、最为丰富饱满的承载世界文化传承任务的艺术手段，那么唯有电影这种声像结合、对时间和空间都具备形象记录能力的载体才足够胜任。电影不仅传达我们过往的历史，而且承载了关于未来的构思和想象。它既是时间艺术，又是空间艺术。乔托·卡努杜在《第七艺术宣言》中提出"电影，是把时间艺术和空间艺术全都包括在内的一种综合艺术"。1896年圣彼得堡放映了俄国第一场电影。1908年出现了第一部俄国故事片——《伏尔加河下游的自由民》。俄国早期著名的电影导演有雅科夫·普罗塔赞诺夫和叶甫盖尼·鲍维尔，最著名的演员有伊万·莫朱辛和薇拉·诺罗德纳娅。

在苏联时期，苏联是世界电影业强国，这要归功于一批具有传奇色彩的导演，诸如弗谢沃洛德·普多夫金、亚历山大·多甫仁科和谢尔盖·爱森斯坦等。其中谢尔盖·爱森斯坦的《战舰波将金号》被公认是世界电影艺术杰作。20世纪30年代苏联最耀眼的电影搭档是女影星柳波芙·奥尔洛娃和导演谢尔盖·亚历山德罗夫。亚历山德罗夫导演、奥尔洛娃主演的电影《马戏团》《快乐伙伴》《猪圈与牧人》都已成为苏联电影的经典之作。

伟大的卫国战争期间，许多苏联演员为了鼓舞战士们的战斗精神，冒着生命危险来到前线直接在战壕前表演，而大后方则继续拍摄影片。第二次世界大战后苏联电影《雁南飞》（1957）荣获戛纳电影节金棕榈奖。

20世纪下半叶，经典的苏联电影有安德烈·塔尔科夫斯基的《安德烈·鲁布廖夫》和《镜子》。其他著名导演主要有伊利亚·阿维尔巴赫、瓦吉姆·阿波德拉什托夫、尼基塔·米哈尔科夫。尼基塔·米哈尔科夫的电影有资格入选俄罗斯电影的宝库,其中不少获得了国际承认,如《烈日灼人》(奥斯卡最佳外语影片)。

1. 不朽的反法西斯经典——电影《这里的黎明静悄悄》

《这里的黎明静悄悄》在某种意义上几乎就是苏联电影的代名词。1972年,导演斯坦尼斯拉夫·罗斯托茨基把《这里的黎明静悄悄》(见图4-4)搬上银幕,并由他和小说原作者鲍里斯·瓦西里耶夫共同编剧,影片获1973年威尼斯国际电影节纪念奖、全苏电影节大奖以及1973年第45届奥斯卡金像奖最佳外语片提名,成为一代经典。《这里的黎明静悄悄》的内容取自一个真实事件,展现了战争对于女性的摧残。该影片讲述了苏联卫国战争时期,在广袤森林中进行的一场惊心动魄、激烈残酷的阻击战。

电影《这里的黎明静悄悄》以独特的电影时空结构表达了充满诗意的崇高美与悲壮美。影片中,丽达、冉妮娅、莉莎三人牺牲的场景十分悲壮。丽达受伤导致肠子流出,准尉十分痛心,连忙将她的肠子塞进去,并撕碎自己的衬衣帮她包扎伤口。此时,为了掩护他们,冉妮娅端起一挺机枪冲了出去,

图4-4 《这里的黎明静悄悄》电影剧照

愤怒地大喊"来吧！混蛋！"，她一边高唱着歌曲，一边向敌人猛烈扫射，然后边打边退，把敌人引向远方，终因寡不敌众倒在血泊中。丽达为了不拖累战友，不当俘虏，自杀身亡。莉莎在完成救援任务后的归途中，由于心急和紧张深陷泥潭，在荒无人烟的沼泽中，呼救和挣扎都无济于事，观众只好眼睁睁地看着她慢慢死去。女战士们牺牲了，但德军始终没能突破她们守护的阵地。她们守护的是祖国的森林、湖泊和土地，是美丽而骄傲的永不屈服的俄罗斯。许多年过去了，湖边的森林里一片寂静，这里的黎明静悄悄……整部作品就是一首关于崇高青春的抒情诗！是一首对英雄灵魂悲壮的赞歌与挽歌！

2. 史诗式的惆怅爱情——电影《西伯利亚理发师》

《西伯利亚理发师》（见图4-5）别名"情留西伯利亚"，其巨大的电影海报向每一位热心影迷这样预告着，"您将看到一部催人泪下的俄罗斯史诗，感受一个真正的俄罗斯男子汉"，"一部纯粹的俄罗斯的心史"。《西伯利亚理发师》是苏联解体以后第一部，也是目前唯一一部在克里姆林宫举行过首映礼的电影。这部电影的画面和流露的情绪，是一份对逐渐消逝的俄罗斯传统的哀伤

图4-5 《西伯利亚理发师》电影DVD封面

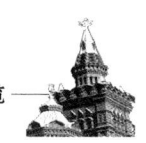

和缅怀。电影从一场跨国恋情讲起，叙说一个俄罗斯男人和一个美国女人的感情悲剧。在两种不同的文化背景下，人与人之间需要更多的宽容才会有美满的结果。片名"西伯利亚理发师"指的并不是一个住在西伯利亚的理发师，而是一台大型的伐木机器，象征着西方文明对俄罗斯文化的冲击。

经典台词欣赏：

"俄罗斯的车厢里瓶装着一个西伯利亚。"

"黄雀叽叽喳喳地，在金罩笼里蹦跶，像是恭迎伯爵夫人。她焦急地呼唤着她阔别的情郎，眼睛里是一大片饱满的麦穗，就仿佛是十年前他被发配去西伯利亚时那样……"

"有时候我们认为生活背叛了我们，但是很久以后我们才发现，其实是我们自己背叛了自己。"

"俄罗斯的勇气不仅仅在于争胜，而更在于坚韧与耐心，坚韧加耐心，这就意味着胜利。"

二、飞扬魅力的俄罗斯艺术

人类自诞生之日起就开始探求生命，追求知识和审美的体验，艺术是对人生的终极体验。在人类审美的路途上，艺术经典以其追忆和解放的信念，引领个体从功利境界经由艺术境界回归自然天地之间。俄罗斯在绘画、音乐、舞蹈、建筑等艺术领域散发着历久弥新的魅力。

（一）充满阳光与色彩的俄罗斯绘画

俄罗斯绘画以其特有的深沉、略带忧郁的艺术语言和情调，史诗般地描述、再现了俄罗斯文化发展的不同历史阶段，充满阳光与色彩，朴实、厚重，富于精神内涵和寓意，具有极高的艺术价值。以莫奈为代表的一批年轻的法国画家提倡走出画室，奔向大自然的怀抱。由于他们的作品追求的是光线和色彩的变化，色调明亮灿烂，造型松散，笔法不求严谨，因而被称为"印象派"。印象派的影响是巨大的，一代又一代的画家甩掉了学院派沉重的"酱油色调"，奔向大自然的怀抱，描绘阳光与色彩的永恒魅力。19世纪下半叶至20世纪上半叶，俄国三位优秀画家也深受印象派的影响，对印象派的作品进行了深入的研究和学习，这三位就是现实主义绘画大师列宾（1844~1930）、风景画家列维坦（1860~1900）和列宾的学生谢洛夫（1865~1909）。

1. 伏尔加河上的纤夫——现实主义绘画大师列宾

27岁的彼得堡美术学院学生列宾，有一天在涅瓦河上写生，对纤夫在酷日下精疲力竭地挣扎前行与涅瓦河大桥上往来人群中的红男绿女和热烈豪华的场景深有所感。之后他用三年的时间创作完成了这幅世界名作《伏尔加河上的纤夫》（见图4-6）。画中列宾画了11个饱经风霜的劳动者，他们在炎热的河畔沙滩上艰难地拉着纤绳。纤夫们有着不同的经历和个性，他们生活在社会的最底层，但这是一支在苦难中坚韧不拔、互相依存的队伍。画中的纤夫共11人，可分为三组，每个形象都来自写生，他们的年龄、性格、经历、体力、精神气质各不相同，画家对此都予以充分体现，统一在主题之中。在构图上，列宾利用了沙滩的地形和河湾的转折，以无比丰富的创作力和卓越的表现技巧，使破产的农民、退伍军人、失去信任的神父、流浪汉等11个饱经风霜的纤夫形象犹如一组被塑造在一座黄色的、突起的底座上的雕像，人物细节被刻画得淋漓尽致。

图4-6 《伏尔加河上的纤夫》

伊里亚·叶菲莫维奇·列宾（1844~1930）是俄罗斯 19 世纪后期到 20 世纪上半期最伟大的批判现实主义画家。代表作品有《伏尔加河上的纤夫》《宣传者被捕》《意外归来》《查波罗什人复信土耳其苏丹》及《托尔斯泰》等。

《伏尔加河上的纤夫》全画以淡绿、淡紫、暗棕色描绘天空背景，运用的颜色昏暗迷蒙。此画空间空旷奇特，给人以惆怅、孤苦、无助之感，切实深入到纤夫的心灵深处，亦是画家心境的真实写照。这对画旨的体现、情感的烘托起了极大的作用，使气氛显得惨淡，加强了全画的悲剧性。

2. 风景画家列维坦

伊萨克·伊里奇·列维坦（1860~1900）只活了不到 40 岁，是巡回展览画派的画家。他性格忧郁，创作出来的风景作品却色调明朗，犹如优美的旋律，饱含了对生命的无限热爱之情和对祖国广袤土地的热情讴歌。列维坦 1888 年以前的作品有《伏尔加河组画》《雨后》《白桦丛》等，显示了他用抒情笔调再现大自然的才华，被评价为有纪念碑式的构图和朴实简练的艺术语言。在代表作《白桦丛》（见图 4-7）中，列维坦尝试描绘阳光照在桦树林中的光感和空气感，具有鲜明的印象派画风。

图 4-7 《白桦丛》

进入 19 世纪 90 年代，他开始探索在风景画中表现时代气息。列维坦的风景画概括和开拓社会生活的各种题材，大胆探索人生的哲理，表现人的心灵与大自然生命的联系，具有时代和生活气息。代表作《弗拉基米尔卡》《墓地上空》《傍晚钟声》等，均呈现一种悲怆和凄凉的气氛，表达了当时压抑的社会情绪。《墓地上空》被视为他的力作。

《墓地上空》（见图4-8）又译为《在永恒的安宁之上》。这幅画是在特维尔省乌多姆里湖畔完成的。山坡上那黛绿色的小白桦树被急剧的阵风吹弯了腰。白桦林间掩映着一座用圆木建造的破旧教堂。一条僻静的小河流向远方。绵绵细雨给草地染上一抹阴暗的色彩，云天如海，浩瀚无边。一团团晦暗、滞重的雨云低悬在大地上空，斜雨如麻，遮盖了整个空间。在列维坦之前，没有任何一个画家能以如此凄凉而又磅礴的气势描绘出俄罗斯阴雨时刻坦荡无垠的远景。它是如此宁静、庄严，令人感到宏伟、肃穆。

图4-8 《墓地上空》

（二）伏尔加河畔的动人音乐

俄罗斯的音乐起源于民间，而民间口传诗篇的创作在远古时代就有了萌芽。俄罗斯在公元10世纪产生并发展了专业的音乐文化，随着基督教的传入，在俄罗斯又出现了新的教会音乐。在教会音乐和世俗音乐中都表现出民族风格的特征。1479年在莫斯科创建的宫廷唱诗班于1703年改为宫廷合唱团。

1. 俄罗斯民歌交响乐的不朽大师——"俄罗斯音乐之父"格林卡

19世纪初，俄国依然是欧洲最落后的国家之一。1812年反抗拿破仑的卫国战争和 1825 年的十二月党人起义大大增强了民族意识，并促使俄罗斯民族文化向前迈进。这时，在俄国彻底觉醒的音乐界中第一个出现的作曲家是格林卡，他从民间音乐和东正教教会音乐的"丰富宝藏"中汲取养料写出的第一部歌剧《伊凡·苏萨宁》（1836），反映了俄罗斯作曲家为发展民族独立文化做出的巨大努力。此后，作为一种艺术信条，民族主义在俄罗斯音乐中结出了最为丰硕的果实。

米哈伊尔·伊万诺维奇·格林卡（1804~1857）（见图 4-9），俄罗斯伟大作曲家，俄罗斯民族乐派的奠基人，俄罗斯民族歌剧的创始人，被称为"俄罗斯音乐之父"。他在创作内容和艺术表现手法上，在形象刻画和音乐语言的运用上，形成了典型的俄罗斯风格，奠定了俄罗斯民族乐派的基础。他的作品与俄罗斯历史、人民、大自然以及俄罗斯民间音乐有着血缘关系。他的歌剧《伊凡·苏萨宁》《鲁斯兰与柳德米拉》，管弦乐曲《卡玛林斯卡亚》《阿拉贡霍塔》和《马德里之夜》，以及大量室内乐、钢琴曲、歌曲等，都成为俄罗斯民族音乐发展的"沃土"。

2. 俄罗斯音乐抒情大师——柴可夫斯基

彼得·伊里奇·柴可夫斯基（1840~1893）（见图 4-10）是俄罗斯最著名的浪漫乐派作曲家，成功实现了俄罗斯的民族文化与西方音乐传统的有机融合。他的音乐注重对人的心理刻画，时而热情奔放，时而细腻婉转，具有强烈的感染力，被誉为"俄罗斯之魂"。柴可夫斯基的作品内容和体裁广泛。代表作有歌剧《叶甫根尼·奥涅金》《黑桃皇后》，舞剧《天鹅湖》《睡美人》《胡桃夹子》，交响音乐《罗密欧与朱丽叶》《第四交响曲》《第五交响曲》《第六交响曲》（又名《悲怆》）《第一钢琴协奏曲》《小提琴协奏曲》《意大利随想曲》等。柴可夫斯基极具创造力的音乐风格独树一

图 4-9 米哈伊尔·伊万诺维奇·格林卡（1804~1857）

图 4-10 彼得·伊里奇·柴可夫斯基（1840~1893）

帜。他的音乐中充满了粗犷、豪放、深沉而又优美动听的俄罗斯民歌旋律。

《第六交响曲》是柴可夫斯基的最后一部作品，1893年3月完成，8月配器，10月28日由其亲自指挥首演于圣彼得堡（见图4-11），人们的反应冷淡。过了9天，柴可夫斯基就去世了；死因不详，一说得了霍乱，一说是自杀。《第六交响曲》可以说是他一生的总结。他说"在这部交响曲里我倾注了自己的全部心血"。他在构思和创作这部作品时"深深地哭过"，首演后用了"悲怆"的标题。作品的内容可以概括为人生的美好理想与黑暗的社会现实无法调和的矛盾冲突导致悲剧的结局。交响曲四个乐章大致的构思是：主人公带着人生的疑问投入生活的旋涡，痛苦的探索和对幸福的向往形成鲜明的对比（第一乐章）；避开尘世的烦恼，到大自然和个人的幻想中寻求安慰（第二乐章）；继续在逆境中顽强抗争和奋力拼搏（第三乐章）；希望的破灭，带着终生的遗憾告别人生（第四乐章）。

3. 苏联歌曲《莫斯科郊外的晚上》《喀秋莎》

《莫斯科郊外的晚上》又称"莫斯科之夜"。"深夜花园里四处静悄悄，树叶也不再沙沙响；夜色多么好，令人心神往，多么幽静的晚上。……但愿从今后，你我永不忘，莫斯科郊外的晚上"。歌曲由弗拉基米尔·特罗申原唱，瓦西里·索洛维约夫·谢多伊作曲，米哈伊尔·马都索夫斯基作词。歌曲原是为1956年莫斯科电影制片厂拍摄的纪录片《在运动大会的日子里》而作。歌曲的内涵在传唱过程中被大大延伸了，除了爱情和美景，还融入了俄罗斯人民对祖国、对亲

图4-11 《第六"悲怆"交响曲》演出宣传海报

友、对一切美好事物的爱。1957年9月，《莫斯科郊外的晚上》经歌曲译配家薛范用中文译配后介绍到中国，目前早已深入了中国人的生活，融入了中国人的体验和感情。

《喀秋莎》创作于1938年，1941年伟大的卫国战争打响后，在战场上传

唱开来（见图4-12），鼓舞着苏军的士气。当时士兵甚至将他们非常喜爱的一种有"K"字标记的多管火箭炮称为"喀秋莎"。《喀秋莎》于1938年由马特维·勃兰切尔作曲，米哈伊尔·伊萨科夫斯基作词，知名民谣歌手丽基雅·鲁斯兰诺娃首次演唱。《喀秋莎》描绘了苏联春回大地时的美丽景色和一个名叫喀秋莎的姑娘对离开故乡去保卫边疆的情人的思念。这首爱情歌曲没有一般情歌的委婉、缠绵，而是节奏明快、简洁，旋律朴实、流畅，因而多年来被广泛传唱，深受欢迎。经过战火的洗礼，这首歌曲更是获得了新的，甚至是永恒的生命。而这首爱情歌曲能在战争中得以流传，其原因就在于，这歌声使美好的音乐和正义的战争相融合，这歌声把姑娘的情爱和士兵们的英勇报国联系在了一起，这饱含着少女纯情的歌声，使得抱着冰冷的武器、卧在寒冷的战壕里的战士们，在难熬的硝烟与寂寞中，心灵上得到了情与爱的温存和慰藉。第二次世界大战后，苏联为了表彰《喀秋莎》这首歌在战争中所起到的巨大鼓舞作用，专为它建立了一座纪念馆，这在人类的战争史和音乐史上，应该是首例。

图4-12　士兵歌唱《喀秋莎》

（三）足尖的浪漫经典之俄罗斯芭蕾舞剧

芭蕾萌生于15世纪文艺复兴时期的意大利，成型并兴盛于16世纪到19

世纪中叶的法兰西，鼎盛于19世纪末的俄罗斯，20世纪初从俄罗斯走向世界各地。最早的芭蕾表演是在宫廷宴会上进行的，它的每一段表演大致都与上菜联系在一起。比如，模拟狩猎的表演开始以后就吃野猪肉，海洋、河流神灵出场后则开始吃鱼。然后，许多神话人物上场献上很多菜肴和水果，最终客人们也都参加到热闹狂欢的表演中去。这是一种把歌、舞、朗诵、戏剧表演综合起来的表演形式，可以说是芭蕾的雏形，后人称它为"宴会芭蕾"。芭蕾继续发展，经历了宫廷芭蕾、情节芭蕾、浪漫主义芭蕾、俄罗斯芭蕾、当代芭蕾几个主要阶段。我们所看的《天鹅湖》属于俄罗斯古典芭蕾。可以说古典芭蕾是因俄罗斯学派的崛起而兴起的，集意大利和法兰西两大风格流派之大成。同时，古典芭蕾又吸收了俄罗斯气势恢宏的民族特征，动作凝重、精力过人，富有戏剧性的特点。它的高雅与美妙称得上是人类文明进步的精华，优雅的舞姿、轻巧的跳跃以及连续不断的脚尖旋转时常把人带入梦幻般的艺术境界。

1.《天鹅湖》

《天鹅湖》的故事取材于中世纪流行的民间神话传说，描写恶魔罗德巴特用妖术把公主奥杰塔变成了白天鹅，被变成天鹅后的公主奥杰塔和王子齐格弗利德相知相爱，美好的爱情最终战胜了邪恶，奥杰塔恢复人身，一对有情人终成眷属。芭蕾的魅力在于舞蹈和故事情节相结合。《天鹅湖》故事情节单线发展，适于利用舞蹈作为主要手段表达戏剧冲突，刻画人物性格（见图4-13）。

古典芭蕾舞具有特定的审美标准和技术规范，最具独特审美特征的是足尖功，脚尖舞技巧是芭蕾的灵魂，也是女演员的主要表演手段。古典芭蕾舞要求女演员技巧娴熟，以轻盈如飞的跳跃、令人目眩的旋转以及快感十足且装饰性极强的双脚打击刻画人物，渲染烘托环境气氛，创造富有感染力的舞蹈艺术形象。《天鹅湖》出色地塑造了天鹅少女的经典形象。奥杰塔的独舞展示了人物的性格和内心，突出了她的悲剧色彩。奥杰塔的舞姿优美柔弱、轻盈飘逸，凸显出她的孤独和动人，将天鹅的楚楚动人展现得淋漓尽致。

芭蕾是线条的艺术，只有修长舒展的肢体动作，才能充分展示线条的流动，充分地占有舞台，完美地体现出超俗、高贵的贵族气派。《天鹅湖》的舞蹈是修长舒展的动作线条，奥杰塔以肢体线条的修长和舒展为美，塑造了人物鲜明的性格，表现了人物强烈的感情，表达了美战胜恶的主题。芭蕾的魅力在于它能够激起人们对美的执着追求，无论是踮着脚翩翩起舞的舞蹈演员，抑或是舞蹈演员身上的白衣，总是带给我们一种震撼的美。洁白的天鹅短裙是《天鹅湖》中最典型的舞蹈服装。洁白代表天鹅形象的纯洁无瑕，短裙那超短的尺寸，对舞者腿部线条超凡脱俗的修长提出了必不可少的苛求，便于展示优雅的舞姿。轻巧的跳跃和连续不断的脚尖旋转，击腿和脚尖舞技巧，如梦如幻。舞蹈演员翩翩跹跹，盘旋在舞台上；轻轻盈盈，舞动在人们的灵魂里。

图 4-13 《天鹅湖》剧照

柴可夫斯基对舞剧音乐进行了许多革新，赋予舞剧音乐以交响性的发展，使之更富于戏剧性，大大提高了舞剧音乐的表现力。芭蕾音乐交响化，是时代发展和进步的体现。《天鹅湖》的音乐中成功地运用了交响乐原则、奏鸣曲式中主题的对比和展开原则、赋格段及回旋曲式的自由运用原则。柴可夫斯基把舞剧中的古典舞（包括双人舞、三人舞、四人舞以及男女独舞等）和代表性民间舞（包括各民族、各地区的特性舞）的音乐的表现力大大丰富提高

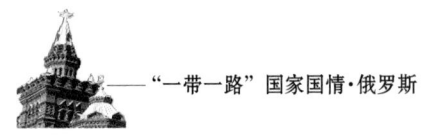

了，使之焕然一新。

2.《睡美人》和《胡桃夹子》

芭蕾舞剧《睡美人》展现了明朗的天空、美好的情感和欢乐的色彩，这是柴可夫斯基交响乐中存在的一种情感丰富的精神世界，其抒情的特点在于热烈、丰满和无限欢乐。因此，芭蕾舞剧《睡美人》要比《天鹅湖》更加广泛而大胆地体现了柴可夫斯基成熟的交响乐风格，同时也向舞剧编导提供了生动的舞蹈形象，并以其深刻的思想内容、丰富的情感确立了自身舞剧音乐的经典地位。故事讲述了小公主奥洛拉洗礼之日，邪恶的巫婆卡拉波斯因自己未被邀请出席而暴怒问罪，她诅咒小公主在成年之日，将因手指被纺锤刺伤而死。紫丁香仙子安慰国王，届时公主将长眠百年而免于一死。转眼到了奥洛拉公主16岁的生日舞会。混进人群的巫婆乘机向公主赠送贺礼，公主被纺锤刺破了手指，昏厥在地。紫丁香仙子赶来相救，她挥动魔杖使众人昏睡，繁茂的树叶遮没了豪华的宫殿。时光又过了一百年，紫丁香仙子引导菲列蒙德王子寻访沉睡的公主。王子一吻，公主及整个王国苏醒了。王国为他们举办了盛大的婚礼。

两幕芭蕾舞剧《胡桃夹子》，是柴可夫斯基于1891年初创作的，根据德国名作家霍夫曼的童话《胡桃夹子和鼠王》改编而成，是世界上最优秀的芭蕾舞剧之一，有"圣诞芭蕾"的美誉。全剧共分两幕，描绘了儿童的独特天地。舞剧的音乐充满了单纯而神秘的神话色彩，具有强烈的儿童音乐特色。剧情是这样的：圣诞节，女孩玛丽得到一只胡桃夹子。夜晚，她梦见这只胡桃夹子变成了一位王子，领着她的一群玩具同老鼠兵作战，后来王子又把她带到果酱山，她受到糖果仙子的欢迎，享受了玩具、舞蹈和盛宴带来的快乐。

通过柴可夫斯基的《天鹅湖》《睡美人》（见图4-14）《胡桃夹子》（见图4-15）三部芭蕾舞剧的音乐，不难看出舞剧在运用了交响化的舞剧音乐之后，丰富并升华了舞蹈艺术原有的表现手段。在交响化音乐演绎下的舞曲犹如发自心灵深处的歌，当这发自心灵深处的歌从艺术家们的器乐中飞旋出来时，舞曲的音响、旋律、节奏扣击观众的心弦，给人以陶冶和启示。

图 4-14 《睡美人》剧照

图 4-15 《胡桃夹子》剧照

3. 芭蕾巨星、芭蕾女王与最美丽的卡门

巴甫洛娃、乌兰诺娃与普利谢茨卡娅是苏联、俄罗斯国宝级的芭蕾舞蹈家。

芭蕾巨星——安娜·巴甫洛娃。安娜·巴甫洛娃是 20 世纪初芭蕾舞坛的一颗巨星,为在全球传播、普及芭蕾艺术做出了不可估量的贡献。她不仅推动了芭蕾在许多国家的诞生和发展,使一些国家濒于死亡的芭蕾焕发出生机,还以其非凡的艺术魅力影响了许多人的命运。巴甫洛娃把自己毕生的精力都献给了芭蕾舞艺术,最后因辛劳过度于 1931 年 1 月在荷兰海牙准备演出时溘然去逝。当时英国皇家芭蕾舞团正在进行演出，得知这一不幸的消息后，乐队指挥宣布由安娜·巴甫洛娃表演《天鹅之死》——帷幕徐徐拉开，乐队奏起圣桑的乐曲，台上空无一人，只有一束追光在缓缓移动。巴甫洛娃像一只不朽的天鹅永远为人们所怀念。

芭蕾女王——加林娜·谢尔盖耶夫娜·乌兰诺娃。蜚声世界的电影导演爱森斯坦曾评价乌兰诺娃："她是艺术的灵魂，她本身就是诗，就是音乐"。的确，乌兰诺娃不属于一种艺术，不属于单一的芭蕾舞。她属于一个艺术的世界，属于成千上万的人们，属于讲不同语言和看不到边的无数观众。凡看到过她在舞台上表演的人都将终生难忘，因为她不仅是在舞台上跳舞，而且是真正地生活在舞台上。她以无比优美的舞姿、轻盈迷人的舞步、无与伦比的技巧和巨大的艺术感染力赢得了世界性的声誉。加林娜·乌兰诺娃是20世纪芭蕾艺术中最为灿烂夺目的一颗巨星，她不朽的艺术将永远属于全世界。对于乌兰诺娃，权威评论家扎瓦茨基称颂她是现代芭蕾艺术中"唯一的、不可重复的、无法超越的芭蕾舞女演员"。她的表演艺术在苏联的芭蕾舞坛起了主导作用，被称作"乌兰诺娃的芭蕾"。乌兰诺娃的墓碑是一块两米多高的白色大理石，上面雕刻着《天鹅湖》中的白天鹅奥杰塔，那美妙的舞姿栩栩如生地展现出乌兰诺娃当年的神韵。

最美丽的卡门——玛伊娅·普利谢茨卡娅（见图4-16）。玛伊娅·普利谢茨卡娅34岁时就获得了苏联人民演员的称号，她还获得过列宁奖金和巴甫洛娃奖。普利谢茨卡娅最著名的舞蹈是柴可夫斯基的《天鹅湖》，在30多年的时间里，她总共表演了800多场《天鹅湖》。另外，她还在世界各地共演出过超过350场的《卡门组曲》，被誉为世界上"最美丽的卡门"。2005年，80岁的普利谢茨卡娅再次登台，表演了一段3分钟左右的芭蕾舞《万福，玛娅》，这是法国著名编舞家莫里斯·贝雅特别为她创作的。芭蕾舞评论家塔娅娜·库兹内索娃说，"在舞蹈史上，从来没有一个女演员能像她那样60年来都是人们注目的焦点。她身上有着一种超凡的魅力，只要她一出现，人们就知道什么叫做优雅"。普利谢茨卡娅在65岁时告别了舞台，随后从事教学工作。她被称为俄罗斯"国宝级"艺术家。2010年，在她85岁生日时，时任俄罗斯总统的梅德韦杰夫亲自授予这位俄罗斯芭蕾舞女神一枚"四级祖国勋章"。2015

年5月2日，俄罗斯杰出的现代芭蕾舞演员、国家大剧院首席演员玛伊娅·普利谢茨卡娅因心脏病突发在德国慕尼黑的医院中去世，享年89周岁。俄罗斯总统普京向伟大的芭蕾舞天才普利谢茨卡娅的亲友以及她的粉丝表示诚挚的慰问。俄媒报道称，世界失去了"最美丽的卡门"。她的离世是一个芭蕾舞时代的终结，随之一同陨灭的是世界芭蕾舞的一个象征和莫斯科大剧院的一道传奇。

图4-16　玛伊娅·普利谢茨卡娅

4. 俄罗斯顶级芭蕾舞剧团——基洛夫芭蕾舞团、马林斯基剧院芭蕾舞团、莫斯科大剧院芭蕾舞团

俄罗斯圣彼得堡基洛夫芭蕾舞团1860年建于俄国圣彼得堡，十月革命前称圣彼得堡帝国歌剧院芭蕾舞团，俗称马利亚剧院芭蕾舞团。基洛夫芭蕾舞团比世界上绝大多数芭蕾舞团更能保持整体风格的一致性，原因在于所有演员统一在富有传奇色彩且实行军事化管理的瓦嘉诺娃学校受训，每个人都能做出其他人的舞蹈动作，他们上半身的舞蹈动作能做到一模一样。演员完美的表演及整个团队的和谐完美使得观看基洛夫芭蕾舞团的《天鹅湖》成为最荣耀的经历。基洛夫芭蕾舞团将传统的芭蕾带上了一个新的高度。

马林斯基剧院芭蕾舞团是世界顶级芭蕾舞团之一，创建于18世纪40年代，原名为俄罗斯帝国芭蕾舞团。国际一流芭蕾舞院校瓦加诺娃芭蕾舞学院是马林斯基剧院下设的舞蹈学院。马林斯基剧院芭蕾舞团曾经出现过乌兰诺娃、巴兰钦、纽瑞耶夫等世界级芭蕾大师，它的《天鹅湖》在世界上被公认为是最权威的版本。米哈伊尔·伊万诺维奇·格林卡、莫杰斯特·穆索尔斯基和彼得·伊里奇·柴可夫斯基的所有歌剧均是在马林斯基剧院及其前身的大剧院首演的。1886年皇家芭蕾舞团和皇家歌剧团全部转到马林斯基剧院。被誉为"古典芭蕾舞之父"的著名编舞大师马留斯·彼季帕曾在此效力。他的大多数杰作，包括《睡美人》(1890)、《胡桃夹子》(1892)、《天鹅湖》(1895)全部是在马林斯基剧院首演的。现今，马林斯基剧院的影响力再次扩张到了欧美的主流舞台，赢得广泛的赞誉，马林斯基剧院成为当今世界上经营最成功的大剧院之一。

莫斯科大剧院芭蕾舞团创建于1776年，是世界上历史最悠久的芭蕾舞团之一。它的《天鹅湖》《睡美人》和《胡桃夹子》举世闻名。该芭蕾舞团还附设有舞蹈学校，学制分6年、9年两种，教学以芭蕾为主，另设5年制民间舞专修科。

图4-17　基洛夫芭蕾舞团演出《天鹅湖》剧照

第四章 撼动灵魂：俄罗斯文化艺术概览

图 4-18 莫斯科大剧院芭蕾舞团芭蕾舞剧《吉赛尔》

（四）随时代变迁的俄罗斯风格建筑

具有俄罗斯民族特点的建筑形成于 12 世纪末。俄罗斯式教堂有浑圆饱满的穹顶，被称为战盔式穹顶。18 世纪下半叶，俄罗斯的城市建设活跃，因受法国影响，建筑形式趋向简化，追求单纯的几何形式，主要是古典主义的形式。莫斯科克里姆林宫的枢密院是这时期的代表作。19 世纪上半叶，俄罗斯成为欧洲强国，彼得堡中心广场周围建成了一批大型纪念性建筑物。在莫斯科，以有"世界第八奇景"美誉的克里姆林宫为代表的俄罗斯风格建筑，更是让人叹为观止。

1. 中古世纪拜占庭式建筑+古罗斯建筑——克里姆林宫

对于政府办公地，每个国家都有自己极具代表意义的象征符号，如中国的中南海、美国的白宫、韩国的青瓦台等。克里姆林宫（见图 4-19）是俄罗斯国家的象征，不仅是政治中心，而且其以宫殿和教堂为主的建筑群已经被联合国教科文组织列为世界文化和自然保护遗产。10 世纪以前，古罗斯已经有较丰富的木建筑传统，但没有建造大型石建筑的经验。古罗斯受洗后，确立基督教在古罗斯的国教地位，并从拜占庭传入石建筑技术。克里姆林宫始建于 1156 年，是俄罗斯世俗和宗教的文化遗产，是多代君王的皇宫，如今又是俄罗斯的总统府。实际上克里姆林宫是以教堂为主的建筑群，它的建筑形式融合了拜占庭、俄罗斯、巴洛克和希腊、罗马等不同风格。克里姆林宫享有"世界第八奇景"的美誉，主要建筑有列宁陵墓、20 座塔楼、圣母升天教堂、天使教堂、伊凡大帝钟楼、捷列姆诺依宫、大克里姆林宫、兵器库、大会堂、古兵工厂、苏联部长会议大厦、苏联最高苏维埃主席团办公大厦、特罗依茨克桥、无名战士墓。一个俄罗斯谚语这样形容雄伟庄严的克里姆林宫，"莫斯科大地上，唯见克里姆林宫高耸，克里姆林宫上，唯见遥遥苍穹"。

图 4-19　克里姆林宫

2. 18~20 世纪的建筑艺术——古典主义建筑彼得堡交易所大厦

18 世纪上半叶是俄罗斯学习欧洲建筑艺术规律的时期，俄罗斯建筑师在继承俄罗斯建筑传统的同时，对自己的建筑结构、风格、语言、思维等进行了一系列的变革，以适应古希腊、古罗马和法国刚刚产生的古典主义建筑风格。19 世纪下半叶，资本主义的发展把工业进步的成就带入建筑中，使俄罗斯建筑技术不断完善，导致了新的建筑物的出现，代表作为彼得堡交易所大厦（见图 4-20）。彼得堡交易所大厦是一个长方的建筑，规模并不算大，但是其结构简洁、造型工整，四周由高大的古希腊多立克式圆柱环绕，具有一种独特的典雅风格。建筑师还关注该建筑本身的造型和结构，注意到该建筑和周围空间的相互关系。

图 4-20　彼得堡交易所大厦

3. 20世纪的建筑艺术——社会主义现代建筑列宁墓

1917年的十月革命为俄罗斯文化艺术领域创造了另一种社会的、意识形态的、道德的前提，诞生并确立了一种全民的、大众的、多民族的新文化——苏维埃艺术文化。国内战争结束后国民经济的恢复为建筑事业发展提供了可能，开辟了苏维埃国家建筑史上新的一页。科学技术的高速发展与苏维埃政权想表现自己成就的愿望相结合，形成了以列宁墓为代表的社会主义现代建筑（见图4-21）。

1924年列宁去世后，苏联首先在红场上用木头修建了列宁墓，同时对红场进行了改建。列宁墓两侧修建有供一万人用的观礼台。1930年列宁墓改用石砌，外用暗红色大理石、拉长石、花岗岩和斑岩及其他新的建筑材料贴面。列宁墓的金字塔式的台阶是古罗斯营造术传统的独特折射，正是由于这点，列宁墓才有机地融于克里姆林宫和红场建筑群中，完善了建筑师休谢夫的最初构思。列宁墓位于红场的轴心，轮廓棱角分明，线条明确，形式庄严肃穆，是红场上独具一格的建筑物。

图 4-21 列宁墓

4. 建筑变迁的时代符号——俄罗斯木屋

木屋别墅是俄罗斯建筑的代表之一。俄罗斯人习惯夏季到郊区木屋避暑，这得益于俄罗斯丰富的木材资源，俄罗斯 50% 以上的国土被森林覆盖，木材充裕。在俄罗斯，别墅是生活必需品，是家庭的"第二住宅"。莫斯科 40% 的人在郊外有别墅。俄罗斯别墅也算是一种传统，早在 17 世纪就开始流行，那时沙皇会赏赐土地给王公贵族。进入私有化时代后，每家分得一块土地，很多人就在土地上建别墅。因为土地不花钱，而且也没有什么管理费负担，所以相当多的城市居民有郊外别墅。

木屋一般就地取材，名副其实全由木头建成，有的由圆木搭建，十分坚固；有的由木板盖成，精致美观。木屋的屋顶呈"人"字形结构（见图 4-22），因为，俄罗斯的冬季降雪量大，这样的造型便于积雪下滑。贫农和富农的房子的区别无非是大小和陈设。典型的俄罗斯农村木屋进门是穿堂，随后是厨房，用炉炕同正房隔开，一人多高的炉炕顶上那双人床大小的地方，是爷爷奶奶的"卧室"。正房最明亮的一侧摆放长条桌和长条宽板凳，方便全家吃饭，另一侧摆放木床，是"主卧"，旁边是存放全家衣服和细软的大木箱，孩子们睡偏屋。这种全木结构的农舍冬暖夏凉,即使年久失修,也不会顷刻倒塌。

图 4-22 苏兹达尔木屋博物馆

这些木屋一般会选择建在河边或湖畔,这样,便于夏季度假时多一份玩水的乐趣。木栅栏围着的小院周围栽有苹果树、樱桃树以及各种结浆果的灌木。周末去郊外别墅度假已经成为莫斯科人的一种生活习惯。春天,主人会在园子里种上土豆、萝卜、草莓和各色花草。夏天周末或假期,主人一家男女老少都来这里避暑,坐着、趴着或躺着,安静地晒着太阳,在碧草、蓝天、绿树之间悠闲地欢度时光。过了夏天,乡间别墅便会人去楼空;冬天,躲在城中暖气房子里的主人会偶尔来看看。

随着时代的发展,俄罗斯人郊外的小别墅也在悄悄地发生改变。莫斯科人郊外的小木屋正在异化为欧式风格十足、豪华气派的二到三层的高档别墅。对于俄罗斯人来说,郊外的田园生活已成为他们生活中不可或缺的一部分。在他们心中,乡村别墅体现了一种生活观念;这构成了俄罗斯人对生活情趣及自由散漫的实际诠释。

5. 地下的艺术殿堂——莫斯科地铁

莫斯科地铁,全称为列宁莫斯科市地铁系统,被公认是世界上最漂亮的地铁，也是世界上规模最大和使用效率最高的地铁系统之一。地铁站的建筑造型各异、华丽典雅。每个车站都由国内著名建筑师设计，各有其独特风格，建筑格局也各不相同。精美的大理石艺术雕像、浮雕，典雅的枝形吊灯、玻璃拼花以及站台顶部那些代表着建筑者精湛技艺的马赛克镶嵌画，使车站仿佛成了一座艺术博物馆，因而莫斯科地铁被喻为"地下宫殿"。

1935年5月15日，苏联政府出于军事方面的考虑，正式开通莫斯科地铁，其建设工程耗时仅3年。莫斯科地铁线路全长为277.9公里，共有12条线路及171个车站，每个工作日大约能接待800万~900万人次，其主要结构为中心向四周辐射，所有的线路按照其开通顺序的先后获得1~12的编号，其中最重要的线路便是长度大约为20公里的5号线环线，它负责连接起其余绝大部分分支线路。莫斯科地铁为了战备而建，大部分线路都建在离地面50米以下。

莫斯科的每座地铁站都拥有其独特的建筑风格。各个地铁站以民族特色、名人、历史事迹、政治事件为主题而建造。处于莫斯科最繁忙的交通枢纽——共青团广场的莫斯科共青团地铁站（见图4-23），是到莫斯科和俄罗斯其他地区的枢纽，它最为著名，同时也是莫斯科的标志。它的设计主题是展示爱国史，令人们对俄罗斯的未来充满向往。

图4-23 莫斯科共青团地铁站

此外，不少地铁站都以俄国大文豪命名，如"普希金""契诃夫""屠格涅夫"等。著名的"马雅可夫斯基"站是为了纪念苏联革命诗人马雅可夫斯基而命名的。地铁入口矗立着诗人的头像，诗人目光深邃。"马雅可夫斯基"站的建筑风格被归入当时的"斯大林式新古典主义"，前卫的设计理念融入了传统的装饰元素，别有一番诗人般的浪漫情怀。大厅两侧的每座大理石拱门都镶着不锈钢。一盏盏照明灯围成圆形，嵌在穹顶。地面中央的红色大理石"通道"宛若一条红地毯，仿佛在欢迎每位乘客。地铁站最吸引人的地方是天花板，灯饰围成的每个圆圈里面都镶嵌着苏联名画家杰伊涅卡创作的马赛克壁画，共有 31 幅。该设计方案于 1938 年在纽约国际展上获得大奖，这使"马雅可夫斯基"站成为世界级的地铁站。

总体来看，莫斯科地铁保留了浓厚的斯大林时代的色彩。从一些地铁站名就可以看出，如十月广场、马克思主义者、红色近卫军、列宁大街、共青团员等。而且，在莫斯科市中心的库尔斯克站，仍然能看到苏联时期的标语："斯大林教育我们要对国家忠诚，鼓舞我们为了伟大事业努力奋斗！"

三、成就斐然的俄罗斯教育

关于教育，雅斯贝尔斯在《什么是教育》中这样阐释，"教育的本质意味着：一棵树摇动另一棵树，一朵云推动另一朵云，一个灵魂唤醒另一个灵魂"。没有一种成长像生命成长那样，如此复杂多变、难以琢磨。所有人都期待把教育变成一种生活，一种极富创造乐趣的生活，一种充满爱意的生活；这是一种思想境界，也是一种道德境界，更是一种积极明亮、充满快乐的人生境界。

（一）严谨完备的俄罗斯教育体制

俄罗斯教育享誉世界。俄罗斯的教育体制是由关联性很强的不同教育环节组成的一个整体，整个教育系统都由国家规定教学内容和制定教学标准。

俄罗斯联邦的教育体制分为普通教育和职业教育两部分。普通教育包括学前教育、初级普通教育（4 年）（见图 4-24）、基础普通教育（5 年）、中等（完全）普通教育（2 年）。职业教育包括初等职业教育（2~3 年）、中等职业教育（3~4 年）、高等职业教育、大学后职业教育。俄罗斯教育体系包括 14 万所各级别、各类型以及各种形式的国立教育机构，另外还有接近 1500 所研究机构、创新中心以及技术车间。2013 年俄罗斯共有公立普通教育机构 44700 所，在校生 1378.3 万人。俄罗斯高等教育机构共分为三类：综合性大学、专科院校和研究院。2013 年俄罗斯共有高校 969 所（国立高校 578 所，非国立高校 391 所），在校大学生总计 564.67 万人；在编教师共 31.9 万人，其中，具有博士学位的 4.1 万人，具有副博士学位的 16.9 万人。

图 4-24　俄罗斯小学生正在上课

俄罗斯现行的多层次高等教育学制结构分为四个阶段。第一阶段：不完全高等教育，学制 2 年，学生毕业后可获得《不完全高等教育毕业证书》。第二阶段：基础高等教育，在不完全高等教育后实施，学制 2 年。学生毕业后可获得《高等教育毕业证书》及相应专业的"学士学位"。学士学位的高等教育仅限于人文、社会经济、理科等专业。第三阶段：完全高等教育，学制 2 年。由高等院校按照硕士学位教育和专家资格教育两种类型的基础专业教育大纲实施。硕士学位教育是在学士学位教育的基础上再接受专业培养（包括科研或教学实习)。经考核合格，学生可获得《高等教育毕业证》及相应专业的"硕士学位"。而专家资格教育的学制不超过5年。按规定修完专家资格教育全部课程，经考核合格，学生可获得《高等教育毕业证》和《专家资格证书》。第四阶段：大学后职业教育，包括研究生教育及继续教育。研究生教育由高等学校或科研机关所设的研究生部培养，高等院校毕业生可报考硕士研究生，获"硕士学位"或"专家资格"，学制2年。之后可继续攻读副博士学位（此学历中国承认为博士学位），学制3年。获副博士学位者有资格报考博士研究生，博士学位教育的学制一般为3年。俄罗斯目前新旧两种学制并存，是俄罗斯高等教育的过渡时期。一种是苏联时期保存下来的旧体制，即专家证书—科学副博士—科学博士；另一种是新体制，即学士学位—硕士学位—博士学位。俄罗斯高校实行学分制。

俄罗斯的高等院校欢迎外国学生前往深造，几乎所有的学校和专业都对中国学生开放，入学条件低、学费低、选择范围广、签证成功率也比较高。俄罗斯高等院校有较强的教学和科研能力，特别是一些重点名牌院校，历史悠久，治学严谨，在基础理论教学和对学生知识、技能及创造力的培养方面积累了丰富的经验。俄罗斯在火箭、航空航天、地质、矿业、核能、船舶制造、生物医学新工艺、分子物理、计算机软件、光学和电子仪器加工等领域的教学和科研都具有较高水平，有些专业领先于欧美发达国家。

(二) 俄罗斯的著名大学

俄罗斯的高等教育具有良好的传统和极高的国际声誉。目前俄罗斯约有高等院校900余所，每年有60多万名海内外学生进入俄罗斯高等院校学习。俄罗斯名校很多，莫斯科大学、圣彼得堡国立大学排在世界著名大学之列。圣彼得堡的列宾美术学院是世界上最著名的四大美术学院之一，"盛产"知名画家。巴甫洛夫国立医科大学是俄罗斯第一流的医科大学，在欧洲最好的医科大学中排名前十，学生结业后可凭执照在欧洲各国行医。俄罗斯的高校主要是公办大学，大部分专业对本土学生是免学费的，80%的脱产学生还可获得奖学金。对海外学生的收费也比较低，其学费不到欧美发达国家高校的1/3。除公办大学外，俄罗斯这几年新增了不少收费的民办大学或公办大学的收费专业。收费的民办大学有两种：一种是在俄罗斯教育部门登记注册，发放的毕业证书与公办大学同等有效；另一种是未登记注册，其文凭没有法律效力。即使是登记注册的民办大学，有些新增加的系也有可能是未经登记的，其毕业证书不具有法律效力。公办大学收费的专业通常都是最热门的专业。

1. 莫斯科大学

莫斯科大学（见图4-25）是俄罗斯规模最大、历史悠久的综合性高等学校，全名为莫斯科国立罗蒙诺索夫大学，校址在莫斯科。1755年由教育家M.B.罗蒙诺索夫倡议并创办。莫斯科大学有"东欧的哈佛"之称，是全俄罗斯最大的大学，也是俄罗斯最大的学术中心。截至2012年12月，莫斯科大学世界排名前十，有近260年的建校历史，培养了11位诺贝尔奖获得者，目前拥有29个系、15个科研所、350个教研室。最强的专业方向是高能物理、高温超导、激光、力学与数学、能源恢复、生物化学与生物工医学，新兴文科是社会学、政治经济、历史、心理、哲学、文化史。在这里工作的教师都是最优秀的，其中有8500名教师获得博士学位，有1000名教授、2000名副教授、300名左右的俄罗斯科学院院士或功勋院士，近5000名优秀工作者在310项基础与应用科学方面从事研究。莫斯科大学是俄罗斯最大的一所综合大学，目前有超过4万名大学生、硕士生和博士生就读此校，还有1万名中学生在这里学习。每年都有各大学的老师和俄罗斯公司的员工在这里进修。

图4-25 莫斯科大学

在获得过诺贝尔奖的 18 名俄罗斯人中，有 11 名是莫斯科大学的毕业生或莫斯科大学的教授。规模庞大的图书馆藏书 900 多万册。每个系都有供学生读书的阅览室。莫斯科大学有动物学、人类学、古生物地质学 3 个博物馆以及 4 座天文观象台，1 个植物园和众多科研所。它以雄厚的师资、完善的设备、高质量的教学和高水准的学术享誉世界。众多政府要员和高科技领域的专家毕业于该大学。每年都会有 1000 名博士学位获得者从该校毕业。

莫斯科大学坐落在莫斯科市西南面的麻雀山上，风景宜人，是莫斯科市的一大旅游景点。麻雀山下是莫斯科河，河边有新圣女公墓和 1980 年莫斯科奥运会主场地卢日尼基体育场。主楼正门前是一个广场，夏天树木葱茏、百花争艳；冬天白雪覆盖、清丽婉约。广场的尽头是观景台，因为麻雀山是莫斯科最高的一座山丘，所以在此可鸟瞰莫斯科市全景。远处市中心的高楼大厦新旧参半、错落有致。若天色晴朗，克里姆林宫清晰可见。得天独厚的地理位置使莫斯科大学越发显得雄伟壮观。

2. 圣彼得堡国立大学及圣彼得堡国立技术大学

圣彼得堡国立大学（见图 4-26）创立之初称圣彼得堡大学，后改名为国立列宁格勒大学，是世界最优秀的大学之一。圣彼得堡大学于 1724 年创建，是俄罗斯最古老的综合性大学，在苏联解体后改名为圣彼得堡国立大学，沿用至今。它是世界知名的众多学派的源头，也是教育、科学和文化进步的社会运动的重大中心之一。

图 4-26　圣彼得堡国立大学

圣彼得堡国立技术大学（见图4-27）建于1899年，苏联时期叫加里宁工学院。门捷列夫亲自参加了组建工作。该校是俄罗斯历史悠久的以理工科为主的综合性大学，是俄罗斯最好的理工科大学之一，也是世界级的名牌大学。

图4-27　圣彼得堡国立技术大学

3. 俄罗斯圣彼得堡列宾美术学院及莫斯科国立柴可夫斯基音乐学院

俄罗斯圣彼得堡列宾美术学院（见图4-28）于1757年建校，主要培养大师级的美术人才。从该学院毕业的学生均有较高的绘画、雕刻、艺术鉴赏等艺术专长。该学院是俄罗斯美术教育的最高学府，培养出了许多世界知名

图4-28　俄罗斯圣彼得堡列宾美术学院

美术家。该学院与佛罗伦萨美术学院、巴黎美术学院、英国皇家美术学院齐名，是世界著名的四大美术学院之一。

莫斯科国立柴可夫斯基音乐学院（见图4-29）建于1866年，是目前世界最优秀的音乐学院之一，欧洲音乐学院联盟成员。该学院以培养大师级的音乐家为宗旨。该学院为学生提供5年制专家学位教育。获得专家学位后学生可继续申请副博士学位。而柴可夫斯基音乐学院附中是隶属于该院的教学机构，俄罗斯最好的中等音乐学校。学生毕业后可获得俄罗斯音乐高中毕业证，可继续报考俄罗斯或世界其他国家任何一所音乐高等学府。

图4-29 莫斯科国立柴可夫斯基音乐学院

（三）形形色色的俄罗斯图书馆

图书馆是收集、整理、收藏图书资料供人阅览、参考的机构。早在公元前3000年时，巴比伦的神庙中就收藏了刻在胶泥板上的各类记载。最早的图书馆是希腊神庙的藏书之所和附属于希腊哲学书院（公元前4世纪）的藏书之所。中国的图书馆历史悠久，只是起初并不称为"图书馆"，而是称为"府""阁""观""台""殿""院""堂""斋""楼"罢了。如西周的盟府，两汉的石渠阁，东观和兰台，隋朝的观文殿，宋朝的崇文院，明代的澹生堂，清朝的四库全书七阁等。"图书馆"是一个外来语，于19世纪末从日本传到中国。世界上较大的图书馆包括美国国会图书馆（2600万册）、俄罗斯国立图书馆（1760万册）、中国国家图书馆（1590万册）、俄罗斯国家图书馆（1362万册）、大英图书馆（1300万册）、哈佛大学图书馆（1100万册）、法国国家图书馆（1100万册）、莱比锡图书馆（属于德意志国家图书馆，900万册）、日本国会图书馆（727万册）、法兰克福图书馆（属于德意志国家图书馆，700万册）。

1. 俄罗斯国立图书馆（1760万册）

俄罗斯国立图书馆（见图4-30）是欧洲第一、世界第二大图书馆。该馆始建于19世纪60年代，位于莫斯科。1862年鲁缅采夫博物馆由彼得堡迁往莫斯科，迁入由著名建筑师巴热诺夫设计、坐落于克里姆林宫旁的帕什科夫楼。同年，作为该博物馆一部分的莫斯科第一所免费公共图书馆开放，名为莫斯科公共博物馆及鲁缅采夫博物馆图书馆，通常称鲁缅采夫图书馆。该馆当时的藏书主要源于著名国务活动家鲁缅采夫伯爵丰富的藏书。鲁缅采夫伯爵于1826年在圣彼得堡去世，出于"有益于祖国和教育"的目的将其藏书捐赠。从1862年建馆之初，鲁缅采夫图书馆便开始接受缴送本。十月革命后，1918年3月，苏维埃政府迁往莫斯科，鲁缅采夫图书馆成为国家主要图书馆。1921年被赋予国家书库职能，1925年2月根据苏联中央执行委员会主席团的决议，改名为苏联国立列宁图书馆（简称列宁图书馆）。列宁图书馆的藏书迅速增加，规模超过了始建于1795年的谢德林图书馆，在苏联图书馆界占

图4-30　俄罗斯国立图书馆

据了中心地位。1973年，在苏联文化部批准的图书馆章程中，第一次以条文形式规定列宁图书馆是"苏维埃社会主义共和国联盟的国家图书馆"。1992年，根据俄联邦总统1月22日第38号"关于建立俄罗斯国立图书馆"的命令，俄罗斯国立图书馆在苏联国立列宁图书馆的基础上建立，并成为法定缴送本保存馆。

2. 俄罗斯国家图书馆（1362万册）

俄罗斯国家图书馆（见图4-31）原名为萨尔蒂科夫—谢德林国立公共图书馆，位于圣彼得堡，系苏联俄罗斯联邦共和国的国家馆，苏联解体后1992年3月更名为俄罗斯国家图书馆。作为俄罗斯两个国家图书馆之一，隶属于文化部由政府拨款的俄罗斯国家图书馆负责保存俄罗斯全部的印刷品、手稿和其他文献，如科学会议录等，以确保公民利用文化科学遗产和免费使用信息。俄罗斯国家图书馆享有接受1册俄罗斯联邦每种印刷品的权利，同时它从国外购买各式各样的资料。通过接受捐献和馈赠，俄罗斯国家图书馆的藏书日益丰富。俄罗斯国家图书馆是俄罗斯图书馆学、目录学以及图书学研究领域的中心。

图4-31　俄罗斯国家图书馆

四、美不胜收的俄罗斯文物

文物就是鲜活的历史。每一件文物都蕴含着丰富的历史信息，承载着古老生活的生动细节。每一件文物都凝聚着伟大的智慧，熔铸着历史与艺术的大美。它们都有着非凡的身世，身经千万次的锤炼与虔诚的雕琢，带着匠工的汗水与体温，或走向祀祝的祠坛，或走向王侯的几案，或走向文人的书斋，或走向贵妇的妆台……然后，或烟消云散，或深埋地底，或长眠深海。今天，它们与我们不期而遇，像久违的故人，诉说、感喟……

（一）艾尔米塔什博物馆

艾尔米塔什博物馆（见图4-32）是世界四大博物馆之一，与巴黎的卢浮宫、伦敦的大英博物馆、纽约的大都会艺术博物馆齐名。该馆最早是叶卡捷琳娜二世女皇的私人博物馆。1764年，叶卡捷琳娜二世从柏林购进伦勃朗、鲁本斯等人的250幅绘画存放在冬宫的艾尔米塔什（法语意为"隐宫"），该

图4-32　艾尔米塔什博物馆

馆由此而得名，占地面积9万平方米。

艾尔米塔什博物馆里珍藏的历史文物与艺术品约270万件，据说，看完这么多藏品，要花费27年的时间。艾尔米塔什原来只是冬宫的一小部分，1764年俄国女皇叶卡捷琳娜二世购置多位名家的绘画作品存放于艾尔米塔什内，起名为奇珍楼，经过多年的积累，艾尔米塔什的藏品日渐增多，而且也不再局限于单一种类。十月革命以后，整个冬宫归于艾尔米塔什博物馆。

该馆设8个部：原始文化部，古希腊、罗马世界部，东方民族文化部，俄罗斯文化史部，钱币部，西欧艺术部，科学教育部和修复保管部。藏品共有约270万件，主要是绘画、雕塑、版画、素描、出土文物、实用艺术品、钱币和奖牌。藏品中绘画闻名于世，从拜占庭最古老的宗教画，直到现代的马蒂斯、毕加索的绘画作品及印象派、后期印象派的画作应有尽有，共收藏绘画作品15800余幅。其中，达·芬奇的两幅《圣母像》，拉斐尔的《圣母圣子图》《圣家族》，荷兰伦勃朗的《浪子回头》以及提香、鲁本斯、委拉士贵支、雷诺阿等的名画均极为珍贵。展厅共353个，有金银器皿、服装、礼品、绘画、工艺品等专题陈列和沙皇时代的卧室、餐厅、休息室、会客室的原状陈列。其中彼得大帝陈列室最引人注目，成为旅游参观胜地之一。

（二）极尽奢华的俄罗斯琥珀宫

琥珀宫（见图4-33）是位于俄罗斯圣彼得堡附近的凯瑟琳宫内的一座通体由琥珀和黄金装饰而成的极端奢华的建筑。琥珀宫始建于1709年，当时的普鲁士国王为了仿效法国皇帝路易十四的奢华生活，下令普鲁士最有名的建筑师兴建琥珀宫。琥珀宫面积约50平方米。宫中所有的装饰品，包括桌椅、墙壁、嵌板、镶条、地面、烛台、人物雕像、各种立体花纹装饰等均由琥珀精雕细刻而成，一些墙壁上面还镶嵌了钻石、绿宝石和红宝石等名贵宝石。565支蜡烛照亮整个大厅，烛光洒在珠宝上流光四射……整座大厅让人眼花缭乱，堪称世界一绝。"二战"中琥珀宫被纳粹士兵运回德国。"二战"末期，据说琥珀宫被炮火夷为平地，也有人说琥珀宫被纳粹军官藏在一个地下室里，从此琥珀宫销声匿迹，不知所踪。2002年，俄罗斯用与原建筑同等多的同等材料重建了琥珀宫，并对外界开放。琥珀宫共有12块护壁镶板和12个柱脚，

149

全都由当时比黄金还贵的琥珀制成，同时还镶嵌了钻石、绿宝石和红宝石等名贵宝石。这些琥珀、黄金和宝石的总数量高达 10 万片，总重量超过 6 吨。

图 4-33 琥珀宫

（三）光彩夺目的俄罗斯国宝级王冠

喀山公国末代君主王冠。它属于喀山公国最后一名统治者埃迪戈尔·迈赫曼特所有，制作于 16 世纪，是俄罗斯最古老的王冠之一，镶嵌了数十颗珍珠以及众多红宝石和绿宝石，底部由舒适柔软的黑貂皮制成。

叶卡捷琳娜二世大皇冠。它是 1762 年由天才宫廷珠宝匠波吉耶为叶卡捷琳娜二世加冕典礼制作的（见图 4-34）。大皇冠的设计深受古代拜占庭帝国王冠的影响，它由两个半球组成，分别象征着东、西罗马帝国，中部是一个橡叶状花环和橡树果，象征着沙皇帝国的神圣

图 4-34 叶卡捷琳娜二世大皇冠

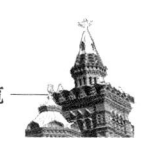

权力。皇冠总重 1907 克，共镶嵌 4836 颗钻石。冠顶的红天鹅绒色尖晶石重 398.72 克拉，被列为苏联七大历史名钻之一。叶卡捷琳娜二世大皇冠是当时欧洲最贵重的物品。

彼得一世加冕王冠。彼得一世加冕王冠又名莫诺马赫王冠Ⅱ，由莫斯科克里姆林宫工场于 1682 年制作。它几乎与传统的莫诺马赫王冠一模一样，由黄金打造，有八个棱面，高 20.3 厘米，制作材料包括黄金、白银、宝石和黑貂皮。冠顶饰有精致的十字架。底部衬里用的是传统的黑貂毛，黑貂毛在俄罗斯古典礼仪服饰中具有重要的意义，象征着繁荣和财富。

莫诺马赫王冠。莫诺马赫王冠是由东方工艺匠于 13 世纪末至 14 世纪初制作而成的。传说它是蒙古金帐汗国的乌兹别克汗赐给莫斯科大公伊凡一世的礼物，由于蒙古人入侵期间，一批著名的俄罗斯珠宝匠被征调去为可汗工作，因此这顶王冠多少保留了俄罗斯传统珠宝工艺的特色。莫诺马赫王冠从外形上看与普通的貂皮帽没什么两样，但它四周镶嵌着珠宝并用传统的黑貂毛衬里。

迄今为止，俄罗斯经历了六个不同形式的历史时期，即基辅罗斯、蒙古鞑靼时期的俄罗斯、莫斯科公国时期的俄罗斯、彼得时期的俄罗斯、苏维埃时期的俄罗斯和苏联解体以后的新俄罗斯。广袤的国土、丰富的资源、众多的人口、深厚的文化底蕴以及西方文明与东方文明之间的碰撞共同塑造了俄罗斯文化，凝聚了俄罗斯民族的独特精神追求，体现了俄罗斯人民的智慧、信心和力量。

第五章
独特而多彩：俄罗斯的民族与宗教

俄罗斯是世界上地域面积最为辽阔的国家。在这块辽阔的土地上，演绎了俄罗斯波澜壮阔的历史，孕育了俄罗斯这个在近代和现代乃至在当代世界舞台上叱咤风云的民族。而地跨欧亚大陆特殊的地理环境及特殊的生存环境，创造了俄罗斯独具特色的民族文化与宗教文化。

一、众多的民族

当今世界，大多数国家都是多民族国家，而俄罗斯则是世界上民族最多的国家。众多的民族既向人们展示了其丰富多彩的民族文化，同时也形成了极其复杂的民族关系，民族和民族问题一直都是俄罗斯国家发展中必须重视和解决的重大问题。

（一）世界上民族最多的国家

1. 俄罗斯有哪些民族

俄罗斯是世界上面积最大的国家，其国土地跨欧亚两洲；同时，俄罗斯也是世界上民族最多的国家之一。根据苏联解体前,1990年的统计,当时的苏联有130多个民族,总人口为2.901亿人,是世界上民族最多和民族成分构成较为复杂的国家。俄罗斯族人口占全国总人口的51%,其他民族人口占全国总人口的49%。除俄罗斯族以外,其他较大的民族有,鞑靼、楚瓦什、巴什基尔、摩尔多瓦、乌德穆尔特,还有人数不足10万人的百余个小民族。

据苏联解体后的最新统计显示,截至2012年4月1日,俄罗斯总人口为1.431亿人。全国共有193个民族,俄罗斯主要民族分布如表5-1所示。

表 5-1 俄罗斯主要民族分布

民族	人口（万人）	占百分比（%）
俄罗斯族	11500.0	77
鞑靼族	555.8	3.83
乌克兰族	294.35	2.03
巴什基尔族	167.38	1.15
楚瓦什族	163.72	1.13
车臣族	136.1	0.94
亚美尼亚族	113.02	0.78
摩尔多瓦族	84.45	0.58
白俄罗斯族	81.47	0.56
阿瓦尔族	75.71	0.52
哈萨克族	65.51	0.45
乌德穆尔特族	63.69	0.44
阿塞拜疆族	62.15	0.43
马里族	60.48	0.42
德意志（日耳曼）族	59.71	0.41
卡巴尔达族	52.01	0.36
奥塞梯族	51.49	0.35
达尔金族	51.02	0.35
犹太族	50.00	0.34
布里亚特族	44.53	0.31
雅库特族	44.40	0.31
库梅克族	42.25	0.29
印古什族	41.18	0.28
列兹金族	41.16	0.28

另有约150万人未指明自己的民族属性。民族增多的主要原因是,1996

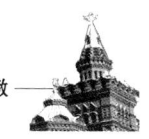

年《俄罗斯民族文化自治法》等法律颁布后，一些小民族的自我识别意识增强，所以，民族分得就更细一些。比如，像突厥等一些小民族，只有几百人到几千人。虽然长期以来俄罗斯族在人数上、经济上、政治上和文化上是主导者，但是俄罗斯过去是，现在仍然是一个多民族的国家，苏联的解体并没有改变俄罗斯多民族的特征。

2. 俄罗斯为何有如此众多的民族

在俄罗斯国家发展的历史中，有一个不得不提的话题，那就是沙俄帝国在历史上的扩张。俄罗斯人扩张和殖民的历史充满战争、革命、动乱和起义。俄罗斯民族原本是古代东斯拉夫人的一支，俄罗斯本是一个单一的民族国家。16 世纪中叶时，俄罗斯还是一个领土只有 280 万平方公里的国家，但是在此后的 16 世纪到 20 世纪的 300 多年，俄罗斯经过了 20 多代沙皇统治，不断用武力向外侵略扩张，先后兼并了外高加索、中亚、西伯利亚和远东等地区，征服了周边 100 多个民族；到 1917 年尼古拉二世王朝覆灭时，俄罗斯版图从 280 万平方公里扩大到 2280 万平方公里，俄罗斯人的统治扩至东欧地区，穿越亚洲达到太平洋，形成了一个横跨欧亚大陆的大帝国。而生活在这一广阔空间的 100 多个民族，在自觉或不自觉中与俄罗斯民族交往、联系甚至同化，逐渐形成了俄罗斯民族占人口绝大多数、在政治经济上占主导地位，同时又包括众多人口多少不等的其他少数民族这样一个国家。虽然这是一段久远的记忆，但是这段历史遗产一直影响着今日俄罗斯人和其他民族的关系。

3. 俄罗斯的行政区域多数按民族划分

俄罗斯的行政区域是按民族划分的，分为自治共和国、自治州、民族自治区等行政区划。俄罗斯联邦由 85 个联邦主体组成，包括 22 个自治共和国，9 个边疆区，46 个州，4 个民族自治区，3 个联邦直辖市和 1 个自治州。

在 85 个联邦主体中，有 22 个是按民族划分的，以主体民族冠名，其行政首脑也称总统。如布里亚特共和国、达吉斯坦共和国、印古什共和国等，按照俄罗斯联邦宪法规定，各自治共和国有自己的国旗、国徽、国歌，有自己的宪法、议会和总统。但是，各自治共和国属于俄罗斯联邦的一部分。

1991 年 12 月 25 日，随着苏联总统戈尔巴乔夫宣布辞职，苏联上空飘扬了 70 年的苏联国旗降下，标志着苏联不再存在。苏联解体后，俄罗斯联邦建立的还是以多民族为基础的联邦制国家。苏联的解体并没有改变俄罗斯多民族国家这一特性，民族关系仍然是如今俄罗斯国家发展中一个极其复杂和亟待解决的重大问题。

4. 俄罗斯民族关系的前世与今生

俄罗斯联邦是一个俄罗斯族人口占绝大多数的国家，因而，俄罗斯国内民族关系的主要表现就是俄罗斯族同其他民族的关系。而任何一种民族关系都是历史与现实相联系的结果。今天俄罗斯的民族关系问题是苏联遗留下来的民族问题的延续。在苏联的历史上曾有过大规模地对少数民族的镇压，几十万人被迫迁徙，离开他们的故土，这在许多民族心中留下了无法拟合的阴影。而苏联时期的民族政策又使大俄罗斯主义盛行，在社会生活中以俄罗斯民族为中心，俄罗斯民族在社会各个领域都享有特殊地位。当年苏联曾颁布决议在各少数民族地区强制推广俄语。苏联领导人都不断强调俄罗斯民族的特殊地位，斯大林就曾表示俄罗斯民族是苏联公认的领导民族，赫鲁晓夫、勃列日涅夫提出少数民族应高呼俄罗斯民族为"母亲"。对苏联而言，无论是十月革命的伟大胜利，还是反法西斯战争的胜利，都是苏联各民族人民共同奋斗的结果，而如果把苏联革命和建设的伟大成就归功于俄罗斯民族，这无疑是忽视其他民族的贡献，加剧了苏联国内其他少数民族和俄罗斯民族之间的隔阂与矛盾，激起各少数民族对联盟中央政府的不满，增强了民族离心倾向。最终，大俄罗斯主义、地方民族主义和民族分离主义，在苏联解体中起到了直接作用。

苏联解体后，俄罗斯对民族问题理论和民族关系进行了反思，为协调民族关系，消除不稳定因素，1991年，俄罗斯联邦颁布了《公民法》，从法律上规定各民族一律平等，消除了对各非俄罗斯民族的歧视。1993年，俄罗斯联邦新宪法取消了苏联时期民族共和国退出联邦的权利，强调俄罗斯是各民族共同缔造的统一国家。1994年，俄罗斯政府颁布了《俄罗斯公民和睦协定》，以此推动各民族之间的和睦共处。1996年6月俄罗斯政府又颁布了《俄罗斯联邦国家民族政策构想》和《俄罗斯民族文化自治法》两个文件。在《俄罗斯联邦国家民族政策构想》中规定了俄罗斯民族政策的基本原则，主要包括：第一，全体公民不分民族、宗教信仰和语言，都享有人权和平等的公民权利，

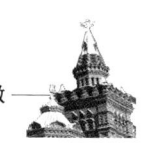

禁止按社会地位、种族、民族宗教信仰和语言特征限制公民的权利。第二，根据俄罗斯联邦宪法公认的国际法准则以及俄罗斯联邦签订的国际条约保障民族的权利。第三，每个公民享有确定自己民族属性的权利。第四，促进俄罗斯联邦各民族语言文化的发展。第五，及时与和平地解决民族矛盾和冲突。第六，禁止从事破坏国家安全，挑起社会、种族、民族和宗教冲突的活动。

从俄罗斯颁布和实施的一系列相关的民族政策和具体措施可见，俄罗斯联邦政府正积极努力地修正过去的民族不平等出现的问题，努力协调各民族关系，修复过去民族之间出现的裂痕并消除不信任，但是，"冰冻三尺非一日之寒"，苏联时期民族政策导向问题和苏联时期留下来的民族之间关系的复杂性问题不可能很快解决，俄罗斯民族之间的关系"想说稳定不容易"。

5. 俄罗斯的五大群体

俄罗斯地域辽阔，民族众多，我们把除了俄罗斯民族以外的俄罗斯众多民族按群体来划分，分为不同的类型：北方土著人民、高加索人民、苏联加盟共和国各民族、欧洲的移民群体、来自亚洲的人民等不同的群体。这些不同地区的民族都各具特色，也都具有不同的诉求。北方土著人民是指俄罗斯北部及西伯利亚地区26个土著人群体，总人口56万人，各群体人口很少，但分布很广，人口多的有几万人，人口少的只有几百人。如居住在普里比洛夫与科曼多尔群岛上的阿留申人只有600人，居住在西伯利亚西北部的埃内特人只有200人，居住在萨哈林岛的奥罗克人也只有200人。这些土著民族面临的突出问题是，各群体的土著文化或者消失或者在很大程度上被破坏，以饲养驯鹿、狩猎、采集或捕鱼为基础的传统经济被其他工作所取代，俄语成为人民的日常用语，游动的篷屋生活方式被迫变作定居生活，传统的萨满教信仰被东正教所取代，疾病和被迫迁移使他们人口锐减。1990年，各土著群体组成了"北方人民联合会"，为西伯利亚地区的环境保护和经济的发展而斗争，为收回土地而奔走。他们活动的重点是恢复传统语言和习俗。高加索人民是俄罗斯第二大的成批群体，高加索人民分布在俄罗斯西南部高加索山脉地区和毗邻的格鲁吉亚和阿塞拜疆。历史上该地区就是欧亚两大陆的交通要道，高加索人民受到来自东方、南方和北方往来于该地区的各民族的影响。高加索地区地处通往黑海的要道，先后被俄罗斯人与奥斯曼帝国征服，俄罗斯人与土耳其人曾在此地区争夺。从整体而言，俄罗斯人在该地区占统治地位。由于历史、地理以及苏联时期民族政策的影响，因而，苏联解体后，该地区出现了伊斯兰的复兴；有些民族群体要求摆脱俄罗斯人的控制，突出的现象就是车臣人的分裂活动。俄罗斯境内第三大非俄罗斯人群体是来自过去的苏联加盟共和国（今天成为独立国家）的各民族。其中，最大的两个民族就是白俄罗斯人和乌克兰人，二者人数占第三类型总人口的71%。1922年12月30日白俄罗斯作为创始国加入苏联，1991年8月25日，白俄罗斯宣布独立。而在前一天，1991年8月24日，乌克兰政府发表国家独立宣言，宣布脱离苏联独立，乌克兰结束了337年和俄罗斯结盟的历史，成为一个独立国家。其实，俄罗斯、白俄罗斯、乌克兰这三个民族，他们源于共同的祖先，他们都同属于东斯拉夫人，他们的文化也十分地相近。有人曾开玩笑地比喻这三个民族，一窝树洞出了"熊哥仨"，1991年苏联解体后，部分非俄罗斯人返回了自己的祖国。

非俄罗斯人中的第四大群体为来自欧洲的各民族，他们的祖先很早就定居俄罗斯。如日耳曼人、希腊人、吉普赛人、波兰人等，其中，最大的群体为日耳曼人，在俄罗斯境内目前人口为84.2万人，多数都与其他民族杂居，日耳曼人希望有自己的自治地区，但此愿望尚未实现。亚裔人是非俄罗斯人中的第五大群体，在他们之中，一些群体在俄罗斯境内已生活数世纪之久，由于他们的历史不同，因而在俄罗斯的境遇也不同，其中，有代表性的像布里亚特人、卡尔梅克人、鞑靼人等。布里亚特人多数聚居在贝加尔湖东部的布里亚特自治共和国境内，尽管他们总人数只有42.1万人，但是他们分布在俄罗斯与蒙古的边境这种有战略地位的地区，从文化上看，他们与蒙古的布里亚特人联系密切。他们自己认同是蒙古人的支系，数百年来同化了不少来自周围群体的人，诸如图瓦人、达斡尔人和埃文克人，他们信奉单一的佛教。苏联解体后，布里亚特人是谋求民族权利最活跃的力量之一，他们要求将布里亚特语作为地区的正式语言，以摆脱俄罗斯人的影响，争取民族的平等权利。卡尔梅克人也称卫拉特人、西蒙古人。其人数为16.5万人，分布在俄罗斯的欧洲部分。另有数千人散布在西伯利亚地区。他们是16世纪以后定居在此并处于俄罗斯控制之下的。1771年，大多数卡尔梅克人迁回中国，留下的卡尔梅克人则是原来那些人的后裔。在苏联时期，卡尔梅克人的自治要求受到暴力镇压，1943年他们被迫迁往西伯利亚，其共和国被取消，直到1956年开始回归。目前，他们与俄罗斯矛盾的重点主要是争夺地区的矿产资源，政治自治则处于次要地位。

鞑靼人是目前信奉伊斯兰教或者自认为是13世纪鞑靼蒙古人的后裔的那些人的总称。鞑靼人分为许多群体，其中，有两大基本群体，即克里米亚鞑靼人和伏尔加鞑靼人。克里米亚鞑靼人约60万，主要生活在中亚地区，只有25万人生活在克里米亚。中亚地区的克里米亚鞑靼人曾掀起返回克里米亚运动，但是，因克里米亚的俄罗斯人和乌克兰人的反对，该问题并未解决。伏尔加鞑靼人达500万之多，主要聚居在鞑靼斯坦和巴什基尔斯坦。他们和克里米亚鞑靼人一样，积极要求拥有民族主权，并掀起泛突厥人运动；因为该地区石油资源丰富，所以，俄罗斯当局对他们提出的要求必然是十分谨慎的。

除上述大的群体外，在俄罗斯还有不属于以上各类型的群体，包括楚瓦什人、乌德穆尔特人，等等。总之，当今的俄罗斯民族众多，民族关系错综复杂。苏联解体后，在大多数全国性和地区性的群体中，民族主义意识复兴，导致多起暴力事件乃至战争，其中，时间最长和最为血腥的就是车臣战争。民族问题在任何一个国家都是一项极其重要的社会问题，对于民族众多的俄罗斯而言，在解决民族问题的道路上面临很多困难，俄罗斯需要在发展经济、提高人民物质生活水平的同时，不断改善民族关系，进一步解决历史上遗留下来的各种问题，保障各民族的平等权利，保障各民族在统一的俄罗斯联邦中和睦相处，共同发展。

俄罗斯各民族对世界历史产生过重要影响，俄罗斯也是对中国产生影响最大的国家。十月革命一声炮响，给中国人民送来了马克思列宁主义，马克思列宁主义的伟大思想，指导中国革命从胜利走向胜利。如今，中国人民对俄罗斯人民始终非常地关切、关心，希望俄罗斯各族人民生活幸福。

（二）兼具东西方文明于一身的俄罗斯族

俄罗斯族是俄罗斯联邦的主体民族，人口约1.46亿，在世界2000多个民族中仅次于中国的汉族，印度的印度斯坦族，美国的美利坚民族，孟加拉的孟加拉人而居世界人口的第五位。俄罗斯族主要居住在俄罗斯联邦。

俄罗斯族起源于东欧草原上的东斯拉夫人，东斯拉夫人就是后来的俄罗斯人、乌克兰人和白俄罗斯人的共同祖先。"俄罗斯"一词，起源于东斯拉夫人的一个部落之名"罗斯"。公元9世纪，东斯拉夫部落战争频繁，882年维京人奥列格占领基辅并迁都基辅，基辅罗斯公国时期正式展开。1237年基辅罗斯被鞑靼军队占领，建立了钦察汗国。1283年莫斯科公国正式建立。1547年，莫斯科大公伊凡四世加冕称沙皇，建造克里姆林宫，莫斯科大公国领导其他公国摆脱了鞑靼的统治，使俄罗斯成为一个独立的国家。在此后的历史发展中历任沙皇不断进行领土扩张，兼并了许多地区并征服了很多其他民族，形成了今天这样一个领土横跨欧亚两洲、民族众多分布广泛的大国。

在世界民族之林中，俄罗斯民族是一个十分特殊的民族，任何一个民族都不像俄罗斯民族那样独特和复杂。首先，从地理位置上看，俄罗斯横跨欧亚两大洲，俄罗斯民族既不是纯粹的亚洲民族，也不是纯粹的欧洲民族，但是它却把亚欧民族的性格结合在一起，因而形成俄罗斯民族的两重性，这也是俄罗斯人性格的独到之处。这种特殊的地理位置使俄罗斯文化处于东西方文化交汇地带，既受西方文化的影响，也受东方文化的制约，它的文化受到东西方文化的双重作用。俄罗斯千年发展之路，一直是在东西方文化冲突中碰撞和融合。地跨亚欧大陆不仅仅是俄罗斯在地理位置上的特点，更是它在历史发展过程中的特点。恰达耶夫说过："我们处在世界的两大部分——东方和西方之间。"东方与西方两股历史之流在俄罗斯发生碰撞，俄罗斯处在二者的相互作用之中。在俄罗斯的精神中，东方与西方两种因素永远在相互用力。在一千多年的历史长河中，俄罗斯一直徘徊于东西方文化之间，它选择着、摇摆着，在这种选择与摇摆中形成了俄罗斯精神兼容东西方文明的特质和存在于其中的两面性，最终使俄罗斯文明更具自己的特色。俄罗斯的国徽是一只双头鹰，双头鹰国徽是俄罗斯民族性格和俄罗斯精神的形象表征。双头鹰的两头分别雄视东西两个完全相反的方向，蕴含着俄罗斯国家兼有东西方文化的渊源，反映着这个民族丰富的、矛盾的品格。其次，从地理环境上看，俄罗斯有辽阔的土地，茂密的森林，茫茫的草原，丰富的资源。但同时，俄罗斯气候寒冷，一年中有半年是冰天雪地，90%的地区整个冬季的气候是在

摄氏零度以下，80%的地区无霜期不超过180天。俄罗斯人在这样严酷的气候条件下生存，造就了他们坚韧不拔、吃苦耐劳的精神，以及豪放的性格，他们喜爱烈性酒，生活自由，无拘无束。但是俄罗斯漫长寒冷的冬天又给人们留下了生活的负担和压抑，他们总是表情庄严肃穆，凝重多于微笑，心情抑郁伤感，沉重多于轻松。美国作家罗伯特·华莱士这样解释："忧郁起源于俄国的自然环境——永远过不完的灰色季节和寂寞无际的广大草原。"这种质朴、快乐、敦厚又涣散、保守的性格，在现实生活中有着突出的表现。比如，排他性、保守性很强，在世界上很多国家的城市都有唐人街，但是在俄罗斯却没有，现暂居在俄罗斯生活的中国人大约50万人，远东地区也只有5万~6万人。有人形象地比喻俄罗斯就是一座"把守森严的大城堡，或一个蜇赶异蜂的大蜂巢。"总之，俄罗斯民族性格中的"两面性"极为突出。俄罗斯著名的哲学家尼·别尔嘉耶夫曾说："俄罗斯可能使人神魂颠倒，也可能使人大失所望。它最能激起对其热烈的爱，也最能激起对其强烈的恨。"俄罗斯诗人丘特切夫说："用智慧理解不了俄罗斯，用一般标准衡量不了俄罗斯"。

不管怎样来概括俄罗斯民族性格中所具有的不同特质，俄罗斯民族所具有的坚韧不拔和大无畏的气概以及称雄世界的雄心壮志都是其核心内容。普京总统曾指出："争强好胜是俄罗斯人民的民族性格。"俄罗斯民族历来傲视全球，蔑视强敌，曾经战胜了许多称霸一时、不可一世的强敌。纵观俄罗斯的历史，这些特点也表现得淋漓尽致，当年彼得大帝为了打开通往欧洲的出海口，与瑞典人打了20年的仗，击败了瑞典几十万大军，建立了新首都——圣彼得堡。1812年拿破仑率领60万大军入侵俄罗斯，结果一败涂地，被赶出俄罗斯。拿破仑说，他从来未遇到过如此顽强的军队。在第二次世界大战中，俄罗斯人民以巨大的民族牺牲，战胜了当时世界上最强大的敌人德国法西斯，横扫欧洲，解放了14个国家。在伟大的卫国战争中，列宁格勒被围困900个日日夜夜，莫斯科保卫战和斯大林格勒保卫战，苏联人民的不屈不挠，顽强战斗的精神让世界折服。苏联解体以后，面对以超级大国美国为首的西方国家的弱俄削俄与围堵政策，俄罗斯人民无所畏惧，针锋相对，强势崛起，巍然屹立于世界民族之林，俄罗斯民族是一个对世界产生过重大影响的民族。

从人种来讲，俄罗斯人属于欧罗巴人种。他们的肤色较浅，体毛发达，鼻窄且高高隆起，唇薄、直颌，面部轮廓清晰，身材中等或中等以上（见图5-1）。由于历史上不同民族的人种混合，因而不同地区的俄罗斯人在体型上也有不同。如东部俄罗斯人融合了蒙古人的成分，南部俄罗斯人融合了突厥语民族的成分，北部俄罗斯人融合了芬兰人的成分。

图5-1 俄罗斯族

俄语是俄罗斯联邦的官方语言，在俄罗斯，各自治共和国有权规定自己的国语，现有30多种语言在各自治共和国境内与俄语一起使用，目前，俄语是四个独联体国家的官方语言。

俄罗斯的历史虽然仅有千年，但是其内涵却丰富多彩。在东西方文化的交融下，俄罗斯文化至近代以来取得了举世瞩目的成就。列宁、普列汉诺夫、门捷列夫、普希金、果戈理、车尔尼雪夫斯基、托尔斯泰、柴可夫斯基，这些伟大的俄罗斯革命家、思想家、艺术家、科学家，用他们的思想和行为为这个世界做出了杰出的贡献，俄罗斯文化已成为欧洲文明乃至世界文明的重要组成部分。

（三）充满传奇色彩的哥萨克人

喜欢和熟悉俄罗斯文学作品的人，对"哥萨克"这个名字都不会很陌生。托尔斯泰的《哥萨克人》、肖洛霍夫的《静静的顿河》、巴别尔的《骑兵军》等

第五章 独特而多彩：俄罗斯的民族与宗教

作品，让我们看到了哥萨克们桀骜不驯，天性自由，粗犷强悍，嗜酒如命，他们组成了令人崇拜又充满异国风情的"强悍的马上部落"。很多人认为，哥萨克是俄罗斯的一个民族，但是，无论是在苏联时期还是在新俄罗斯的民族序列表中，都没有哥萨克这个族称。原来，哥萨克并没有被认定为单一的民族。哥萨克是一群生活在东欧大草原上有独特历史和社会文化的群体，在历史上以骁勇善战和精湛的骑术著称。它不是一个独立的民族，而应该是一种军事团体。它的主要成员是由斯拉夫人，如乌克兰人、俄罗斯人和波兰人，还有鞑靼人、高加索人、格鲁吉亚人、卡尔梅克人和土耳其人等众多民族组成。

"哥萨克"一词源于突厥语，含义是"自由自在的人"或"勇敢的人"，最早见于1240年的《蒙古秘史》，1380年在俄语中正式使用"哥萨克"这一称谓。大约在公元15~16世纪时，正是在俄罗斯农奴化的过程中，由于地主贵族和沙皇政府的压迫和剥削，俄罗斯和乌克兰等民族中的一些不愿为奴的人被迫逃亡出走，流落他乡。而当时的俄罗斯南部地区，地域辽阔，人烟稀少，飞禽走兽随处可见，各种鱼类俯拾即是，而且这里又是沙皇的统治鞭长莫及之地，于是，这里便成为逃亡异乡人们的理想避难所和藏身之处，这些人在这里逐渐地聚集成群，最后形成了独立于中央政府的名为自由哥萨克的自治村社。他们因居住的地域不同而有不同的称呼，居住在顿河中游及其支流沿岸地区的称"上游哥萨克"；居住在顿河下游的称"下游哥萨克"；居住在第聂伯河下游的称"扎波罗热哥萨克"。后来，又出现了"伏尔加河哥萨克"。

早期的哥萨克人主要从事捕鱼和狩猎，17世纪后半期起，哥萨克人逐渐转为农耕。由于特殊的社会境遇和为艰难的生活所迫，他们结成团伙，打家劫舍，劫富济贫，平时为民，战时为兵，骁勇善战，英勇无比。到16世纪时，哥萨克逐渐成为有组织的军事团体，他们通过选举产生军队指挥官，并由这些人组成哥萨克最高军事会议，统帅自己的军队（见图5-2）。对于哥萨克人，俄罗斯统治者没有办法控制他们，但是却发现这些人勇猛无比，可以利用他们为自己效力。俄罗斯统治者通过收买雇佣发给俸禄、分封土地等手段，驱使和利用哥萨克的上层，来巩固自己的统治并让哥萨克人为侵略扩张充当"马前卒"。从16世纪起，沙皇就雇佣顿河下游的哥萨克人驻守南部边境，向他们提供战争装备、给养，乃至军饷。这部分哥萨克人拿着沙皇政府的薪俸，还免交土地税，而且在一段时间里拥有相当大的行政、司法和外交自由权，成为俄罗斯历史上享有最多特权的群体。哥萨克军团曾一度成为沙皇俄国向中亚、西伯利亚和我国东北进行侵略扩张的"急先锋"，所到之处，烧杀抢掠，名声不佳。17世纪中叶，在波兰和俄罗斯爆发的屠杀犹太人的运动中，哥萨克人都是充当"急先锋"，他们在犹太人生活区烧杀抢掠，数万名犹太人在他们的枪口下失去了生命。

图 5-2 哥萨克人

过着富裕生活的上层哥萨克人还是少数，在哥萨克人内部，绝大多数人生活还是十分的贫困，陷入贫困境地的下层哥萨克人为追求自由也不断地进行反抗。在俄罗斯历史上，数次大规模的农民起义，均是首先从哥萨克人领导居住的顿河和伏尔加河流域开始的。17世纪领导农民起义的博洛特尼科夫即是青年时期逃到顿河的哥萨克人。17世纪60年代顿河农民起义的领袖斯捷潘·拉辛，也是贫困的哥萨克人。18世纪70年代领导农民起义席卷伏尔加河流域的领袖普加乔夫则是斯捷潘·拉辛的同乡，这些起义在俄国历史上都发生过巨大而深远的影响。

一部哥萨克历史就是一部战争史。哥萨克人从最初的自由组合、打家劫舍到后来成为自成体系的军事组织，南征北战，东征西伐，战事从来就未间

断过（见图5-3）。哥萨克人参加了从18世纪至20世纪前半期俄国和苏联的所有战争，如彼得大帝发动的俄瑞北方战争、亚速海远征、克里米亚远征、波斯远征、两次俄波战争、六次俄土战争，仅20世纪前20年就参加了三次战争，即日俄战争、第一次世界大战和国内战争。在1812年的卫国战争中，哥萨克有90个团参战。在第一次世界大战期间，哥萨克投入了164个骑兵团、54个营、30个特种兵营等，总兵力达近30万人。在第二次世界大战期间，哥萨克人更是勇猛善战，无论是在西线抗击德国法西斯的战场上，还是在东线剿灭日本关东军的战斗中，到处都活跃着哥萨克骑兵的身影。

图5-3 哥萨克人组成的骑兵

哥萨克人在血雨腥风的征战中所向披靡，如果说吉普赛人是游荡在大篷车上的民族，那么哥萨克人就是驰骋在战马上的群体，世界上没有哪一个民族像他们一样是为了战斗而生，他们凭着一匹战马、一柄军刀在横跨欧亚大陆的广阔疆场上，驰骋百年，纵横千里。他们曾获得无数至高无上的荣誉，沙皇曾赐予其担任御林军的殊荣。而在莫斯科的绘画艺术博物馆内还有一幅斯大林会见红军第一骑兵团高级将领的油画。哥萨克们灭强敌于谈笑间，横扫千军如卷席的气概给人以极大的震撼力。

哥萨克人虽横刀卧马，创造了无数的奇迹，但是由于其自身的历史以及造就其成长的社会背景，又使他们集众多因素于一体。他们虽然基本上都是贫苦出身，都是因求生存结成团伙，劫富济贫，但是他们没有明确的思想指导，在黑海和亚速海一带的哥萨克则成为了海盗。他们虽然战功无数，威震四方，但是被称作"草莽英雄"，很长一段时间里哥萨克人是被别人雇佣去征战的，谁给钱就为谁去战，没有明确为谁战和为什么而战的意识。正是由于这种状况，注定了他们的历史结局。列宁对哥萨克的不信任和敌视根深蒂固，他认为，这些"盲流"，如果说在沙皇体制下都不易管束，那么更为集权的布尔什维克体制就更容不得他们了。所以，对哥萨克人中的富人，以及对直接和间接地反对苏维埃政权的人，采取必要的措施，保证他们不再试图对苏维埃政权形成威胁。斯大林更是直率地讲道："苏维埃政权一向力求使哥萨克的利益不受损害……而哥萨克的行动却是非常令人可疑的。他们总是三心二意，不相信苏维埃政权……苏维埃政权忍耐了很久，但是任何忍耐都是有限度的……苏维埃政权不得不对他们采取严厉措施，不得不把犯罪者全部赶出村庄。"从此，不服从管制的哥萨克人便成为镇压对象，1919 年，大约有 125 万哥萨克人遭到镇压，仅在 1921 年 4 月就有 7 万哥萨克人被迫离开北高加索迁往哈萨克斯坦和西伯利亚。由此也引发了各地哥萨克人一系列的暴动，红军不得不出动大规模的正规军进行平定，直到 20 世纪二三十年代，哥萨克力量才日渐衰落。随着时代的变迁，今天的哥萨克人与外界交流不断扩大，随着苏联的解体，哥萨克人又成为分布于俄罗斯、乌克兰等不同国家的一个跨国家的人类集团。

"哥萨克不是一个民族，但长期战争和历史，却形成了具有鲜明民族特征的群体；哥萨克人不是正式军队，可实践却证明他们有比正规军更强大的战斗力；哥萨克不是一个国家，却进行着拓展国家版图的领土扩张；哥萨克只有 500 年的历史，却创造了远比自己历史骄傲千百倍的辉煌"。哥萨克人在俄罗斯社会发展史上和人类战争史上都是最具传奇色彩的群体之一。

（四）俄罗斯的车臣之"痛"

车臣是俄罗斯联邦北高加索联邦管辖的一个自治共和国，面积近 2 万平方公里，居民以信奉伊斯兰教为主。车臣盛产石油，亦是通往里海与黑海的

第五章 独特而多彩：俄罗斯的民族与宗教

要冲，因而被人们视为控制高加索地区的重要地区（见图5-4）。

图5-4 车臣的地理位置

车臣问题是苏联留给俄罗斯的一块心头之痛，新俄罗斯建立以来经历的最大的劫难就是车臣问题。车臣问题进入人们的视野，是在20世纪90年代，1991年，俄罗斯车臣境内的"伊斯兰民族分离主义势力"趁着苏维埃政局动荡、中央政府顾及不到边远地区之际，开始逐渐谋求独立。1991年9月6日，在阿富汗战争中曾被授予苏联英雄称号的退役将军车臣人杜达耶夫当上了车臣共和国的首位总统。他一上台就公开宣布车臣独立，并炮制了车臣宪法，在宪法中宣布车臣是"主权国家"，而且建立了一支正规部队国民卫队，人数达6万人。从此，开始了车臣独立的一系列有计划的实施过程，车臣问题也由最初的民族矛盾上升至民族分离主义与国家主权之间的对抗。

新生的俄罗斯政权绝不会允许车臣的分裂行为，为维护国家统一和领土完整，俄罗斯开始出兵车臣，讨伐车臣分裂势力。从此，"车臣战争"便开始了。1994年12月俄罗斯出兵车臣，第一次车臣战争爆发。第一次车臣战争让俄罗斯付出了惨重的代价。根据官方统计数字，俄军死亡人数为3826人，伤者近20000人，此外，还有大量的平民死亡，大量设施遭到严重破坏。而作为对俄罗斯的报复，车臣非法武装（见图5-5）在俄罗斯境内先后制造两起严重劫持人质事件，1996年2月，俄军被迫撤出车臣。此时，车臣已成为俄罗斯境内的国中之国，他们拥有自己的军队，发行自己的护照和货币，使用车臣语为国语。而且车臣公然与俄罗斯中央政府分庭抗礼，拒不签署《联邦条约》，拒不上缴联邦预算。第一次车臣战争结束后，车臣武装分子改变行动策略，采取游击战术，策划恐怖袭击，伺机东山再起。为彻底解决车臣问题，1996年6月，俄罗斯政府在普京的支持下，再次出动10万大军对车臣非法武装展开封锁和军事打击，第二次车臣战争开始。2000年2月初，俄军攻下车臣首府格罗兹尼，取得了平叛行动的胜利。2002年10月23日，数十名车臣武装分子在莫斯科杜布罗夫卡剧院将800多名正在观看演出的观众和演职人员劫为人质。三天后，俄罗斯特种部队通过向剧院内施放催眠气体后，解救了大多数人质，但仍有130名人质丧生。俄军随后对车臣开展了大规模的清剿行动。

图 5-5 车臣非法武装

为了从法律上确定车臣作为俄罗斯联邦一个主体的地位，彻底粉碎分裂企图，2003年3月23日在俄罗斯联邦的领导下，举行了车臣历史上第一次全民公决；通过的车臣新宪法规定，车臣是俄罗斯联邦领土不可分割的一部分，以此保证俄罗斯联邦主权和领土完整，同时也为俄罗斯政府的军事行动确立

第五章 独特而多彩：俄罗斯的民族与宗教

更明确的法律依据。到 2009 年 4 月 16 日，俄罗斯政府官方宣布车臣的反恐行动正式结束。

两次车臣战争给俄罗斯人力、物力和精神上带来巨大的损失，从目前看，车臣境内的形势依然严峻，恐怖主义、宗教极端主义和民族分离主义三股势力依然很猖獗，同情和暗中支持非法武装的仍大有人在。从根本上说，俄罗斯绝不会允许车臣独立，因为，车臣问题是牵涉整个俄罗斯联邦能否维持统一的大问题。正如普京所说的那样："车臣是一个被匪徒和宗教极端分子占领的地区，是从外部攻击和内部颠覆（俄罗斯）的前沿阵地"。对车臣匪帮"如果今天不动手，明天损失会更大。"俄罗斯现下辖 85 个联邦主体，这些自治共和国和民族自治区的领导人都在注视着车臣能否独立，如果俄罗斯轻易地让车臣独立，那就会产生苏联体制下那样的独立风潮，在占世界领土面积 1/7 的土地上，会爆发一场全球性的灾难；所以，不管付出多么大的代价，俄罗斯都要坚决消灭车臣的一切分裂势力。

为什么车臣分裂势力如此猖獗和强势？"冰冻三尺非一日之寒"。车臣作为俄罗斯联邦的一个自治共和国，面积约 1.5 万平方公里，人口超过 100 万人，其中，本地民族约占 62%，俄罗斯族约占 28%，还有 10% 的其他民族。车臣人口中的大多数信奉伊斯兰教，首府格罗兹尼。关于车臣最早的记载是在 7 世纪初以前。"车臣人"这一称呼最早源自阿尔贡河边的一个叫"大车臣"的村庄名字，以后逐渐成为车臣民族的族称，车臣人自称"纳赫乔人"，即"平民百姓"的意思。车臣人素以英勇善战著称，民族意识极强。车臣人也是历史上多受磨难的民族，13 世纪遭受蒙古鞑靼人的侵袭，14 世纪又遭到中亚帖木儿帝国军队的踩躏。17~18 世纪，车臣又开始成为波斯、奥斯曼、俄罗斯三大帝国的争夺对象，此后车臣人经历了长达两个多世纪的血腥残酷的战争。19 世纪，沙俄经过 40 多年的高加索战争于 1895 年把车臣纳入俄帝国的版图。苏联成立后的 1922 年，成立了车臣自治州，后与印古什合并，改称车臣—印古什自治共和国。

这种复杂的历史及经历，使车臣人和俄罗斯人互不信任，而且车臣的独立运动一直很强烈。当年沙俄在向高加索地区扩张、夺取车臣时，车臣人就掀起了对沙俄的武装斗争，当时镇压车臣反抗的沙俄将军叶尔莫洛夫记为：

"对其他民族可以讨价还价或给他们点颜色看看,但对车臣人,只能斩除,决勿留后患。"1917年俄国十月革命后,北高加索成为反苏叛乱最剧烈的地区之一。赫鲁晓夫晚年回忆当时车臣的形势时,仍咬牙切齿地说,"北高加索遍地是土匪"。车臣和俄罗斯的离心离德,还有一个重要的原因,那就是第二次世界大战期间,1944年,斯大林以车臣人同德国侵略者合作,出卖了国家为由,将31.6万多车臣人和8.4万印古什人驱逐流放到中亚和西伯利亚,这些"被惩罚民族"的行政建制撤销了,土地被分给了其他共和国和州。流放地的生活艰难而屈辱,他们获准的公民权很有限,也不准他们实行自己的文化与宗教的习俗和传统,不准用母语教育自己的孩子,他们还不得从事管理工作和教育职业。这种最严厉的限制延续了十几年。直到1957年1月9日,苏联最高苏维埃才决定为车臣人和其他所有被强迁的民族落实政策,恢复了车臣—印古什自治共和国。但是恢复得缓慢而有限,使这些民族问题和民族关系不断地恶化。直到1989年11月14日,苏联最高苏维埃通过了《关于承认强迫各族重新定居的压制行动为非法和罪恶》宣言。1991年4月22日,俄罗斯联邦最高苏维埃通过了《关于被压制民族恢复法》。应该说,通过这两部法案是解决历史问题的重要步骤,但是,为时太晚了。虽然从1957年开始车臣人返回了原居住地,但是原居住地已有了很多其他民族居住,车臣人与当地其他民族矛盾尖锐,互不信任,有些地方连续出现了大规模械斗和冲突。许多车臣人从流放地返回之后,就一直对社会和政治抱有不满情绪。车臣人在历史上经受了极度的身心创伤、屈辱与尊严的丧失,这种创伤、积怨加之现实生活中车臣人与其他民族的互不信任,导致车臣人向往独立。前面我们提到的车臣共和国的首位总统杜达耶夫,他于1944年出生在车臣山区,出生几周之后,就随同车臣人一起被流放,他虽然几乎没有在车臣居住过,但对车臣有强烈的认同。苏联的解体让车臣的分裂分子看到了机会,尤其是,外部势力的插手使车臣分裂势力恶化膨胀。

车臣危机不但给俄罗斯政治、经济、社会带来了长期的影响,战争也使车臣经济濒临崩溃(见图5-6),据专家估计,恢复车臣经济至少需要15亿美元。目前的车臣是俄罗斯最落后、最贫穷的地区之一,社会治安恶化,刑事犯罪猖獗。

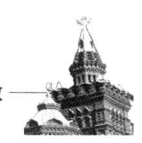

第五章 独特而多彩：俄罗斯的民族与宗教

图 5-6　车臣黑寡妇

　　俄罗斯的车臣问题应引起我们的思考，一个昔日的"超级大国"苏联与一个人口不到其 1%，而面积仅为其 1‰的自治小国竟然矛盾如此尖锐；旧世纪造成的民族积怨、成见、偏见、歧视等历史遗留问题固然是其重要原因，但是，苏联在社会主义革命和建设时期，忽视了本国存在的民族问题，没有更多地去关注和解决落后民族的经济发展问题和一系列的社会问题，没有积极创造条件增强民族之间的信任交往和交融，也是不可忽视的因素。苏联在很长一段时间里居然认为，苏联解决了民族问题，而且是"彻底地一劳永逸"地解决了民族问题。由于历史的原因，20 世纪 70 年代以后，车臣经济发展水平很低，平均受教育程度都比较低，居民维持生活 90% 的收入来源主要依靠政府的预算拨款，在居民中，文盲比例很大，失业现象严重，到 1991 年，车臣人的失业率达到 30%，是当时全苏联失业率最高的。经济发展的落后必然导致人们产生不平等的心理，车臣人也就容易受到极端分裂势力的煽动而产生分离倾向。

　　民族问题是世界性的难题，处理得好，国家就会增强凝聚力；处理得不好，就可能使国家动荡，乃至分裂。因此，任何一个国家党和政府都要高度重视民族问题，不断调整民族政策，化解民族矛盾，这是我们从俄罗斯车臣问题中应吸取的一个教训。

二、独具特色的礼仪习俗

礼仪习俗是一个国家传统文化的重要组成部分,反映一个国家一个民族的文化信仰和生活态度;同时,也起到维护人们在社会活动中稳定和谐的作用。在一千多年的历史发展过程中,俄罗斯人形成了特有的礼仪习俗,这些礼仪习俗具体表现在俄罗斯人对饮食、起居、服饰、娱乐、婚姻等方面各具特色的传统性喜好、习俗、禁忌上,体现在俄罗斯人的言语、行为和日常生活中。

(一)见面礼仪

良好的文化素养使俄罗斯人非常重视礼仪,在人际交往中,俄罗斯人素来以热情豪放而著称。在交际场合,俄罗斯人习惯于和初次见面的人行握手礼,握手时要摘下手套,站直或上体微前倾,保持一步左右距离。若是许多人同时互相握手,切忌形成十字交叉形。前去拜访俄罗斯人时,进门之后要立即自觉地脱下外套、摘下手套和帽子,并且摘下墨镜,这是一种礼貌。亲吻也是俄罗斯人常用的重要礼节。在比较隆重的场合,男人要弯腰亲吻女子的右手背。对于熟悉的人,尤其是久别重逢时,他们则大多数要与对方热情拥抱。长辈和晚辈相见,长辈要吻晚辈的面颊三次,通常从左到右,再到左,以示疼爱;晚辈对长辈表示尊重时,一般吻两次;妇女之间在好友见面时拥抱亲吻,男人之间只相互拥抱,亲兄弟姐妹久别重逢或分别时,拥抱亲吻。

在称呼方面,俄罗斯人姓名的全称包括三个部分,依次为名、父称和姓。女人结婚后一般都改随丈夫姓,也有些人保留原姓,但是,名和父称保持不变。只有与初次见面的人打交道时,或是在极为正规的场合,才有必要将俄罗斯人姓名的三个部分连在一起称呼。在正式文件中要写姓名的全称,在非正式文件中一般用名字和父称的简写。在具体的称呼方面,在正式场合,他们采用先生、小姐、夫人之类的称呼。在俄罗斯,非常看重人的社会地位,因此，如果对方是有职称、官衔、军衔的人，那么最好以其职务、官衔、军衔相称。

在迎接贵宾之时，俄罗斯人通常会向对方献上"面包和盐"。这是给予对方的一种极高的礼遇，来宾必须对其欣然笑纳。通常是在托盘的绣花白色面巾上放上大圆面包，在面包上再放一小罐盐。客人应撕下一小块面包蘸上盐品尝，表示感谢。在俄罗斯人的传统习俗中，面包和盐的组合蕴含着丰富的象征意义，面包代表着财富和平安，盐则能保护人们免受敌对力量的侵害；借助这种礼仪，主人和客人之间能建立起一种信任和依存的关系，而拒绝食用面包和盐就是对主人的不尊重。在俄罗斯，如果你接到参加家宴的邀请或到朋友家拜访，那么通常都要带给主人一些小礼品，礼物可因人而异，俄罗斯人比较喜欢的礼物是鲜花。赠送鲜花是最好的礼物，但是切记，俄罗斯人不同于中国人，他们喜欢用单数，双数被认为不吉利，只有在追悼亡人时，花才送双数。如送花要送一束、三束、五束等，都是单数的，花束越鲜艳、数量越多越好。常送的花有康乃馨和郁金香，颜色以一种为宜，两种也可，但是不要多种颜色混杂在一起。到别人家做客，不要到得过早，以免影响主人的准备工作，也不要到得过迟，让主人久等是失礼的。

另外，在俄罗斯还有一些生活方面的禁忌，在数字方面，俄罗斯人最偏爱"7"，认为它是成功、美满的预兆；对于"13"与"星期五"，他们则十分忌讳。俄罗斯人主张"左主凶，右主吉"，因此，他们也不允许以左手接触别人，或以之递送物品。学生忌用左手抽考签，熟人见面不能用左手握手，早晨起来不可左脚先着地。尊重女子是俄罗斯的社会风尚，女士优先显示了俄罗斯绅士的风度。男士吸烟要先得到女士们的同意，让烟时不能单独递一支，要递上一整盒，相互点烟时，不能连续点三支烟。

（二）服饰礼仪

俄罗斯人大多讲究仪表，注意服饰，但是，平常穿着还是比较随意的。在城市里，妇女一般都穿裙子，男子多穿西装和夹克衫。妇女几乎人人都化妆，喜欢穿高跟鞋或皮鞋，耳环、项链和戒指也是必不可少的。在俄罗斯民间，已婚妇女必须戴头巾，并以白色的为主，未婚姑娘则不戴头巾，但是常戴帽子。俄罗斯族妇女的头饰颇具俄罗斯民族特色，年轻姑娘与已婚妇女的头饰有严格区别。少女头饰的上端是敞开的，头发露在外面，梳成一条长长的辫子，并在辫子里编上色彩鲜艳的发带和小玻璃珠子。已婚妇女的头饰则必须严密无孔，即先将头发梳成两条辫子，盘在头上，再严严实实地把辫子裹在头巾或帽子里面。俄罗斯妇女一般都喜欢在肩上披一条披肩和带各种花纹的头巾，这似乎成为现代妇女服饰中的必备物。

长期以来俄罗斯民族形成了自己民族所喜爱、保持俄罗斯独特韵味的传统服装，虽然其中大部分传统服装被世界服装潮流所冲淡，但是有几款传统服饰令俄罗斯人偏爱至今，完整的原封不动地继承下来。例如，鲁巴哈和萨拉范就深受妇女们的喜爱，每逢传统节日到来，人们就穿上这种富于民族风味的服饰。"鲁巴哈"是传统的女装，样式有点像长袖连衣裙（见图5-7）。从前，俄罗斯妇女下地除草时都穿鲁巴哈，因为，长袖能防止稻草扎破皮肤，鲁巴哈又被称为"割草裙"。鲁巴哈款式多样，因地而异，南部地区的鲁巴哈

图 5-7 俄罗斯传统服饰"鲁巴哈"

式样比较简单，而北方的鲁巴哈则有修长的腰身，上衣衣袖宽松，能将姑娘的身材衬托得更为修长而丰满，点缀上漂亮的图案是鲁巴哈的独特之处。莫斯科和北部地区的鲁巴哈为大红色，肩部镶有黄、黑两种颜色，多彩搭配和谐悦目，领口刺绣着均匀的辍褶，下半部则采用红白相同的方格裙搭配，颜色夺目又不花哨，这种款式后来成为北方姑娘的盛装，至今仍是乡村节日庆典中必不可少的服装。

"萨拉范"为女士连衣裙，是一种在俄罗斯十分大众化的服装。款式颇像今天人们穿的太阳裙或沙滩裙，但用途不像太阳裙那么单调，它是一年四季都可以穿的服饰。冬季，萨拉范是用厚呢、粗毛、毛皮制成，人们贴身穿棉麻衬衣，外面穿萨拉范，然后再围上厚厚的毛披肩，穿这一身就可以御寒出冬了。"萨拉范"一词来源于伊朗词语中的"萨拉巴"，意为"从头到脚"。"萨拉范"的面料有手工蜡染、粗麻布、印花布等。衣服上饰有绣花、补花、丝带，变化多端的装饰和色彩使萨拉范显得自然、活泼、随意。

俄罗斯男子的传统服饰是穿分叉长袍、长裤，或穿白色绣花衬衫和灯笼裤，戴八角帽。冬天穿皮衣和棉衣，戴皮帽。居住在城里的俄罗斯男子内穿套头式白衬衫，衣领、袖口均饰花边，外着西装或制服，戴鸭舌帽、毡礼帽，冬天戴皮帽。

（三）饮食习惯

俄罗斯人比较讲究饮食，"俄式大餐"在世界上很有名气。俄罗斯人主要的食物有面包、牛奶、土豆、奶酪和香肠，俗称"五大领袖"，而圆白菜、葱头、胡萝卜和甜菜则称为"四大金刚"，还有叫做"三剑客"的黑面包、伏特加和鱼子酱。由于俄罗斯夏短冬长，日照不足，因而俄罗斯的饮食中以土豆、圆白菜、胡萝卜、洋葱为主。

俄罗斯人的传统主食是面包和土豆。面包分为很多种，但主要分为小麦制成的白面包，和黑面包，其实，最好吃的是黑面包。黑面包是俄罗斯最具代表性的食品，是由黑麦制成的，其嚼感紧实并带着强劲的酸味。但是，俄罗斯人的主食仍是白面包，因为，小麦产量远大于黑麦。俄罗斯人习惯将面包上抹上一层黄油或果酱，如果有鱼子酱则更受欢迎。除了面包之外，俄罗斯人还喜欢吃各种烙制的食品，如发面馅饼、烧饼、煎奶渣饼，等等。俄罗斯人还喜欢喝粥，俄式粥是介于汉民族的粥与稀饭之间的一种非流质性食物，主要是由玉米面、小米等熬制的，其最大特点是和牛奶、奶油等一起煮。俄罗斯人吃早餐比较简单，有时几片黑面包，一杯酸牛奶就算一顿早餐，但是，他们对午餐和晚餐都颇为讲究，爱吃肉饼、牛排、烤鸡等高脂肪的肉类食品，爱吃油炸马铃薯。

图 5-8　俄罗斯族大妈制作"列巴"（面包）

俄罗斯人的进餐方式是一道一道地吃。上菜时一般先上凉菜，如沙拉、火腿、鱼肉冻、凉拌生菜、酸黄瓜等。然后再上主菜，主菜有三道，第一道是汤，如鲜鱼汤、清鸡汤、肉杂拌汤、肉丸豌豆汤、红菜汤等。俄罗斯人尤其喜欢喝红菜汤，这种汤的做法是以甜菜为主，配上胡萝卜、洋葱、土豆、橄榄果、番茄、肉丁、圆白菜，有时还加入一些苹果和豆，文火熬煮，既鲜香又有营养，红菜汤在许多斯拉夫民族和欧洲国家也很受欢迎和喜爱。第二道菜是肉菜，如煎牛排、烤牛肉块、炸鸡、炸肉饼等配上土豆条、圆白菜、甜菜。第三道，也是最后一道是甜食，一般是煮水果、果子冻、冰激凌、点心、茶、咖啡或各种饮料。在宴席上还有鱼子酱。鱼子酱是俄罗斯的顶级美食，营养价值极高，其珍贵程度甚至要超越中餐中的鲍鱼。鱼子酱分为红鱼子酱和黑鱼子酱两种，而黑鱼子酱又是其中的上品，为了避免高温烹调影响

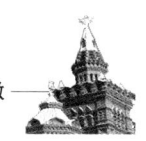

品质,鱼子酱一般是生吃。通常的吃法是,在白面包上抹上一层黄油,然后把红鱼子酱或黑鱼子酱沾在黄油上。

在饮料方面,俄罗斯人喜欢喝冷饮。伏特加是俄罗斯的特产,几乎是俄罗斯的代名词。伏特加酒是俄罗斯民族性格的又一写照,伏特加的直接词义是"可爱的水"。俄罗斯人对它情有独钟,儿童、妇女也统计在内,这里的人平均每天消费伏特加 100 克。伏特加一般是 40 度,与白兰地和威士忌一起,同为世界三大烈酒。伏特加在冰镇后口味更佳,就着咸鲱鱼或黑鱼子酱喝当然好。他们还喜欢喝的一种饮料叫做"格瓦斯"。俄罗斯人喜欢的热饮就是红茶。在日常生活中,俄罗斯人每天都离不开红茶。早餐时喝茶,一般吃夹火腿或腊肠的面包片、小馅饼。午餐后也喝茶,和中国人不同的是,他们喝茶时要放糖和奶,除了往茶里加糖外,有时加果酱、奶油、柠檬汁等,或者切几片新鲜的柠檬片放进茶杯,加盖稍焖片刻,然后慢慢地享用。喝茶时俄罗斯人用茶匙不出声地搅拌好茶中的砂糖或果酱、蜂蜜后,取出茶匙放在茶碟上,不用茶匙喝茶。

(四)婚嫁习俗

俄罗斯的传统婚俗有一整套较为复杂的礼仪,要经过说媒、相亲、订婚和婚礼等几个必不可少的过程。说媒要选"黄道吉日",一般选在单日,即 1、3、5、7、9 等日子,但不能选不吉利的 13 日。传统的相亲一般是男方相女方。双方见面后,姑娘的母亲会端来一杯糖水递给小伙子,如果小伙子看中了姑娘,就把糖水一饮而尽,如果没看中,他就用嘴唇碰一下杯子,并把杯子退回去。在城市,男女双方到结婚登记处办理订婚手续,从法律上确定双方关系并决定结婚的日期,也有由牧师主持订婚仪式后双方开始筹备结婚,举办订婚舞会等。俄罗斯不少地区至今仍保留着送嫁妆的习俗。送嫁妆一般由媒人或女方的姨妈主持,由五辆敞篷马车组成送嫁妆队伍,车队到达男方家时,由男方的母亲或已经出嫁的姐姐出来迎接。婚礼可分为传统婚礼和新式婚礼两种。传统婚礼多在教堂举行,古朴而隆重,但有数不清的礼仪贯穿始终。传统婚礼,新郎夏天要乘三匹马的大车,冬天则乘三匹马的雪橇去迎亲,而新娘家要在迎亲路上设置一些障碍物,迎亲车每遇到一处障碍,车上的伴郎就要用葡萄酒或各种小礼物"赎回"这些障碍物,以便通行。在迎亲车队去教堂进行婚礼前,新娘及其家属照例要哭,象征姑娘从此离开娘家。从教堂出来后,新郎和新娘一同乘车回新郎家,此时,新郎的父母手捧"面包和盐"在家门前迎候新婚夫妇,并为他们祝福,新人们照例要吻双亲三次表示敬意,然后举行婚宴。传统的婚宴要摆成"冂"字形进行,正中坐着新婚夫妇,如果新娘有长兄,就由他首先为新郎新娘祝酒,新郎新娘随着宾客们"苦啊,苦啊"的喊叫声,不断亲吻,人们时而高歌,时而起舞,整个婚宴充满喜庆气象。

现代俄罗斯人的婚礼发生了很大的变化,不少烦琐的陈规陋习被废除,增加了不少新的内容。现在的俄罗斯,几乎所有的城镇都有"结婚登记宫",亦称"幸福宫"。现代俄罗斯的婚礼,多由"幸福宫"的工作人员主持,在国歌声中,婚礼开始,在主持人的引导下新人挽手前进,双方亲友踏着柴可夫斯基第一钢琴协奏曲的旋律进入大厅。接着,举行新人、证婚人签字仪式,众人在乐声中以掌声祝贺,一对新人互为对方戴上戒指。婚礼后,新婚夫妇到列宁纪念堂或无名烈士墓前献花默哀,以表示对前辈的怀念,然后乘彩车观光市容,举行婚宴等。

俄罗斯人的传统生育观是"有子即福",生养孩子是一般家庭的普遍愿望,但是随着社会的变迁以及受西方生活方式的影响,不愿生育的夫妇数量越来越多。因此,俄罗斯一直奉行鼓励生育政策。苏联从1944年起就颁布法令,对生育和养育10个或10个以上的母亲授予"英雄母亲称号",同时规定,对婚后不生育者处以"罚金"。

(五)主要节日

俄罗斯可能是世界上节日最多的一个国家,他们的节日既有民间的、国家的、宗教的、家庭的,也有外来的。目前有八个官方非工作节日(见表5-2)。

新年是俄罗斯人最喜欢的一个节日,相当于中国的春节。每逢新年,全国都要放假,一般人们是用家庭聚会的方式来庆祝新年。迎接新年的两件事是必不可少的,一是装饰新年枞树,一般是小孩睡觉时大人就把枞树装点得满是小彩灯或下面放着巧克力水果以及各类玩具。12点的钟声敲响后,给他

第五章 独特而多彩：俄罗斯的民族与宗教

表 5-2　八个官方非工作节日

节　日	时　间
新年	公历 1 月 1~5 日
圣诞节	公历 1 月 7 日
祖国保卫者日	公历 2 月 23 日
国际妇女节	公历 3 月 8 日
劳动节	公历 5 月 1 日
胜利日	公历 5 月 9 日
俄罗斯日（国庆节）	公历 6 月 12 日
民族统一日	公历 11 月 4 日

们一个惊喜，孩子们会跑到枞树下面，采摘那些好吃的和寻找自己喜欢的礼物。二是在新年午夜钟声敲响的时候，家人们要一起打开香槟酒来庆祝节日，香槟酒是必不可少的内容。

在俄罗斯的宗教节日中，圣诞节、谢肉节、复活节都具有全民的意义，其中，圣诞节是基督教最古老的节日之一，是为了纪念耶稣诞辰而确立的，根据教义，应在 12 月 25 日庆祝，因此对天主教和新教而言，12 月 25 日为圣诞节。而对信奉东正教的俄罗斯民族来说，公历 1 月 7 日是俄历 12 月 25 日，因此，俄罗斯民族的圣诞节是 1 月 7 日。圣诞节的仪式和中心内容是，祈求在新的一年里幸福和丰收。因为这一节期正逢公历元旦，所以庆祝活动往往与新年的各种娱乐活动交织在一起。圣诞节的前一天，即 1 月 6 日被称为圣诞前夜，西方称为平安夜，在圣诞前夜教徒要全天禁食，直到晚上才能开斋。圣诞前夜的晚上信徒和非信徒按习惯要吃圣诞鹅，这是圣诞晚餐必不可少的，而圣诞树至今仍是新年和圣诞节必不可少的装饰品，圣诞树常用杉、柏之类呈塔形的常青灌木做成，象征着健康长寿。在莫斯科的许多公共场所，如克里姆林宫、大剧院前、超市商场内都要装饰高达数层楼高的圣诞树（见图 5-9）。

圣诞节虽然是基督教最古老的节日，但是，对于俄罗斯东正教徒来说，最大的节日是复活节。复活节期间，教徒们互赠彩蛋，彩蛋意味着通过基督的血来获得再生。此外，圆柱形甜面包也是复活节必备的食品，它象征着复活的基督。俄罗斯的东正教徒们不仅在教堂里过复活节，在家里也同样过复活节。除了这些节日以外，俄罗斯人还有很多家庭节日，俄罗斯人非常喜欢

图5-9 俄罗斯红场前的圣诞树

过生日,生日是俄罗斯人非常重要的家庭节日,充满喜悦和祥和。当然,对于不同信仰的民众也都还有自己不同的节日。

祖国保卫者日,也叫真正的男人节,该节日源于红军节。1918年,列宁签署关于组建工农红军和工农海军的法令。1923年苏维埃共和国革命军事委员会颁令规定每年的2月23日为红军节。从1946年起,这一节日被称为"苏维埃陆军和海军节"。1995年2月,俄罗斯总统颁令,将2月23日命名为"祖国保卫日"(见图5-10),这一天国防部长通常要向现役军人庆祝节日,要燃放礼炮和礼花。

国际妇女节产生于1857年3月8日,是美国的妇女权利日。苏维埃政权建立后不久,便把它定为国家节日。从1965年起,该节日成为苏联妇女的公休日。苏联解体后,新俄罗斯仍将这一节日作为国家节日保留下来。这一天,全国的妇女都不上班,而且提前很长时间就为妇女们准备礼物,这一天基本上家务活由男人来做。

"五一"国际劳动节是全球劳动者的节日。一般在这一天,统一俄罗斯党、俄罗斯共产党等俄罗斯主要党派及各行业工会组织在俄罗斯各地举行游行和集会,庆祝"五一"国际劳动节。2015年5月1日,在首都莫斯科,约14万民众在红场参加了庆祝活动。俄罗斯总统普京在克里姆林宫向5名俄罗

第五章 独特而多彩：俄罗斯的民族与宗教

图 5-10　2007 年 2 月 23 日，普京向无名战士墓敬献花圈

斯公民授予"劳动英雄奖章"，以表彰他们在各自岗位上为促进国家繁荣和富强做出的重要贡献。普京在颁奖仪式上说，国家的发展归功于能够承担责任、并懂得个人努力关乎国家福祉的那些人。

胜利日是为了庆祝苏联在 1941~1945 年伟大的卫国战争中战胜德国法西斯的日子。1945 年 5 月 9 日，苏联首次庆祝这个节日，从 1965 年起，胜利日成为苏联人民的公休日。苏联解体后，这个节日保留下来。1995 年 5 月 9 日，俄罗斯在莫斯科红场和俯首山上举行了隆重的阅兵式，此后，每年的这一天都要在红场上举行阅兵式，这一天，参加伟大的卫国战争的老战士们穿上带有勋章的军装，接受人们的献花。

民族统一日源自俄国 17 世纪初的一个历史事件，1612 年 11 月 4 日（旧历 10 月 22 日），俄国军民在米宁和波扎尔斯基的带领下，将莫斯科从波兰侵略者手中解放出来，从而恢复了民族的统一。进入 21 世纪，"统一"成为俄罗斯国家政策的主基调，为了突出这一时代特征，普京总统于 2004 年 12 月颁令，将 11 月 4 日定为俄罗斯"民族统一日"，这是俄罗斯最年轻的节日之一。另外，6 月 12 日的新俄罗斯的独立日，也叫国庆节，也属于比较年轻的节日。

三、浓厚的宗教传统

俄罗斯民族是一个具有浓厚宗教信仰的民族。俄罗斯哲学家别尔嘉耶夫曾说:"俄罗斯人民,从自己的内心和心灵结构上讲,是信仰宗教的人民,即使不信教的人也有宗教性的烦恼。劳动阶层的俄罗斯人,即使离开了东正教,也在寻找神和神的真理,寻找生命的意义。"宗教深深地影响着俄罗斯人民和俄罗斯这个国家。

(一)俄罗斯的宗教构成

俄罗斯不仅是一个多民族的国家,也是一个多宗教的国家,俄罗斯人被认为是最具宗教品格的一个民族。苏联解体以后,新俄罗斯的一个明显的社会现象就是宗教的复兴。截至 2012 年 4 月 1 日,经俄罗斯司法部门注册的宗教派别就有 68 个,宗教组织达 24709 个,另外,还活跃着 6 万个未经注册的大小宗教团体。可以说,在俄罗斯宗教组织遍布全国各地,教徒遍布所有民族。按照俄罗斯的宗教法,宗教信仰被视为公民的个人隐私,所以,俄罗斯 2002 年和 2010 年两次人口普查,都没有设置宗教信仰这一栏,因此,俄罗斯没有关于宗教信仰的官方统计数字。我们对俄罗斯宗教情况也只能做一个概括性的了解,所参照的资料是俄罗斯各民调机构的抽样调查结果。根据全俄社会舆论研究中心在 2007 年 10 月 11 日的调查结果,俄罗斯有一半以上的国民信仰宗教,其教徒达到全国总人口的 55%。在俄罗斯所有宗教派别中,规模最大的是东正教,对俄罗斯人民的影响是最深的。东正教在各宗教派别中占有绝对的主导地位,其教徒数量占信教人数的 90%~91%,信奉伊斯兰教的占信教人数的 5%,信奉天主教和犹太教的各占信教人数的 1%,信奉佛教的占信教人数的 0.8%,还有一些人信奉其他宗教。俄罗斯的东正教分为尼康派和旧礼仪派两部分。17 世纪中叶俄罗斯东正教牧首尼康,他以希腊经书为模本,修订了俄罗斯东正教经文,并对宗教礼仪进行了规范。尼康的改革得到

俄罗斯官方的认可,却遭到教会内部保守派的抵制,最终导致教会内部的分裂。从此,遵守尼康改革的东正教教徒,就叫东正教会教徒,也叫尼康派教徒或者官方派教徒,教会也被视为俄罗斯官方教会,今天俄罗斯东正教教徒,都是俄罗斯东正教会的教徒。而那些不承认尼康改革的教徒,坚持尼康改革前的礼仪,被称作旧礼仪派,目前,俄罗斯旧礼仪派约200万人,是俄罗斯最大的民间东正教组织。需要提醒大家的是,如果我们到俄罗斯去参观东正教教堂,切记在进入教堂时女士要戴上头巾,男士则需脱帽,不管你是不是东正教教徒。

俄罗斯第二大宗教是伊斯兰教,俄罗斯的穆斯林人数在1200万~1800万,大部分分布在高加索地区的车臣、印古什、达吉斯坦等民族中,还分布在伏尔加河中下游的鞑靼人以及乌拉尔山附近的巴什基尔等民族中,还有分布在西伯利亚地区的一些少数民族中。俄罗斯的伊斯兰教主要分为两支,有逊尼派和什叶派,俄罗斯的绝大多数穆斯林都属于逊尼派。

俄罗斯第三大宗教是佛教,俄罗斯的佛教教徒大约90万人,都属于藏传佛教,藏传佛教主要是卡尔梅克人、布里亚特人和图瓦人这三大民族的传统宗教。在俄罗斯被称作是传统宗教的还有犹太教。基教徒人口大约5万人。除了上面这四大传统宗教以外,在俄罗斯还有基督教其他分支的教徒,其中,包括天主教和新教的不同派别。天主教徒分为拉丁礼仪派和拜占庭礼仪派两个群体。俄罗斯境内的大多数波兰人和立陶宛人,一部分德意志人和拉脱维亚人以及一些白俄罗斯教徒属于拉丁礼仪派天主教徒,约有30万教徒。拜占庭礼仪派天主教徒在俄罗斯的代表是俄罗斯希腊天主教会。该教会成立于1917年俄国二月革命之后,在苏维埃时期遭禁,1991年重新开始活动。到20世纪90年代初,俄罗斯希腊天主教徒总数约50万人,其中,绝大多数是来自乌克兰西部地区且现居于俄罗斯的乌克兰人。

从20世纪90年代起,一些新的或非传统的宗教,也开始向俄罗斯传播自己的信仰,有来自东方教派的克里什纳意识教派、巴哈伊教派,也有统一教会以及长老会、摩门教、科学学派等教派。还有俄罗斯本土产生的新多神教,比如,白色兄弟会等教派。这些宗教组织和上述传统的宗教组织在一起,共同在俄罗斯形成了一个错综复杂的信仰网。各个宗教派别之间,如果从外貌上寻找他们的不同特征，主要反映在他们的圣地，也就是教堂、清真寺、寺庙等不同的建筑风格中，这些各具特色的宗教建筑构成了俄罗斯一道独特的风景线。

（二）宗教对俄罗斯社会的影响

在俄罗斯一千多年的历史发展长河中，无论是最初的多神教还是后来的东正教，都在俄罗斯的广袤土地上找到了繁殖的土地。它们的传播带给俄罗斯的不仅是宗教的信仰，还涉及政治、经济和文化艺术等诸多方面。它们代表着人们的精神追求，体现在人们的行为实践中，对整个社会意识形态起着重要的影响和作用。宗教的社会功能主要体现在通过教规教义和组织活动，来约束和制约人的行为。近20年来，俄罗斯社会一直被酗酒、吸毒、卖淫、嫖娼、贪污和有组织的犯罪等消极现象所困扰。面对这一现象，俄罗斯的宗教，往往通过教堂活动以及大众传播的形式把自己的伦理观念传播给教徒。比如，东正教宣传爱与宽恕的思想。在东正教的伦理中，酗酒就是对上帝的敌意，是万恶之源。东正教认为，家庭的成员应当在爱的基础上相互建构关系。所以，东正教教徒的婚姻，自从他们在教堂缔结了婚姻之日起，就是一个牢不可破的整体，每个人都有义务来维持它，东正教是谴责离婚的。针对俄罗斯社会中存在的弃婴现象，东正教不断宣传巩固家庭的重要性，让父母意识到生儿育女的责任。俄罗斯的福音基督教会，对教徒宣传人要有信仰，信仰赋予人心灵的平和，爱和家庭，这是金钱无法给予的精神财富。在这种价值观的作用下，他们坚持着健康的生活方式，不偷盗，不撒谎，讲信用，坚持着诚实经商、文明做人的观念。面对分裂主义、恐怖主义和宗教极端主义的威胁，俄罗斯的传统宗教一贯宣传扬善惩恶。从20世纪90年代至今，俄罗斯多次遭受恐怖袭击，每次出现这样的事件，俄罗斯的宗教教委会总是呼吁所有教徒，要保持和平与理智，谴责制造流血事件的罪魁。这些活动对于净化俄罗斯社会风气，都发挥了积极作用。俄罗斯宗教对社会影响的另一个方面就是从事慈善活动，帮助住院患者、残障人士、弃儿、酗酒吸毒者等工作都是宗教人士在做。另外，俄罗斯教会还创办了一些免费医院为无钱医治的民众服务。俄罗斯的天主教徒通过天主教卡里塔斯的慈善国际组织，创

办了帮助俄罗斯侨民和难民的法律事务所。俄罗斯各新教教派对服刑人员和劳教人员提供帮助，他们还在许多城市建立免善食堂，向贫困者提供免费食品。当然，也不是所有的宗教都发挥积极的作用，俄罗斯其他一些新兴宗教，比如，克里什纳意识派别、耶和华见证人派别、统一教会以及白色兄弟会等，在20多年时间里曾多次制造了残害教徒、组织卖淫、组织教徒集体自杀等事件；对此，俄罗斯政府依法对这些具有破坏作用的俄罗斯宗教组织给予取缔，并追究其头目的刑事责任。

（三）宗教与俄罗斯国家政权

十月革命之前，教会是国家机器的一部分，教会是沙皇政府的附庸，教会的全部活动都是按沙皇的旨意进行，是为其统治服务的工具。十月革命后，苏维埃政权十分重视政教关系。1918年1月23日苏维埃政权颁布了《关于教会同国家分离和学校同教会分离》的法令，以立法的形式确定了布尔什维克党宗教政策的基础。苏共也通过一系列有关宗教信仰和在群众中进行无神论教育的决议和中央文件，大力开展科学无神论宣传，使包括东正教在内的各种宗教影响力大为下降。苏联解体后，俄罗斯联邦通过宪法和其他的一些法律文件，把新型的政教关系确定下来。俄罗斯宪法第14条明确规定，俄罗斯联邦是一个世俗国家，任何宗教均不得被规定为国家宗教或必须信奉的宗教。宪法还强调，宗教组织与国家分离，各宗教组织在法律面前一律平等。宪法第28条还明确指出，保障每个公民的信仰自由，包括有权独自或与他人共同信仰宗教或不信仰任何宗教。另外，俄罗斯的教育法允许包括宗教组织在内的社会组织创办非国立的学校。关于政教关系，宗教法规定政教分离，这包括，一方面国家不干预公民对宗教信仰的选择，不责成宗教组织履行国家各个机关的活动，不能伴以公开的宗教礼仪；另一方面宗教组织也不参加国家政府机构选举，不参加政党和党派的运动。

在俄罗斯诸多宗教中，东正教会同国家的关系最为密切。东正教在俄罗斯的历史悠久，它比俄罗斯国家政权的建立仅晚一个世纪。在俄罗斯一千多年的历史进程中，东正教其实都是作为俄罗斯的国教而存在。俄罗斯的历代统治者，之所以遵从这个国教，就是因为东正教的教义特别崇尚为世俗君主服务，认为王公的权力是上帝给的，要求国民服从君主的命令，这是天职。这样，东正教就成为官方的宗教，成为专制制度的精神支柱。

苏联解体后，民众的共产主义信仰丧失，许多国民内心出现了信仰真空，于是，以东正教为首的传统宗教迅速复兴。伴随着主流意识形态的变化，当代俄罗斯决策层感到了东正教作为俄罗斯民族的传统信仰对于国家建设的重要性，因而，新俄罗斯的领导人，叶利钦、普京和梅德韦杰夫都表现出极大的热情（见图5-11）。他们不仅频繁地参加东正教的庆典活动，还关注东正教对国民道德的作用。而俄罗斯总统的就职仪式更具有宗教色彩，这显然有一定的宣传作用，显示了宗教地位的提高。在俄罗斯还有一个重要的事件就是，东正教会跟俄罗斯官方共同协作，在2007年实现了俄罗斯国内外教会的统一，这是一个非常大的事情。20世纪初俄国十月革命后，俄罗斯东正教会因政治见解不同，一分为二，其中一部分拥护苏维埃政权的人就留在了国内，不承认苏维埃政权的那些教徒就流亡到了国外。俄罗斯境外教会的教徒大约有15万人，主要分布在世界30多个国家和地区，像美国、西欧、南美、澳大利亚都有分布，他们的总部设在美国，过去俄罗斯境内外的东正教教徒没

图5-11　2012年普京在就职典礼前一天出席东正教教堂礼拜仪式

有什么交往。苏联解体后，俄罗斯的东正教教会牧首阿列克塞二世多次呼吁东正教境内外教会统一，这项工作得到了俄罗斯决策层的协助。在2003年普京访问美国期间，就特地到当地的东正教教堂同神职人员进行交谈，邀请他们到国内看看。当这些人回到俄罗斯时看到意识形态确实变了，没有人再去追究和镇压他们了。在俄罗斯决策层的帮助下，2007年5月17日俄罗斯东正教教会与境外教会终于重新恢复了统一。教会的统一不仅是东正教内部的大事，也是普京时代外交的一个胜利。普京希望把境外的侨民都吸引回来为俄罗斯的振兴服务，这标志着俄罗斯侨民和侨民文化的回归，是俄罗斯国家凝聚力增强的表现。

俄罗斯宗教的复兴还有一个重要表现，1997年新的宗教法颁布之后，国家开始为宗教重新进入世俗学校的课堂开绿灯。它允许应父母或其他监护人的请求经儿童本人同意，对国立和私立教育机构在读的儿童，实施普通教育大纲以外的宗教教育，而且普京和梅德韦杰夫也不断地为宗教课作为思想政治理论课的必修课提供方便。2010年4月名为宗教文化与世俗伦理课的宗教课，开始在俄罗斯十一年制世俗学校进行试点。从2012年9月1日起，这门课程已成为一门必修课，在俄罗斯所有的中小学普遍推广。

总的来说，苏联解体后20多年，俄罗斯的宗教政策发生了根本性的变化，政教之间由苏维埃时期的看似分离实则对立的关系转变成看似分离实则合作的关系。当然，由于俄罗斯的宗教派别繁多，各个宗教历史和现实功能也不一样，因而，国家的政策也有所区别。比如，像东正教那样有悠久的历史，对俄罗斯国家文明进程发挥重要作用的宗教，国家给予了足够的重视和政策的倾斜。普京曾说过："没有东正教，就没有俄罗斯。""在俄罗斯复兴的伟大事业中，东正教起着特殊的精神作用。"近十几年来，俄罗斯国家领导人经常就国家大事与东正教大牧首进行商议，许多重大国事活动，包括总统就职仪式都有宗教领袖出席，而重大宗教活动则有总统或其他政要在场。1994年，俄罗斯国防部部长与东正教大牧首签署了联合声明，宣布共同致力于军队的思想道德和爱国主义教育，恢复了沙俄时期教会掌控军人精神意识的传统，教会在军队里设立了宗教事务处，并对军人讲授神学课。如今的俄罗斯，越来越多的人到教堂为孩子举行洗礼，在教堂举行婚礼。教会神职人员还常被请去为新落成的行政大楼、商贸中心、新建船舶、战斗机等开光，为参加奥运会及其他国际比赛的运动员祈祷，为赛事祝福。宗教在今天的俄罗斯国家的政治生活以及意识形态领域发挥着越来越重要的作用。

总之，俄罗斯领土辽阔，民族多，宗教多。由于地跨亚欧两洲，使俄罗斯拥有了区别于东方和西方的独特魅力。从沙皇到苏维埃，从统一再到苏联解体，民族与国家、宗教与文化，都对俄罗斯的民族关系产生深远的影响。

第六章

北极熊归来：俄罗斯的对外关系

北极熊在俄罗斯人心目中是强大、勇敢和智慧的象征，是俄罗斯各族人民心目中永远的图腾。目前俄罗斯最大执政党统一俄罗斯党就采用北极熊作为其党徽。

苏联的解体，结束了近半个世纪美苏两大集团的对峙局面，也打破了冷战时期各种国际力量的格局。作为其继承者俄罗斯的对外关系不再延续苏联时期以意识形态为标准划线，而是注重从国家利益角度出发来设定自己的外交政策。为了迅速在国际舞台上找到自己的理想位置，俄罗斯在大规模开展国内改革的同时，对外关系也及时进行了调整。

一、从苏联到俄罗斯——俄罗斯对外政策回顾

众所周知，没有国内的经济实力就没有外交地位，一个国家的外交活动走向取决于内政，外交从来都是内政的直接延伸。以内政为轴心，为内政服务，其外交宗旨就是维护一个国家在国际舞台上的地位。

在俄罗斯的历史上，彼得大帝学习西方文明而跻身列强，叶卡捷琳娜二

世将领土扩张到欧美亚三大洲,列宁建立第一个社会主义国家,经过斯大林时期的快速工业化和惊天动地的"二战"胜利,苏联成为"两超"之一,综合国力和国际影响力站在了历史的巅峰。

历史上,俄罗斯主要都是在自身和对手之间建立缓冲区,而非设置防御前沿。苏联的解体,使其数百年苦心经营的势力范围急速收缩,全力构建的地缘屏障瞬间化为乌有。俄罗斯认为,西面受到严重威胁,南面感到力不从心,东面有潜在危险,似乎只有北部无人居住和难以通航的、几乎永久冰冻的北极地区才是其地缘政治最安全的地区。地缘空间的压缩,使俄罗斯的莫斯科、圣彼得堡等重要的政治和经济中心城市都覆盖在北约直接打击范围之内。以美国为首的西方国家对其仍放心不下,将其视为重要安全威胁,充分利用百年来难得的时机,防范和遏制俄罗斯崛起。为此,西方国家频频制订和实施北约东扩计划,不惜在俄罗斯传统势力范围的国家发动"颜色革命"。

从独立至今,俄罗斯顺应不断变化的国内、国际形势,其外交政策大致经历了三个阶段:1991年末到1993年初,亲西方的"一边倒"外交;1993~1999年,全方位外交,又称多极化外交;2000年至今,实用主义外交。

(一)"一边倒"外交 ——回归欧洲

苏联解体以后,俄罗斯新当权者执政伊始,在以何种速度推进国内改革问题方面,一直举棋不定。从民心所向来看,民众已经无法忍受当年的慢速改革,渴望改革成果立竿见影,迫切地与过去切割,急欲到达美好的"彼岸"。总统叶利钦的阁僚中也多是"西方派"人士,总理和外长等政要一致认为"面向西方是唯一的选择",极力主张北极熊"回归欧洲"和"加入世界发达国家俱乐部"。

因此,俄罗斯在国内改革和外交领域做了大量迎合西方的工作。在国内改革方面,大规模实施西方脚本的"休克疗法"式激进改革。以"自由"为宗旨,暴风骤雨般地推行全方位改革。也就是最大限度地实行货币自由化和外贸自由化,最快实行财产私有化,最大限度地实行货币的稳定化。俄罗斯推行"休克疗法"是有政治内涵的,即打碎现有的社会体制,建立所谓的西方民主体系,防止共产主义东山再起。在对外政策上,为建立和发展与西方

国家的新型关系，尽快成为美欧国家的伙伴和盟友并融入西方体系，积极推行亲西方的"一边倒"外交政策，其主要任务：争取西方"马歇尔式"援助，以全面推行俄罗斯激进的经济改革，尽快建立起西方式的社会制度；克服与西方的分歧和利益冲突，消除与西方的对抗，使俄罗斯合法、和谐地融入西方；保证俄罗斯在世界舞台上的大国地位，以在世界上重新发挥应有的大国作用。

为了争取西方的经济援助和政治支持以摆脱国内危机，俄罗斯对外交往几乎全部集中在西方大国身上，争取外援是俄罗斯政府的紧迫任务。俄罗斯政府要员一再向西方呼吁，对俄罗斯实行新马歇尔计划和扩大投资。1992年2月1日，叶利钦借出席联合国安理会之机，与美国总统布什在戴维营举行了长达三个多小时的会谈，并发表了《关于两国新关系的戴维营声明》，宣布俄美将建立"友谊与伙伴关系""不再把彼此视为潜在的敌人"。这标志着"冷战"正式结束，俄美关系随之进入"蜜月期"。1992年上半年，俄罗斯领导人几乎对西方所有的大国都进行了访问，所到之处都与这些国家建立了"战略伙伴"和"盟友"关系。

美国携冷战胜利之威风，要彻底"消化"俄罗斯，按美国设想的"三化模式"改造俄罗斯。即削弱俄罗斯的国际地位和影响，使其"无能化"；使俄罗斯保持虚弱状态，从而"无为化"；保持俄罗斯相对稳定，不至于发生大的动荡，使其"无害化"。为了消除西方国家对其怀恨多年的戒心，俄罗斯在武器扩散、战略平衡、东欧撤军、波罗的海问题等很多热点问题上放弃了自己的立场和利益，盲目迎合西方，甚至拉开了与苏联传统盟友的距离，全面冷淡与这些国家的关系。

作为当时的回报，英法两国分别对俄罗斯许诺提供2.8亿英镑和50亿法郎的贷款。国际货币基金组织就支持俄罗斯经济改革的"一揽子"计划与俄政府达成了协议。而最令俄罗斯亢奋的是美国答应提供240亿美元的援助。西方的许诺是甜蜜的，俄罗斯的期待却是焦急的，而失望更是痛苦的。俄罗斯虽然在国内改革和外交领域做了大量迎合西方的工作，但是，换来的却是西方国家的口惠而实不至。实际上，西方从未把俄罗斯当成"自己人"，一直对俄罗斯怀有戒心，不希望其恢复往日的实力对自己构成威胁，一直对俄罗斯实行地缘政治挤压。说白了，西方国家只是希望俄罗斯有个"熊样"即可，不能具备原有的"熊力"。根据国际货币基金组织1994年2月1日发布的简报，1992年俄罗斯获得西方财政援助共150亿美元，其中125亿美元是由西方政府提供的出口信贷，国际货币基金组织的贷款10亿美元，而西方政府给予的援助只有15亿美元。这点钱对处于社会转型时期偌大的北极熊，实在是杯水车薪，很难起到什么作用。面对着慢条斯理的西方，渴望尽快得到援助的俄罗斯先是心急如焚，继而开始失望。

历史上，俄罗斯对外战争的每一次失利或挫折都引起其内部变革，而变革的基本方向都"清一色"向西方学习。但每次的结果都是一样，融入西方只是俄罗斯的一个幻想而已。俄罗斯这次对西方的亲近，同样也没有得到应有的回报。"休克疗法"使国内的物价千倍的上涨，人们生活水平不断下降。实践再次证明，一味地追随西方，并没有拯救俄罗斯。付出了高昂的全盘西化"学费"后，大病初愈的北极熊不得不重新寻找国家发展方向。

（二）"全方位"外交——双头鹰战略

俄罗斯亲西方"一边倒"政策短命即逝。从国内来看，在推行"一边倒"政策过程中，国内的反对派——中派和左派就对这个政策提出了严厉的批评。1993年4月30日，叶利钦正式批准了《俄罗斯联邦对外政策构想》，其中就确定了"全方位"外交原则和方针，明确提出俄罗斯对外政策的思想基础，即俄罗斯外交政策将优先保证国家利益。优先发展与独联体国家和东欧国家关系，这两部分都曾经被苏联认为是自己的势力范围，但苏联解体后被俄罗斯或多或少地忽视了。另外还将同西欧国家关系作为优先领域，为此专辟章节谈到了俄美关系。强调在可预见的未来，俄罗斯和美国将在俄罗斯的对外政策中保持与美国地位和声望相吻合的位置。《俄罗斯联邦对外政策构想》的发布意味着俄罗斯在对外政策上转向了温和保守主义。

1996年，叶利钦解除了第一任外交部部长科济列夫的职务，标志着亲西方"一边倒"外交政策彻底结束。普利马科夫继任俄罗斯外交部部长，标志着俄罗斯外交政策转向全方位外交政策。他强调"俄罗斯不能扮演跟在长机后面飞行的僚机的角色，俄罗斯是一个大国，应该有自己的外交政策"。俄罗

斯调整了自己的外交政策，原来全都朝西的"双头鹰"开始有一个头转向了东方，这便是所谓的"双头鹰"新外交战略。

"双头鹰"战略强调俄罗斯以国家利益为中心，摒弃一味追求西方的策略而转向寻求东西方平衡，同西方的关系"降温"，即由同盟变为"成熟的战略伙伴"，采取既不与其结盟、也不与其对抗的策略。而同中国的关系则"升温"，即由"友好国家"升级为"建设性的伙伴"。1992年底到1993年初，叶利钦总统先后访问了韩国、中国和印度，开始强化"东方外交"，践行"双头鹰"战略。

这一时期俄罗斯外交变为，保持大国地位，发挥大国作用。俄罗斯反对美国建立单极世界，无论是车臣问题、军备控制问题、北约东扩问题，还是伊拉克武器核查、波黑战争等重大国际问题，北极熊与山姆大叔态度截然相反。加强在独联体的地位和影响，从国家利益出发，继续主张俄罗斯发展与独联体以及周边（地区）关系，积极参与欧洲安全合作进程，面向亚太，同中国建立战略协作伙伴关系。这一时期中俄关系进展非常顺利，中俄两国元首多次互访，在边界争议、贸易和重大国际问题上互相支持。

（三）"实用"外交——普京主义

进入21世纪，普京（见图6-1）在他第一次参加总统选举时提出"给我20年，还你一个强大的俄罗斯"。普京执政的十几年，俄罗斯外交呈现出积极、务实和平衡的特点。2000年6月，普京批准了《俄罗斯联邦对外政策构想》，指出俄罗斯奉行独立的建设性外交政策，政策要具有一贯性、可预见性，具有实用主义的色彩。认为自苏联解体以来，俄罗斯经济不断滑坡，经过7年的转轨，终于在1999年出现增长势头，这是多年来经济发展的最好水平。俄罗斯确保大国地位的关键是发展经济。在国家经济实力和大国地位发展后，方可谈国家地位和影响。俄罗斯应当与世界各国发展外交关系，尽量避免与其他国家的冲突等。

"9·11"袭击事件发生后，普京借助于国际反恐斗争的合作，改善了与美国的关系。2006年2月11日，八国财长会议在莫斯科召开；7月，八国集团首脑会议在圣彼得堡召开。2007年至今俄罗斯到处签署管道合同，能源外交是俄罗斯在国际舞台上扩大自己影响的一个重要力量。2012年8月22日以全权身份成为世贸组织的156个成员。2014年2月索契冬奥会（见图6-2）的成功举办，为俄罗斯赢得了阵阵掌声。

图6-1　2000年5月普京（左）宣布就任总统

图6-2　2014年索契冬奥会开幕式

"普京主义"基本原则就是以俄罗斯的利益为核心，保持俄罗斯对外政策的独立性、自主权和灵活性。在外交方面突出表现为俄罗斯坚持和实行多边主义、务实主义及独立与合作理念与政策，对外建立安全缓冲区，实现国家

安全。

在未来的一段时间内,俄罗斯会继续以大国复兴、恢复大国地位为最高目标。俄罗斯对外政策遵循的基本原则:固守核心利益,在其他目标和方向上保持灵活性,甚至可以做出一定的让步;寻求和平环境,避免与外部世界的对抗;追求外交的经济利益,尽可能避免付出高昂经济代价的行动,仍持续现有灵活、务实的全方位对外政策;凭借自身现实与潜在资源,重点继续把其战略重点置于独联体地区,并加强与欧洲的关系,尽力维护与美国的关系,同时加强与东方国家的关系;在国际舞台上开展积极的外交活动,努力表现俄罗斯是世界大家庭中有分量、负责任和活跃的一员。其实质就是要加强俄罗斯在世界的存在和影响,增加讨价还价、利益交换的筹码,便于通过外交手段减轻外部世界的压力。

二、俄罗斯在一些区域组织中的作用

冷战结束以后,国际关系出现一个新特点就是大国往往通过组建、领导和参与区域性安全和经济组织,增强自己对该地区的控制。中小国家则通过联合取暖来抵制大国的影响,增强本国和本集团的国际地位,俄罗斯正努力通过国际区域合作组织和机构来参与国际事务。作为联合国的一个常任理事国,俄罗斯在国际事务中发挥着重要作用。在国际经济活动中,俄罗斯也已经成为世贸组织的一个全权成员。

(一)俄罗斯与独联体

众所周知,任何世界性大国,必须拥有一定的地缘战略空间。独联体是俄罗斯传统的势力范围,独联体各国与俄罗斯在经济、历史和文化等方面有着密切的联系。苏联解体后,原居住在苏联加盟共和国的俄罗斯族人突然变成了住在国外的少数民族。目前苏联加盟共和国中仍有 2000 万俄罗斯族人。独联体自然而然地成为俄罗斯大国崛起的战略依托。俄罗斯力图在独联体建立以俄罗斯为主导的政治、经济联合体，以此来强化本国大国地位。

独立国家联合体简称独联体（CIS），是苏联解体过程中由各加盟共和国成立的。1991年12月8日，苏联尚未解体，当时还属于苏联三个加盟共和国——俄罗斯、乌克兰和白俄罗斯三国签署《独立国家联合体协定》，独联体宣告成立。苏联解体后，除波罗的海三国外，其余新独立国家陆续加入独联体，它们分别是俄罗斯、乌克兰、白俄罗斯、阿塞拜疆、亚美尼亚、摩尔多瓦、哈萨克斯坦、吉尔吉斯斯坦、塔吉克斯坦、土库曼斯坦、乌兹别克斯坦、格鲁吉亚。独联体地区是俄罗斯的周边国家，这里集中了俄罗斯重要的政治、经济、文化军事和安全利益。

独联体成立之初，俄罗斯认为独联体国家是其自身西化道路上的"负担"，想尽快甩掉"包袱"。俄罗斯的决策者认为独联体国家不仅是经济上的负担，而且也是文化上、精神上和政治上的异类疆域。要求俄罗斯彻底甩掉对其他原加盟共和国的社会和经济发展所承担的代价高昂的责任，全面转向西方寻求俄罗斯的重新振兴之路。

而大部分邻国对俄罗斯的态度根本就不友好，在分割苏联财产、边界、经济平等诸多方面生出嫌隙。独联体国家普遍患有明显的"主权综合症"，担心被庞大的俄罗斯吞并，纷纷搞大国平衡外交。为免遭俄罗斯"大国主义"压制而在西、南、东三个方向积极寻求全方位保护。有些国家甚至彻底倒向西方，与俄罗斯关系错综复杂。于是，在1990~1994年，独联体内部进行着非一体化进程，组织内的离心力大过向心力，名为"体"，实为"非体"。

随着1994年美国宣布北约东扩计划，俄罗斯对独联体的心思活络起来。而一些独联体国家也由于无法在国际经济组织和安全组织中找到自身位置出现了向心趋势。一拍即合，独联体重新开始一体化进程。走得最激进的是俄罗斯与白俄罗斯，1996~1999年，两国从"共同体"到"联盟"再到"联盟国家"，关系一步步升温，就差合并成一个国家了。

随着北约东扩和普京上台，俄罗斯调整了与独联体国家的政策。在独联体整体一体化较为困难的情况下，通过内部一些国家的努力来牵引和推动独联体一体化进程。1995年，俄罗斯、白俄罗斯、哈萨克斯坦和吉尔吉斯斯坦4个独联体国家成立关税同盟，以此为合作的着力点牵引独联体的一体化进程。1999年，塔吉克斯坦加入其中，到了2000年五国将其改组为欧亚经济共同体。但是好景不长，2008年，乌兹别克斯坦就退出了共同体。而在2014年，共同体各成员国签署撤销共同体的协议。虽然欧亚经济共同体撤销了，但是也就在同一年，俄罗斯、白俄罗斯和哈萨克斯坦三国宣布成立欧亚经济联盟。2014年10月，亚美尼亚正式加入。2015年，吉尔吉斯斯坦正式加入。欧亚经济联盟将于2016年建立统一的药品市场，2019年前建立共同的电力市场，2025年前建立统一的石油、天然气和石油产品市场。欧亚经济联盟共同市场的GDP超过4.5万亿美元。欧亚经济联盟对独联体地区一体化而言意义重大，有助于成员国在经济上的融通合作。

图 6-3　2014年俄罗斯、哈萨克斯坦、白俄罗斯三国元首会晤

无论是关税同盟、欧亚经济共同体，还是欧亚经济联盟都少了独联体的一个重要国家乌克兰。20世纪90年代，俄乌关系经历波折，1995年才开始好转，俄罗斯租用了乌克兰的塞瓦斯托波尔作为黑海舰队基地。到了普京上台，两国关系进展顺利。可惜，世事难料，2004年乌克兰发生橙色革命，2005年开始，两国就断断续续地开始"斗气"。气越斗越足，矛盾越积越深。可即便如此，俄罗斯仍然坚决争取乌克兰不同程度地参与欧亚经济联盟，甚至是在诸多方面依然有极大分歧的俄罗斯各派政治力量都比较认同的一个政治选择。俄罗斯在2013年本身经济遭遇极大困难的局面下，拿出150亿美元购买乌克兰债券，以及降价1/3向乌克兰供应天然气，就是其巨大决心的一

个体现。

但是，欧盟的战略意向，乃是不顾一切，尤其是在排斥俄罗斯参与和不考虑俄罗斯利益的前提之下，决意要把乌克兰纳入欧盟势力范围之内。而时任乌克兰总统的亚努科维奇只在国内传播与欧盟合作的舆论，而对转向俄罗斯的立场未作任何说明，因此使乌克兰民意产生急剧波动。终于，基辅发生暴动，亚努科维奇被迫下台，乌克兰反对派上台执政，其中美国的介入相当深。媒体所爆料的美国助理国务卿纽兰和美国驻乌克兰大使的通话，清晰揭示了美国对于乌克兰内部事务的干预程度，当乌克兰广场反对派还在推进街头抗议运动时，美国政要不仅以粗话谩骂欧盟领导人，同时其触角已经伸展到了指定反对党领导人亚采尼克担任动乱后政府总理这样的地步，而这样的指定最终成了现实。

乌克兰危机不仅爆发在基辅的街头暴乱，也表现在克里米亚的动荡。几乎与基辅暴乱的同时，克里米亚居民要求独立并回归俄罗斯的声浪一浪高过一浪。2014年乌克兰东部地区爆发政府军与亲俄武装的武力冲突。俄乌两国关系陡然紧张。僵持之下，冲突的焦点——克里米亚经过全民公投，加入了俄罗斯，而普京也正式支持这一公投结果，撕扯下的乌克兰最终分裂。

这场冲突的爆发是乌克兰不断向西方靠拢的必然。对于俄罗斯而言，乌克兰太过重要了，重要到不惜一切代价也要守住此地。然而，手中并没有多少好牌的俄罗斯，面对激烈的局势，只能先将黑海边的克里米亚收入囊中。而对乌克兰，却一直没有好的办法。这样，为以后的俄乌关系，乃至地区关系，埋下了不小的隐患。

由此可见，在这片广袤的森林里，俄罗斯作为森林的守护者"熊大"的角色任重而道远。未来的俄罗斯与独联体国家关系的发展变化取决于俄罗斯自身的发展和与西方国家在本地区的地缘政治博弈。

（二）俄罗斯与西方八国集团

20世纪70年代，战后经济快速发展的主要资本主义国家，突然面临着严峻的经济形势，接连发生的"美元危机""石油危机""布雷顿森林体系"瓦解让西方国家内心焦灼。为共同解决经济危机，协调各国的经济政策，共商克服经济危机的对策，1975年11月，在时任法国总统德斯坦的倡议下，在法国巴黎郊外的朗布依埃召开了有美国、英国、法国、德国、意大利、日本六国首脑出席的最高级经济会议，会后发表了《朗布依埃宣言》。1976年又邀请了加拿大首脑入会，形成了七国集团（G7），成为了工业化国家的俱乐部。

1998年，俄罗斯正式加入七国集团。俄罗斯之所以能在苏联解体后跻身大国俱乐部，一方面是俄罗斯期望能够加强与七国集团的合作，争取得到七国集团的经济援助，从而改善国内环境，意图"名利双收"。七国集团是一种身份象征，有这个身份对俄罗斯的大国心理而言也是一种很强的满足感。不仅如此，这也被视作西方国家对俄罗斯的接纳。从而有助于俄罗斯在战略上缓解安全压力，有助于俄罗斯吸收西方国家的资金、技术等方面的援助，集中精力搞国内建设，练得一身"好肌肉"。另一方面是七国集团也希望通过接纳俄罗斯，促进俄罗斯东欧地区向西方政治经济轨道上靠拢，进一步推进这些国家的民主化进程，鼓励它们朝西方意识形态阵营转变。对西方国家而言，无论是政治和安全，还是文化和人种，与同属欧洲的俄罗斯总是存在明显的隔阂。苏联虽然解体，但沙俄时期的欧洲宪兵，"冷战"时期的超级大国，都让西方国家心有余悸。这种情感自然会投射在苏联的继承者——俄罗斯身上，发酵成一种矛盾的心态：想融合，又怕吞并；想隔开，又怕触怒。于是，通过某种程度的接纳，来从外部和内部双管齐下地改造北极熊，通过驯化使其温顺，变成可爱又没有威胁能力的维尼熊，这就成为一种西方国家与俄罗斯打交道的途径了。

然而因为俄罗斯经济实力弱，主要以地缘政治影响力和军事力量为依托，所以存在着莫名其妙的"两张皮"——G7与G8共存。也就是说，每年峰会发表两份文件，一份是涉及所有经济和金融问题的八国集团公报，另一份是只针对国际金融问题的七国集团宣言。直到2002年，俄罗斯才有了担任八国集团轮值主席国的资格，升格为"全方位"成员。另外，加入G7之后，俄罗斯发现G7并没有真心对待自己。在俄罗斯正式加入一年之后的1999年，以美国为首的北约悍然轰炸南联盟，明目张胆地挑战俄罗斯在南欧的影响力。在经济领域，尽管加入多年，俄罗斯与G7的经济联系并不密切。而俄罗斯经济实力也是等到油价上涨之后再走上恢复的快车道，似乎与G7没什么关系。

俄罗斯兴致勃勃地加入 G7 后，发现自己并非是集齐七颗龙珠后召唤来的"神龙"，反而成为"7+1"中那个尴尬的"1"。"冷战失败者"的标记不仅没有淡去，反而越发深刻。这对于民族自尊心和大国意识超强的俄罗斯人来说，是难以忍受的。尤其是乌克兰危机将克里姆林宫在八国集团中的地位更是暴露得淋漓尽致。本应支持自己的集团伙伴不仅没有给予应有的支持，反而是正面相击，硬生生地挖走乌克兰。2014 年 3 月，西方国家在本年度 G8 首脑会议前做了两个重要决定：改地和换人。改地是原定在俄罗斯索契召开的八国集团峰会改在布鲁塞尔举行。换人是宣布暂停俄罗斯在八国集团成员国的地位。

时至今日，随着新兴大国的崛起，八国集团的话语权已经相对弱化，单靠这几个国家无法玩转当下的国际政治经济和安全的牌局。G8 的牌桌之外俄罗斯还有 G20 和"金砖国家"等平台发挥作用，所谓的八国集团似乎"可有可无"。而俄罗斯对八国集团的看法，用其外长拉夫罗夫的话来表述非常形象，八国集团是一个非正式俱乐部，没人能发会员卡，也没人能把别人赶出去，其成员地位本身就不存在。事实上，俄罗斯自加入八国集团以来，被边缘化属于常态，很少找到"像在家里一样"的感觉。

图 6-4　2006 年八国首脑会议在俄罗斯圣彼得堡举行

事实也是如此，俄罗斯加入 G8 以来，在北约轰炸南联盟、乌克兰危机这

样重大地区事件中被无视、被嫌弃、被攻击。但是，即便如此，俄罗斯对八国集团也不会"爱要不要"。这是由当前的国际格局和俄罗斯的国家利益所决定的。俄罗斯想要的是一种更为公平的身份，更为重要的地位，更为实际的利益。因为 G8 这个俱乐部在全球金融经济、国际安全等领域仍有非常重要的作用，而克里姆林宫仍然渴望大国的雄风。更关键的是，有了八国集团的名片，俄罗斯在其他国际组织中可以更有力地存在，如"金砖国家"联盟。而没有这张名片，意味着俄罗斯在国际博弈中闪转腾挪的空间变得狭窄，并不利于大国运作。这其中的奥妙和深意，需要细细品味。

（三）俄罗斯与"金砖国家"联盟

"金砖国家"原是高盛公司首席经济学家奥尼尔于 2001 年提出的概念，指有发展潜力的新兴市场国家，包括巴西、俄罗斯、印度和中国。用这四个国家英文首字母作为简写，即 BRIC。自 2009 年"金砖国家"领导人首次峰会在俄罗斯叶卡捷琳堡举行以来，"金砖国家"逐渐从学术概念的二维图画演化为一个国际社会的三维现实，成为国际舞台上不可忽视的力量。随着 2010 年南非的加入，如同苹果手机升级要加"S"一样，"金砖国家"升级为金砖的复数形式 BRICS。

在"金砖国家"联盟形成的过程中，俄罗斯的力推功不可没，从首次峰会在俄罗斯举办就可以看出，而首次峰会的时间点也可以作为明证。2009 年 6 月召开峰会，至少在 2008 年就应该表达意向并且开始筹备，促成峰会召开的动因在 2008 年就应该露出端倪，2008 年 8 月格鲁吉亚和俄罗斯发生了一场战争。因为俄格战争，俄罗斯与美国和欧盟，特别是美国的关系迅速降温。而那时油价在高台跳水，冲击俄罗斯的经济，在地缘政治和经济发展双重困境的压力之下俄罗斯很需要朋友。

俄罗斯认识到巴西、印度和中国分别是美洲和亚洲的新兴大国，可以在一起应对诸如金融危机之类的挑战。就这样，俄罗斯极力推动"金砖国家""升维"成现实的存在。2009 年的叶卡捷琳堡峰会是打响的头炮，巴西主动要求 2010 年承办第二次峰会，使"金砖国家"得以延续。而时任总统的梅德韦杰夫对此表示"非常，非常满意"。不仅如此，他还特别指出胡锦涛主席邀请"金砖国家"领导人 2011 年到中国开会,"'金砖国家'的某种机制形成了"。而普京总统也强调"与'金砖国家'开展合作具有优先意义"。于是,"金砖国家"正式成为一个机制化的国际组织。

图 6-5　2013 年 3 月第五届"金砖国家"领导人峰会

俄罗斯为什么将"金砖国家"视为优先意义,为什么如此看重"金砖国家"呢?说到底,还是基于现实的利益需求和国际格局的演变,展开来讲包含四个层面。

从最底层来说,俄罗斯是希望借此改革现行国际体系,构建世界新秩序。所谓的国际体系、世界新秩序,说白了就是要有一个让自己利益得到最大限度满足的体系和秩序。俄罗斯最关心的是命根子——石油,这是俄罗斯身强力壮的来源,也是"黄金十年"的发动机。但是石油的定价权不在自己手中,标价的还是"美元",定价的还是在纽约和伦敦。于是,2015 年以来油价的狂跌又让俄罗斯感受阵阵寒意了。在地缘政治上,受到了美国和欧盟的强大压力,以前的小伙伴很多都被收走了。因此,俄罗斯迫切需要抓手来促进世界多极化。

扩大自身国际战略影响是次底层原因。一根筷子强不过一捆筷子,与其他四国合作,可以利用"金砖国家"的招牌抬高自己的地位,借助"金砖国家"机制来协调与各国的利益,还可以凭此提升在八国集团的话语权。"金砖国家"是新兴国家,对于发展中国家来说有示范效应,对于受发达国家"压

榨"的国家而言有吸引力。作为一个有实力的变量，对国际和地区事务的相关方而言会带来心理和实质的影响，俄罗斯也就可以以此来提升本国的国际影响力。

避免西方大国的干涉是浅层原因。"金砖国家"联盟好比织成一张网，五个国家都有反对干涉别国内政的诉求，在政治领域有相一致的根本利益。"金砖五国"或多或少都有一些内部事务或核心利益被发达国家干涉，能够争取更多的支持当然是好的。对于俄罗斯尤为明显。在2014年的乌克兰危机中，以下事件"金砖国家"给予了俄罗斯大力支持。

第一件事，由美国等西方国家策动、由乌克兰发起的在联合国大会上批评俄罗斯接受克里米亚公投的决议案。该决议案虽然在西方支持下获得了100多票的支持，但是当时有中国、巴西、印度、南非和另外的54个国家都对此提案投下弃权票。也就是说"金砖国家"作为一个整体也都支持克里姆林宫。

第二件事，2014年，澳大利亚外长朱莉·毕晓普提出，澳大利亚可能会禁止俄罗斯参加2014年由澳大利亚主持的20国集团峰会，以此作为对俄罗斯施压的一种手段。该次G20峰会预定由澳大利亚作为东道国。于是，"金砖国家"的外长们发表了一个联合声明："（金砖国家）外长们对最近就2014年11月将于布里斯班举行的G20峰会发表的声明表示关注与担忧。G20的管理权平等地属于所有成员国，任何成员国都不能单方面决定它的性质与特征"，声明继而表示："敌对言论、制裁与反制裁以及武力的升级，都无助于按国际法，其中包括《联合国宪章》的原则与宗旨，达成可持续的和平解决方案。"

这两件事都是俄罗斯处于被围攻时，"金砖国家"的仗义执言和挺身而出，实实在在地力挺克里姆林宫，这可是雪中送炭之举。想必，寒冷的莫斯科也会感受到"金砖国家"送来的阵阵温暖。"劫波渡尽兄弟在，莫斯科又何须相信眼泪"。

搭上"金砖国家"经济发展的顺风车则是表层原因。作为新兴大国的代表，"金砖国家"的经济发展速度很快，特别是中国的经济发展。经济实力较弱是俄罗斯的短板，经济结构单一是俄罗斯的痛处，而通过与"金砖国家"开展经济合作，丰富经济结构，促进经济增长，是看得见、摸得着的利益。

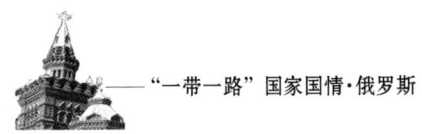

然而，在"金砖国家"中，俄罗斯始终被一个问题所困扰，那就是对自身的定位。也就是说，俄罗斯究竟是发达国家还是新兴市场国家？如果说是新兴市场国家，可俄罗斯毕竟是G8之一，在居民福利、城市化方面比其他四个国家高出很多，其国内民众也认可发达的国家身份。如果说是发达国家，可俄罗斯的经济实力毕竟不强，而且面临低油价的经济困境。其实，俄罗斯并不认同发展中国家的身份，这种身份定位的困扰，其根源在于俄罗斯文明属性与地理空间之间的反差所带来的摇摆，"双头鹰"的俄罗斯一头盯着西方，另一头盯着东方。

(四) 俄罗斯与上海合作组织

上海合作组织（以下简称上合组织）成立于2001年，是由哈萨克斯坦、中国、吉尔吉斯斯坦、俄罗斯、塔吉克斯坦和乌兹别克斯坦组成的永久性政府间国际组织。上合组织起源于1996年，是中国、俄罗斯、哈萨克斯坦、吉尔吉斯斯坦、塔吉克斯坦这五个国家关于加强边境地区信任和裁军的谈判平台。由此可以看出，上合组织的源头是着眼于维护地区安全。一个重要的佐证就是2001年上合组织召开峰会正式宣告成立，同时元首们签署了一份文件——《打击恐怖主义、分裂主义和极端主义上海公约》。因此，上合组织的基因带有强烈的地区安全色彩。虽然上合组织是目前第一个由中国发起的国际组织，但是由于除了中俄，其他都是中亚国家，而中亚又是苏联的势力范围，与俄罗斯有着较为特殊的关系，所以俄罗斯的作用至关重要。而受到传统思维、中亚地区形势、俄美关系以及俄对华政策等多方面复杂因素的影响，俄罗斯对上合组织的态度经历了从谨慎应对到积极务实合作的转变，主要分为两个阶段：

第一阶段是2001~2004年，俄罗斯对上合组织政策的特点是务虚多于务实，安全高于经济。第二阶段是2004年下半年至今，俄罗斯对上合组织政策的特点发生了显著变化，注重虚实结合，注重提升组织的国际影响力。在政治方面，俄罗斯赞同强化上合组织以应对美国在中亚势力不断扩大的挑战，维护好地区的和平稳定，化解地区国家间的矛盾。在经济方面，俄罗斯不再回避具体的经济合作项目，借助上合组织建立起对其有利的中亚经济秩序。

2006年成立了上合组织实业界协调中心，开展多领域的合作。在安全方面，更加注重发挥上合组织在反恐中的作用以及在维护地区稳定中的作用，主动协调独联体集体安全条约和上合组织的关系。在2005年的"和平使命—2005"军事演习中，俄罗斯出动了大量战略武器。

俄罗斯对上合组织的态度转变是有着深刻原因的，高度概括地说就是为了自身利益，但展开来说主要是因为一个国家——美国。1999年北约轰炸南联盟冲击了俄美两国的关系。但在2001年美国世贸大楼被撞，震惊中外的"9·11"事件发生时，普京第一时间致电小布什送去俄罗斯人民的深切哀悼和亲切慰问，当然，更为实际的是普京表示全力支持美国的反恐大业。之后，对美国轰炸阿富汗塔利班开了绿灯。俄美关系迅速回暖，经历了"9·11"事件带来的"甜蜜期"。2004年是俄美关系转折之年。标志性事件就是2004年发生的别斯兰人质事件。当俄罗斯以为在反恐上支持美国而应该得到美国同样的支持时，美国却在别斯兰事件中表示不排除与车臣恐怖分子接触，还建议俄与车臣分裂分子谈判。这一记重拳伤了俄罗斯的心，也醒了俄罗斯的脑。普京讽刺道："美国为什么不和拉登谈谈？为什么不问问他想要什么，然后给他想要的，让他安静地离开？"而更为严重的则是乌克兰的颜色革命，以美国为首的西方国家或明或暗地支持一些国家的颜色革命，通过这种街头暴乱的方式扶持亲西方政权，不断挤压俄罗斯的地缘空间。一方面是美国借打击恐怖分子介入了中亚，另一方面是北约不断东扩。本就压力山大的北极熊还在2004年碰上了独联体国家的颜色革命。美国全力支持格鲁吉亚、乌克兰的亲美政治势力，鼓动他们发动颜色革命推翻原政权，萨卡什维利和尤先科就在这种支持下上台，并且大幅调整外交方向，谋求加入北约。不仅如此，颜色革命还扩散到中亚的地盘。

在这种情况下，俄罗斯面临十分严峻的周边环境。举目四望，能靠得住、用得上的也只有上合组织了，因为上合组织成员国本就是这一区域中的，有着类似的政治诉求和安全需求，有些国家甚至本身就是颜色革命的目标，而且上合组织的基因就有维护地区安全稳定。因此，克里姆林宫希望上合组织成为维护地区秩序、守住地缘政治底线的有力工具。所以，上合组织秘书长梅津采夫表示，上合组织成员国不希望在未来出现颜色革命。而中国公安部部长也呼吁，上合组织成员国需要警惕"外部势力利用社会矛盾和问题推翻执政当局，试图制造新一波的颜色革命"。

图 6-6 2015 年 12 月上海合作组织成员国政府首脑（总理）理事会

然而，"成也萧何，败也萧何"。俄罗斯因为将中亚视为自己的领地所以需要抵抗美国势力的增长从而加强上合组织，同样因为如此，俄罗斯也提防着中国影响的扩大。中国的经济实力和美好蓝图对中亚地区经济发展有着良

图 6-7 中国助力 2015 年上合组织乌法双峰会完美收官

好的推动作用,但俄罗斯害怕自身对中亚地区向心力因此下降,所以在地区经济发展方面,距离上合组织可以实现潜力的期盼有着一定的差距。例如,中俄两国在建设上合组织自贸区问题上存在矛盾,俄罗斯认为与中国最大限度的贸易自由化和从中国大规模进口商品将对俄罗斯本土生产的产品产生消极影响。

上合组织要壮大,必须要有经济纽带。这就需要上合组织,特别是俄罗斯和中国付出高度的政治智慧。我们对此前景乐观,从俄罗斯对"一带一路"倡议和亚投行的态度中,我们看到了战斗民族的战略眼光和深入思考。更为实际的原因,则是受乌克兰危机和国际油价大跌的双重冲击,俄罗斯需要腾挪出更多的国际空间,需要下决心调整本国的经济结构,需要与相关国家开展更广泛、更深入的政治、经济和安全合作。

三、西方不亮东方亮
—— 俄罗斯与一些主要国家、地区的关系

从普京当政后相继出台的新的《俄罗斯国家安全构想》《俄罗斯外交政策构想》中可以看出,俄罗斯奉行的是东西方均衡的全方位"务实外交",即最大限度地维护国家利益,为"强国富民"复兴经济服务。除了运用多边国际组织维护利益、发挥作用之外,与重要国家地区的关系也是非常重要的方面。总体而言,美国、中国、欧盟、日本和印度是在俄罗斯外交政策的优先方面。探求俄罗斯与这些国家和国家联盟之间的关系,梳理关系发展脉络,可以发现明显的"西方不亮东方亮"特点。

(一)危险的伙伴——与美国的关系

北极熊与山姆大叔的关系脱胎于苏联与美国的关系。"二战"时他们一度是同仇敌忾的盟友,当打败法西斯后,他们又迅速切换成势均力敌的仇敌。凭借在世界上的超强地位,俄罗斯和美国各自拉了一帮人马进行斗争,即

"华约"和"北约"。整个冷战史就是两超争霸史。美国眼皮子底下的古巴，"大国坟场"的阿富汗，都留下了两超争霸的痕迹。最后苏联失败了，在历史的长河中成为历史。而作为苏联的合法继承者，俄罗斯与美国演绎着更为复杂的大国关系，合作与对抗并存，而且转换的速率很快，也就是波澜起伏，不会长期稳定在合作或对抗。这也给分析两国关系带来一个困难，那就是用时间尺度来衡量并不容易。然而，进行分析又不可避免地需要有一个时间的长焦镜头。下面粗略地观看一下俄美关系的演变。

20世纪90年代初的俄美关系，承接了20世纪80年代中后期就已经出现的积极发展势头的苏美关系遗产，使在叶利钦执政初期俄美关系经历了一段不长但却紧密的"蜜月期"。这一时期，由于苏联解体，俄罗斯陷入了空前的政治经济危机。叶利钦政府急于同过去划清界限，采取了对西方"一边倒"的政策。尽快卸下沉重的军事包袱，集中力量复兴经济，并且寻求西方国家的经济援助与政策支持。当时的俄罗斯将复兴经济的希望寄托在西方国家，或者说是西方国家所代表的制度上。因为经过了70余年的社会主义，苏联解体了，而这片土地上的人们陷入了物资缺乏、生活困顿。先天的欧洲大陆基因没有使俄罗斯人对社会主义道路进行反思和改革，转而引向西方的制度以脱离当时的困境。

以美国为首的西方国家基于推进俄罗斯的制度转型和社会变革，促使俄罗斯更加向西方靠拢，在政治上给予俄罗斯大力支持，并承诺了大量的经济援助。当时俄罗斯外交三大中心任务的核心就是消除与西方的对抗，争取西方援助并且融入西方。西方国家并没有兑现经济援助的承诺，而他们开出的"休克疗法"药方使俄罗斯经济陷入瘫痪的边缘。穷则思变。俄罗斯调整了对外战略，开始注重发展同中国、印度等国的关系。与此同时，俄美在北约东扩问题上的矛盾凸显。为了安抚俄罗斯，美国及其盟友与俄罗斯建立和平伙伴关系，并设立俄罗斯—北约常设理事会。随后俄美在科索沃问题上的碰撞，使双方关系紧张。美国通过科索沃战争，进入了俄在巴尔干地区的传统势力范围。俄罗斯断绝了同北约的关系，甚至采取了有限的军事行动。俄美关系出现冷战结束之后的第一次危机。

2000年普京上台后，着手修复受损的俄美关系。"9·11"事件，为普京缓

和俄美关系提供了契机,普京在第一时间表示慰问,支持美国的反恐行动,同意美军使用中亚地区的军事基地。在这种情势下,俄美关系由此升温,"你侬我侬"地频繁走动,构建"新兴战略关系"。"彻底埋葬冷战遗物""俄美不再是战略对手"等漂亮词语见诸官方表态。但是,别斯兰人质事件暴露出美国反恐上的双重标准,而伊拉克战争的爆发更是触及俄罗斯的地缘利益,这使俄美关系逐渐降温。小布什咄咄逼人的单边主义使俄罗斯压力很大。美国兴致勃勃地推动北约东扩压着北极熊的头部,利用反恐跳入中亚顶着战斗民族的腹部,俄罗斯很难受。还有更难受的,美国相继在格鲁吉亚、乌克兰等国策划颜色革命,这些国家一夜换天,影响波及俄罗斯国内。好不容易等到小布什下台,俄美关系似乎并没有多大起色。乌克兰问题烽烟再起,叙利亚危机甚嚣尘上。

于是,俄罗斯进行了反击。伊拉克战争时,与法国、德国等"老欧洲"结成阵线,高调反对伊战。格鲁吉亚挑起争端时,毫不留情地予以反击,肢解格鲁吉亚。乌克兰危机时,当机立断地拿回克里米亚。叙利亚危机延宕多时,克里姆林宫终于派兵叙利亚,协助叙政府打击恐怖势力。此外,强化上合组织功能,促成"金砖国家"联盟,都成了俄罗斯的战略选择。

图 6-8　2013 年美俄首脑会晤

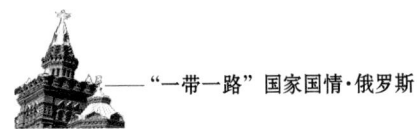

在粗略描绘北极熊和山姆大叔之间的关系后,可以看出所呈现的鲜明特征。斗争与妥协并存是两国关系的底色。俄美之间始终处于非敌非友、起伏动荡的不确定状态。苏联解体后,俄罗斯已经走上向西方靠拢的道路,然而美国向苏联解体后留下的真空扩展以及俄罗斯继承下来的地缘政治遗产特别是大国心理,让两国之间的斗争不可避免。但是,地球这么大,低头不见抬头见。两国在反恐、伊朗核问题等重大事务上不可避免地需要进行合作,何况俄美也禁不起再一次的"冷战"。这又为两国创造了妥协的可能和合作的空间。这种斗争和妥协复杂交缠,是俄美关系使人头疼也使人着迷的原因所在。

美进俄退、美攻俄守是俄美关系的鲜明特点。"冷战"结束后,虽然世界多极化趋势不断演进,但是,美国的"一超"地位仍然不可动摇,华盛顿依然有着超强的硬实力、软实力和明显的战略优势。而俄罗斯在"冷战"结束后,始终是在恢复国力的过程当中,而且这个过程也存在反复,更谈不上披上苏联时期超级大国的荣光。因此,美国在俄美关系中处于主动位置,不断挤压俄罗斯的战略空间。科索沃战争、北约东扩、颜色革命无不是美国出招,俄罗斯疲于应付。美国在俄美关系中处于主导地位是俄罗斯当前摆脱不了的阴影。不像苏美争霸时相对均势的格局,在国力大为衰弱的情况下,俄罗斯已经没有苏联同美国争霸时的豪气和底气了,保住传统势力范围以保障地缘政治空间的弹性才是重要任务。这也定下了被动的总基调。即便被动,俄罗斯也可以玩得有声有色。利用能源武器和区域合作,闪转腾挪出战略博弈的空间。利用强悍的军事家底,严守北极熊生存发展的战略底线。于是,肢解格鲁吉亚、拿走克里米亚,这些看似野蛮的招数就成了他国羡慕的焦点。

复杂的俄美关系有其自身的规律,不以人的意志为转移。俄美之间缺乏信任以及美国维持"一超"地位的扩张倾向使两国在"相爱相杀"中曲折前行,不断演绎着危险的伙伴关系。

(二) 渡尽劫波兄弟在——与中国的关系

俄中关系脱胎于苏中关系,而两国关系的脉络就像描绘两国间的边境线一样蜿蜒曲折。苏联解体时,俄罗斯作为独立国家出现在国际舞台上,在国际法上继承了苏联的国际地位,也继承了苏联同中国的外交关系。所以,中俄关系实际上就是中苏关系的延续。

从1949年新中国成立后中苏正式建交开始，到1991年苏联解体，两国关系可以分为三个时期：

20世纪50年代的结盟时期。在当时的历史条件下，这对新中国的确立和生存具有关键的意义。苏联也诚心地帮助中国，特别是赫鲁晓夫对中国第一个五年计划的慷慨支持，对中国奠定工业基础起了巨大作用。然而，结盟本身表明苏中关系的不平等性，中国由于实力和历史原因处于从属地位。而苏联并不平等地对待中国，这也为两国关系之后的坎坷埋下隐患。从1963年开始，苏中进行了论战，从理论方面进行口诛笔伐。意识形态矛盾的背后是利益冲突。苏联与美国大搞缓和，对中国以"老子党"自居，甚至在中国最困难的三年自然灾害时期撤走参加援建的苏联专家，两国一度发生边境冲突。这段时期是中国国家安全利益同苏联大国沙文主义之间的对撞。20世纪80年代关系正常化的十年谈判。从1979年开始，适逢《中苏友好同盟互助条约》30年的期限已到，中方以此为契机提出就国家关系问题进行谈判，由此开启了关系正常化的谈判进程。随着戈尔巴乔夫于1989年访华，中苏关系实现了正常化。可谓是"相逢一笑泯恩仇"。

苏联解体之后，在俄调整外交政策的大框架下，与中国的关系大致经历了四个阶段。

1991~1994年的"互视为友好国家"。苏联解体后，中国迅速主动承认俄罗斯，而俄罗斯由于当时采取对西方"一边倒"的外交政策，还没有明确的对华政策，而且对华关系明显弱于与西方国家的关系。然而，由于亲西方政策并没有收到预期成效，俄罗斯外交不得不面对现实进行调整。1992年叶利钦访问中国，双方宣布相互视为友好国家，实现了两国关系从苏中关系到俄中关系的平稳过渡。

1994~1996年的"建设性伙伴关系"。面对北约东扩的压力，俄罗斯更加积极地在国际上寻找更多的朋友。1994年，江泽民应邀访问俄罗斯，双方提出建立"睦邻友好、互利合作的面向21世纪的建设性伙伴关系"。这一关系归纳为三个方面：其一是加强双方的相互信任和安全；其二是从质量上增强贸易经济合作；其三是要在国际舞台上更加密切地协调行动。

1996~2010年的"战略协作伙伴关系"。这一时期，俄罗斯与美国等西方大国的关系显著下降，北约东扩、颜色革命、俄格战争等一系列的事件不断地冲击着俄罗斯的生存空间。俄罗斯期待俄中关系能够发展成为有利于世界秩序重建、实现全球力量平衡的建设性的推动力——促进世界多极化的伙伴。这一时期，中俄结束了延续长达40多年的边界谈判，解决了边界争端。两国政治互信增强，高层互访、会晤非常频繁，两国关系实现了政治、安全、经济、文化全方位的发展。1996年4月，叶利钦总统访华，双方签订的《中俄联合声明》宣布，双方"决定发展平等信任的、面向21世纪的战略协作伙伴关系"。1997年4月，江泽民与叶利钦签署《中俄关于世界多极化和建立国际新秩序的联合声明》。1998年11月23日，中俄两国签署了《世纪之交的中俄关系联合声明》。2001年7月15~18日，江泽民对俄罗斯进行国事访问，两国元首签署了《中俄睦邻友好合作条约》，将中俄"世代友好、永不为敌"的和平思想以法律形式确定下来。2005年7月胡锦涛与普京签署了《中俄关于21世纪国际秩序的联合声明》，提出了建立21世纪国际新秩序的12点主张。2008年5月，俄罗斯总统梅德韦杰夫访华，两国签署了《中俄关于重大国际问题的联合声明》。

2010年至今的"全面战略协作伙伴关系"。这一时期，俄罗斯面临的地缘政治压力和经济发展"瓶颈"有增无减，乌克兰危机、叙利亚危机、油价疲软困扰着俄罗斯的发展。进一步加强同中国的关系是俄罗斯的战略选择。这一时期，两国领导人互访频繁，并且在不同的多边场合进行会晤，多次强调中俄关系处于历史最好时期。2010年9月，俄罗斯总统梅德韦杰夫访华，两国元首签署了《中俄关于全面深化战略协作伙伴关系联合声明》。

俄中合作的成果丰硕。双方共同维护"二战"成果，两国元首都出席对方举办的反法西斯战争胜利纪念活动，普京更是带着苏联红军的方队出席阅兵式。俄罗斯也参与到"一带一路"规划，并且是亚投行的创始会员国。在能源合作方面，2014年中国同俄罗斯在上海签署了《中俄东线天然气合作项目备忘录》。这份谈判了长达10年，被形容为"世纪协议"的天然气合约，估计总值高达4000亿美元。在军事合作方面，与西方欧美国家相比，俄罗斯是唯一愿意给中国提供武器供应的国家，而且俄罗斯是当今世界唯一能与美国相抗衡的军事强国。虽然我们对与俄罗斯在军事合作方面也有一些不满意的地方，比如，武器的质量问题等。但是反过来想，俄中不是军事同盟，所以我们对对方的期望，对方对我们的期望都要有一个合理的底线。

莫斯科和北京的合作还突出地表现在双方对待国际和地区热点问题上所持的看法和立场方面。在这方面，北京给予了莫斯科大力的支持。从2008年的俄罗斯与格鲁吉亚的战争，到2014年的乌克兰危机，在联合国的重要场合，中国都对俄罗斯投了信任票。这种支持对国际环境恶化的俄罗斯来说，是非常宝贵的。这也是两国高水平关系的重要体现。2015年，习近平和普京会晤了5次，为中俄关系保持良好发展势头发挥了重要引领作用。

图6-9　普京出席中国纪念世界反法西斯战争胜利70周年大阅兵

中俄关系已成为当今世界上最稳定、最健康、最成熟的国家关系典范。中俄两国间的大项目合作在积极有序推进，东线天然气管道已开工建设，产能和装备制造、农业、财金等领域合作也在提速。而在国际舞台上，中俄两国的互动也非常紧密，两国在朝核、叙利亚、乌克兰等一些重大问题上继续保持密切的协作。

当然两国关系的发展也存在一些制约因素。从地缘角度来看，虽然中俄拥有漫长的共同边界线为两国开展贸易提供了便利，但是这也对两国在政治、经济、安全等领域的进一步深入合作产生了某些消极的影响。制约中俄关系发展的战略因素包括双方在军事技术合作领域中存在的问题、上海合作组织中的争斗问题以及美国因素等。这些制约因素的产生根源于俄中两国拥有不同的国家利益。但我们要明确认识到，这些制约因素对国家间交往而言是正常的，对俄中关系大局的影响是有限度的。

苏中、苏俄关系发展经历波折，到如今前所未有之密切联系。两国在国际和地区事务中相互理解、相互支持，两国全面战略协作伙伴关系的建立立足于对历史经验教训的总结，立足于在经济、政治、安全等方面的共同利益，超越了社会制度和意识形态的差异，建立在相互平等、相互尊重和互不干涉内政的基础上，俄中两国人民都希望成为"好朋友、好邻居、好伙伴"。可以预见短期内甚至在很长一段时间内俄中关系健康发展的大方向不会改变。俄中两国政治关系的深化、经贸合作领域的拓展、军事互利合作关系的发展、国际事务合作的广泛开展以及民间交流的不断规范与扩大等，都预示着俄中关系未来发展前景广阔。

（三）想说爱你不容易——与欧盟的关系

俄罗斯与欧盟地缘相近，但关系十分独特。俄罗斯虽然大部分身子在亚洲范围，但是头脑在欧洲。虽然头脑在欧洲，但是离欧洲中心区域还有距离。虽然自认是欧洲国家，但是斯拉夫文化与欧洲大陆文化、盎格鲁萨克逊文化又有明显的差异。因此，俄罗斯并不被欧洲主体所真心认同。

苏联时期，东欧和中南欧被纳入苏联的势力范围，成为苏联与欧盟的战略缓冲空间。在"冷战"的大环境中，苏联给欧洲国家带来了巨大的战略压力和现实威胁，这段经历给欧洲国家带来了沉重的历史记忆。而与苏联解体几乎同步，欧盟在1991年12月宣布成立，由此也揭开了俄欧关系的新篇章。经过了20余年的发展，经济合作迅速发展是俄罗斯与欧盟关系的务实基础。欧盟是俄罗斯最大的外资来源地，而俄罗斯也成为欧盟的第三大贸易伙伴。这其中能源合作是重头戏。欧盟是俄罗斯传统的能源市场，也是俄罗斯油气出口创汇的重要地区，而俄罗斯能源产业新设备和新工艺的主要来源地是欧盟，这种实打实的经济合作有效地推进双方关系前行。

对话与协调机制增强是俄罗斯与欧盟关系的催化剂。双方建立了长期稳

定的合作对话机制，保证能在各层次上广泛接触。最高级别的交往机制是俄欧首脑会晤，而俄欧的伙伴关系不断强化发展。俄罗斯继承了苏联建立的欧安合作组织的成员国资格，也与欧盟、欧洲委员会建立了合作关系。

多方面的安全合作有助于俄罗斯与欧盟关系向更高层级迈进。在反恐、危机预防等方面进行了广泛的合作和对话。俄罗斯还支持欧洲开展独立防务建设。双方的社会合作有所增加。俄欧之间在共同对付有组织犯罪、贩卖毒品、走私武器等非法活动方面加强了合作，并且取得了一定成果。比如，德国改变在车臣问题上的立场，时任总理施罗德公开呼吁重新评价莫斯科在车臣的行动。

然而，当我们看到俄欧关系发展进步一面的同时，也需要看到双方关系中存在的主要问题。因为俄欧关系的走向是动力因素和阻力因素相互作用、此消彼长的结果。而俄欧之间存在的问题不能忽视，有时候还是大问题。

双方经济摩擦时有发生。俄欧的贸易虽然发展迅速，但是贸易关系存在突出的不对称性，说白了就是欧盟主导权更大。相较而言，欧盟对俄罗斯更重要，而欧盟市场对俄罗斯的影响力远远超过俄罗斯市场对欧盟的影响力。不对称性突出表现在贸易结构上。一方面，欧盟主要从俄罗斯进口能源和其他原材料等初级产品，其中主要是石油和天然气。另一方面，俄罗斯从欧盟进口的产品多为工业制成品和技术密集型产品。也就是说，在这种结构中，俄罗斯成了欧盟的原材料供应地，而欧盟则将附加值更高的商品销售给俄罗斯，这加剧了俄罗斯经济转型的难度，阻碍了俄罗斯经济的发展。

2007年，俄罗斯先后对乌克兰和白俄罗斯切断天然气供应，严重影响了欧盟的能源安全。欧盟开始担忧俄罗斯能源供应的可靠性和安全性并付诸行动。为减小对俄能源的依赖，欧盟出资支持其他国家修建通向欧洲的油气管道，招致俄罗斯的反对和抵制。俄罗斯以哈萨克斯坦为突破口，成功阻止了欧盟将哈萨克斯坦和土库曼斯坦作为新能源基地的计划。

俄欧安全争端显著。欧盟东扩是欧盟发展的必然，但也是俄罗斯的顾忌和忧虑所在。除了欧盟将中东欧国家纳入其中会导致俄罗斯失去与原中东欧国家政府合作协定的许多优惠这种看得见的损失之外，还会改变苏联时期所形成的经济秩序，让这些国家与俄罗斯的经济联系松散。进一步而言，经济

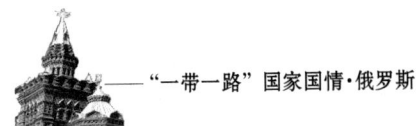

的冲击必将扩展到政治。加之欧盟东扩之后往往接下来就是北约东扩。一个政治经济组织和一个军事组织，两个都不断地靠近俄罗斯，俄罗斯与欧盟的安全争端显现也就不足为奇了，这表现在科索沃问题和车臣问题上。

观察俄欧关系的发展，其影响因素除了内部因素之外，最关键的外部因素还是那个让俄罗斯"相爱相杀"的美国。由于美国的强大影响力，有时候这个外部因素比内部因素的作用还大。而美国一系列的做法，促成俄欧的"姻缘"，美国的外交政策促进了俄欧的联合。美国追求"一超独霸"和单极世界，奉行霸权主义和强权政治，这与欧盟以及俄罗斯的多级战略目标形成了尖锐对立。两个观点相近的人相互之间总会有吸引力，因此，俄欧关系走近也就自然而然了。这在小布什时期，俄欧联手反对伊拉克战争时表现得尤为明显。

俄美关系的倒退促进了俄罗斯寻求欧盟的理解。美国一直以来在不断挤压俄罗斯的战略生存空间，北约东扩、战区导弹防御系统（TMD）、国家导弹防御系统（NMD）、萨德系统拟入韩等一系列动作扑面而来，像强劲的北风吹得战斗民族睁不开眼。于是，背对风向就是合情合理地选择。就算不从寻求支持的角度出发，争取欧盟的理解也是应该要做的。毕竟同时与两个强大的对手为敌是非常危险的事情。

美国对欧洲的政策加强了欧洲摆脱被控制的决心。"冷战"结束以后，为了继续维持和加强对欧洲的传统影响和领导，特别是政治和安全方面的控制，影响欧盟国家的离心倾向并利用欧盟强劲发展的势头为其全球战略服务，美国对欧洲人一点也不客气，该打压时绝不缩手。可怜的欧元在诞生之初就被美国无情打击。面对美国的野心，欧盟希望能够独立管理欧洲事务，而争取的小伙伴就是战斗民族。

美俄欧三角关系的严重不平衡制约了俄欧之间的发展。如果将美欧俄关系形象比喻为三角形，那么美欧的密切程度远深与俄欧，美国的实力也远大于欧盟和俄罗斯。欧盟在经济、安全、文化等众多领域对美国的依赖或者说与美国的合作都要大于俄罗斯。而美国可以通过北约东扩、刺激俄罗斯等手段挑拨俄欧之间的关系。

图 6-10 进入克里米亚的俄军

随着乌克兰危机的产生和爆发,俄罗斯与欧盟的关系降入了冰点。在乌克兰危机中,欧盟与美国几乎站在了同一战线,这与 2007 年的俄乌斗气、2008 年的俄格战争是有着很大不同的。欧盟的这一做法给北极熊带来了极大的压力,也正因为如此,俄罗斯才会狠下心来拿下克里米亚。时至今日,克里姆林宫与布鲁塞尔之间仍然没有关系好转的明显动作。

(四)百年老冤家——与日本的关系

俄罗斯与日本的关系可谓是百年老冤家。从历史上来看,日本是俄国在朝鲜半岛唯一与之发生过战争的国家。20 世纪初以来,俄日两国基本上就是在战争或敌对的国家关系中交往的。1905 年,日本发动日俄战争,剥夺了沙俄在远东的大片利益,让俄国人倍感耻辱。时隔 40 年后,斯大林在对日宣战后的一次演说中仍耿耿于怀:"1905 年俄日战争中俄军的失败,是我们国家的污点。我们期待着击溃日本,消除污点的日子总会到来的。"1945 年 8 月,苏联出兵中国东北,一举击溃日本关东军,同时根据"二战"时的秘密协定占领了南千岛群岛,夺回了俄国在远东的利益。这一举措反过来又严重伤害了日本人的感情。"二战"结束后,两国又经过了长时间的"冷战"。时至今日,仍然没有签订和平条约。

一直以来，横亘在俄日之间有三大问题：领土问题、渔业问题和战俘问题。

领土问题是重头戏。俄日之间的领土争端主要集中在南千岛群岛（日本称北方四岛）的归属上。这里强调两个关键点：其一，日本政府态度坚决，始终奉行三原则：必须"一揽子"归还北方四岛；缔结和约的前提是必须解决领土问题；政治经济不分离。也就是说，对于日本而言，要的是"一揽子"解决领土、合约问题，而底气就在于"政治经济不分离"中的经济。其二，当前俄罗斯的态度：叶利钦在1992年访日前夕试图有所退让，重提解决北方四岛问题的五个阶段设想。不料所设想的方案"胎死腹中"，而叶利钦也被迫两度推迟访日。之后，俄罗斯的立场越发强硬。到了普京上台执政，态度更坚定。普京有句名言，"俄罗斯虽然很大，但是，没有一寸土地是多余的"。梅德韦杰夫分别于2010年11月1日、2012年7月3日、2015年8月23日三次登岛。因此，俄罗斯并不接受日本的那一套，企图用经济利益"买"领土主权，可以预料，领土问题仍将长时间存在。

图 6-11　2015年8月梅德韦杰夫登上俄日争议岛屿南千岛群岛

渔业问题与领土问题联系紧密。苏联占领南千岛群岛以后，就严格限制日本在周围海域的捕鱼活动。由于那里是世界著名的三大渔场之一，是北海道渔民赖以生存的地方。因此，日本不断向苏联提出严正交涉和抗议。虽然

有所成果，但是日本渔民在那片海域捕鱼的安全问题、限额问题并未就此完全解决。而在领土问题困顿不前的大背景下，渔业问题不会有所进展。换句话说，如果渔业问题有所进展，则可以视为领土问题有所缓和的一种微妙的信号和先兆。

战俘问题是纠缠现实的历史问题。日本战败投降后，在国外的日本官兵和侨民陆续被遣返，1947年已经基本完毕，但从库页岛及西伯利亚的苏联地区的遣返工作大大地延迟了。1990年日本众议员石原慎太郎说，有6万多名日本兵被苏联扣留在西伯利亚折磨致死。到如今，又有新的动向，2015年10月，日本计划向世界教科文卫组织申请关于西伯利亚战俘遣返的世界记忆遗产，遭到俄罗斯的反对。实际上，战俘问题作为已经过去的历史，其作用就在于以此来影响现实的问题，进行某种利益上的拿捏和交换。

不过，国家间的关系以利益为导向。虽然俄日之间有三大困难，但这并不妨碍两国关系在近两年的解冻。2014年2月，日本首相安倍晋三在西方多数国家首脑抵制俄罗斯冬奥会的背景下引人注目地赴俄出席索契冬奥会开幕式，这极具象征意义。

俄日关系自2010年11月梅德韦杰夫登上国后岛视察跌入"冰冻期"，到2013年4月安倍晋三亲率"史上最强经济代表团"访俄，成为10年来对俄进行正式国事访问的第一位日本首相，由此开启俄日关系"解冻"及启航的历程。之后就是在索契的"冬奥会之旅"，在双方努力下，日俄关系出现了一系列新变化。

在战略方针上，俄罗斯与日本重新确认发展友好合作关系的战略方针。两国2013年4月发表的联合声明指出，双方"确认俄罗斯与日本作为友邻在互信、互利原则基础上发展所有领域双边关系的决心""两国追求建立战略伙伴关系"。在领土问题这一焦点上，俄罗斯与日本重新启动了和平条约与领土问题谈判。在双方领导人的积极推动下，俄日就重启领土及和平条约谈判达成一致。双方2013年4月发表的联合声明表示，"两国应当在此前已签署的文件以及所达共识的基础上推动和平条约谈判，在制定出双方都能接受的最终（领土）解决方案之后，缔结和平条约"。在区域安全合作上，俄罗斯和日本明确了在维护亚太安全和稳定方面加强战略合作。俄日新领导人均希望在

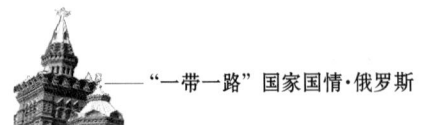

维护亚太安全和稳定方面加强战略合作。普京表示，为保障亚太安全和稳定，俄罗斯希望加强与日本的协作。安倍晋三更是明言，"在维护亚太和平与安全上，日本与俄罗斯有共同的好处与利益。"在务实合作上，俄罗斯和日本加大经济合作力度。经济合作是俄日关系中的一个重要领域，对双方都具有较大吸引力。近年来，日本已经向俄投入了110亿美元。在能源领域合作方面，两国将在鄂霍次克海开采海底油田，双方还拟加强在天然气、民用核能和可再生能源领域的合作。

俄日关系的"解冻"和发展是在亚太形势深刻变化的大背景下发生的，是两国战略矛盾相对下降与弱化，以及双方共同利益与合作议题扩展的自然结果。

这种改善首先得益于亚太形势的变化及俄日矛盾的缓和。美国实施"重返亚太"战略后，中美地缘政治竞争日益凸显，成为亚太格局的首要决定因素，美日同盟的首要遏制目标由冷战时期的苏联转向中国。美日与中国战略矛盾的急剧上升，使美日与俄在亚太地区的矛盾相对进一步下降。因此，尽管俄日之间包括领土争端在内的战略矛盾本身并无实质变化，俄日矛盾的相对降低与弱化，为两国发展战略合作提供了更大的空间与引力，推动着俄日改变原有关系模式并提高相互关系水平。

从日本的角度来看，发展日俄关系的主要战略动因是遏制中国、改善日本的亚太外交处境、解决日俄领土问题以及促进日本经济发展。在中国崛起、中日经济实力对比逆转、中日关系急剧恶化以及美国"重返亚太"的背景下，安倍政府明确将中国视为日本头号威胁。为此，日本极力改善和发展与俄罗斯的关系，以达到遏制中国的目的。从地缘政治来看，发展日俄关系是日本企图孤立中国并建立针对中国包围圈的重要一环。为遏制中国，日本积极挑拨中国与周边邻国的关系，妄图孤立中国并建立反对中国的包围圈。

从俄罗斯的角度来看，维持亚太地区力量平衡、牵制美日关系、在俄日关系中占据主动以及借力日本加速俄远东地区的经济发展，是改善和发展与日本关系的主要战略动因。随着中国快速崛起，中俄实力对比发生了根本变化，俄罗斯在历史上第一次面对一个日益比自己强大的东方邻国——中国。对俄罗斯而言，改善和加强与日本的关系将有助于扩大俄罗斯在亚太地区战略

选择的空间与灵活性，增强其在亚太地区保持力量平衡的能力，并提高其亚太战略地位。此外，为应对美日同盟在亚太地区对俄罗斯政治与安全利益的重大挑战，俄罗斯希望通过改善和发展与日本的关系来牵制，甚至削弱美日关系。

正是在现实利益的诸多考量之下，百年老冤家的俄日是否会成为欢喜冤家呢？

（五）项庄舞剑——与印度的关系

从彼得大帝开始，俄国就梦想着优良的出海口，所以四处出击，对土地有着难以理解的渴望。自中西伯利亚南下，迈过中亚，经过南亚，就到了广阔的印度洋。这条扩张路线在苏联时期曾经尝试，只是在侵略阿富汗的失败中折戟沉沙了。总体来看，"冷战"时期，苏联与印度关系特殊。这既有与美国争霸印度洋需要与印度搞好关系的原因，也有中苏关系恶化后用印度制约中国的因素。所以，在中印边境自卫反击战中，苏联是支持印度的。然而，随着"冷战"的结束，这种特殊关系不复存在，印度与苏联继承国——俄罗斯的关系面临着巨大的不确定性，经历了冷淡期、恢复期和发展期这三个不同的时期。

1991~1993年的冷淡期。"冷战"结束后，俄罗斯与印度的关系急剧下滑，从"冷战"时的同盟关系变成连朋友都不如的冷漠关系。当时的俄罗斯采取"一边倒"的亲西方外交政策，搞起了"三环外交"。第一环是欧美西方国家，这可是俄罗斯的重中之重。第二环是独联体国家，是俄罗斯周边的心腹。第三环就是印度等国家，地位边缘。因此，总体来看对印度重视不够。特别是俄罗斯还希望借助印度的死敌——巴基斯坦的力量来处理阿富汗问题，从而在克什米尔这一事关印度核心利益的问题上偏向巴基斯坦，更让俄印关系雪上加霜。

好在这段时间持续不长，随着俄罗斯民众对"亲西方"政策的不满，俄罗斯开始调整对外战略，俄印关系进入恢复期。1993年初，俄罗斯总统叶利钦访问印度，明确支持印度在克什米尔问题上的立场，双方签订《俄印友好合作条约》，标志着俄印结束了两国关系不确定的停滞不前的局面，进入了全面恢复和顺利发展的时期。1997年，印度总理高达访问俄罗斯，正式提出要建立战略伙伴关系。俄罗斯向印度承诺不对巴基斯坦提供武器装备，支持印度成为联合国常任理事国。甚至在1998年印度核试验后，不仅没有予以谴责，反而表示理解。充分说明莫斯科与新德里的关系显著加强。

2000年普京上台，俄印关系步入发展的快车道，将两国关系升格为战略伙伴关系。双方不仅是加强政治领域的合作，还以核能、军火为突破口，加强军事、经济领域的联系。无论是普京还是梅德韦杰夫，两人担任总统时均多次访问印度，密切了务实合作，两国关系进入全面发展的新时期。而在"金砖国家"和上合组织中，俄罗斯与印度有着合作的平台。

俄印之间的关系特点还是挺明显的，地缘政治是两国关系发展的基础。莫斯科与新德里发展战略合作关系是有着非常现实的国际背景，有着非常具体的利益考量。对俄罗斯而言，南下印度洋，获取印度洋的出海口是其历史上孜孜以求的目标。为此，苏联不惜铤而走险亲自对阿富汗动手，这是历史上的目标。从现实的角度出发，美国等西方国家同俄罗斯争夺苏联加盟共和国、策划颜色革命、北约东扩等举措，不断地施压北极熊，不断地挤压北极熊的生存发展空间，不断地逼近莫斯科的战略底线。与印度交好则是撑开生存发展空间的必要之举。与此同时，通过发展经贸、军工合作，可以得到非常务实的经济、军事利益。

对印度而言，搞好同俄罗斯的关系，不仅有助于实现联合国常任理事国的远期梦想，更有"远交近攻"地牵制中国的近期实惠。更为迫切的，则是通过武器装备和军事技术的合作，增强自己的硬实力。在1998年印度核试验后的一段时间，西方国家对印度实施了制裁，停止了官方援助和军事合作。"西方不亮东方亮"，这给俄罗斯提供了难得的机会。于是，莫斯科不仅没有谴责印度进行核试验，反而认为这是一种非常正确的做法，没有采取任何的制裁措施，显然，印度得到了他想要的支持。

军工领域是俄罗斯与印度关系的发展重点。自尼赫鲁开始，印度就有着大国梦想，不甘于做"王冠上的明珠"，想着自己做"王冠"，于是，强军是必然的选择。而俄罗斯对外交往中，苦于经济实力的不足，一直以来靠着上帝的垂青——能源和祖上的家产——军工拓展外交空间。"你情我愿"之下，俄印的军事合作堪称紧密。印度从俄罗斯购买了大量高档次的先进武器，涵盖陆海空各个层面。包括第五代战斗机、核动力潜艇的高精尖的武器装备。2000年，印度向俄罗斯购买航母；2001年，两国签署高达100亿美元的军备合同；2003年，俄罗斯向印度出售价值10亿美元的、量身定制的护卫舰；2008年，印度向俄罗斯购买价值10亿美元的武装直升机。2010年，普京旋风式访问印度，签署了总额高达100亿美元的军事、能源合同。2012年，普京再次访问印度，又签署了29亿美元的武器供应和技术合作的合同。印度军备中大约70%来自俄罗斯。

2006年开始，印度就成为俄罗斯武器出口的最大客户，占其份额的30%。新德里的大批订单有效地支持了莫斯科军工产业的生存与发展，客观上促进了莫斯科军事能力的提升，进而有助于莫斯科在大国博弈中话语权的提升。

图6-12 2010年3月普京访问印度

虽然军工合作热火朝天，但是也难以掩盖其中的不足。虽然两国早已达成加强技术合作的共识，但这方面的进展并不显著，联合研究、研制的效果还不明显。其实也应如此，俄罗斯本指着军工养家，怎么会把印度培养成独立自主呢，何况军事是一个国家最顶尖、最核心的竞争领域。因此，所谓的技术合作就像看得见、吃不到的胡萝卜。其实，不用谈技术合作，单单武器购买就龃龉。2004年，俄罗斯承诺将退役的"戈尔什科夫"号航空母舰赠予印度，印度只需支付有限改装费用时，印度非常欣喜。2004年1月，印度同意以8亿美元的价格向俄罗斯购买1982年下水的苏联时代航母"戈尔什科夫海军元帅"号，这一价格包括修复费用。然而施工开始后，俄罗斯人以工作量增加为由多次要求加价，八年后，这艘航母的改造费用已经飙升到29亿美元。这一订单成为国际军事合作的奇葩。

除此之外，俄罗斯对印度的军售还面临其他方面的挑战，美国。2013年，美国国务卿克里到访印度，一项重要的议题就是美国与印度在安全防务领域扩大合作，为此克里还与印度外长签署了相关的备忘录。这不仅仅是一般意义上的抢生意了，是事关俄罗斯重大经济利益的问题，更是事关俄罗斯重大战略利益的问题。由于武器装备合作的特殊性，这方面的合作是两个国家之间关系的最高水平。如果印度选择与美国扩大安全防务合作，就意味着印度的外交政策可能出现某种程度的调整。值得注意的是，2013年印度决定取消采购俄罗斯运输机的意向，转而购买美国的运输机。俄罗斯武器装备在印度市场的垄断优势走向终结。而俄罗斯的回应则是有意面向巴基斯坦出售武器。加强与巴基斯坦的军事领域合作，对克里姆林宫而言是史无前例的。由于巴基斯坦是印度的死敌，莫斯科的这一做法势必导致印度的强烈不满和一定的反弹。

当前，俄罗斯与印度似乎已经走出了这一段不确定性。两国在"金砖国家"联盟中合作密切，而印度也在俄罗斯的支持下成为上海合作组织的正式成员。这为两国关系继续合作发展提供了平台。

参考文献

[1] 帕弗洛夫斯卡娅. 文化震撼之旅——俄罗斯 [M]. 旅游教育出版社，2015.

[2] 立里，山冈. 畅游俄罗斯 [M]. 中国轻工业出版社，2015.

[3] 风唤雀翎. 一本书看透俄罗斯 [M]. 台海出版社，2013.

[4] 闻一. 告诉你一个真实的俄罗斯 [M]. 广东人民出版社，2012.

[5] 高际香. 俄罗斯民生制度：重构与完善 [M]. 社会科学文献出版社，2814.

[6] 张建华. 激荡百年的俄罗斯 [M]. 人民出版社，2010.

[7] 宋歌. 俄罗斯：东部陆海丝路的主枢纽 [M]. 北京联合出版公司，2016.

[8] 苗延波. 俄罗斯——地球漫步 [M]. 中国旅游出版社，2015.

[9] 金良浚. 俄罗斯（世界之旅）[M]. 旅游教育出版社，2002.

[10] 潘德礼. 列国志·俄罗斯 [M]. 社会科学文献出版社，2010.

[11] M.P.泽齐娜 B.科什曼. 俄罗斯文化史 [M]. 上海译文出版社出版，2005.

[12] 苏晓棠、王晓兰. 俄罗斯社会与文化[M]. 吉林人民出版社，2011.

[13] 王英佳. 俄罗斯社会与文化 [M]. 武汉大学出版社，2012.

[14] 吴克礼. 当代俄罗斯社会与文化 [M]. 华艺出版社，2001.

[15] 冯绍雷. 转型中的俄罗斯社会与文化 [M]. 上海人民出版社，2005.

[16] 任光宣，张建华，余一中. 俄罗斯文学史 [M]. 北京大学出版社，2014.

[17] 左凤荣. 走进克里姆林宫 [M]. 湖南人民出版社，2001.

[18] 俄罗斯东欧中亚国家发展报告（2010）[J]. 社科文献出版社，2010.

[19] 庞大鹏. 民众心态挑战统一俄罗斯党[J]. 人民论坛，2012，3.

[20] 中国社会科学院主编. 中国社科院 2008 年课题"中国人眼中的俄罗斯舆情调查"报告[J]. 俄罗斯中亚东欧研究，2015（1-4）.

[21] 李永全. 俄罗斯发展报告（2014）[M]. 社会文献出版社，2014.

[22] 李永全. 俄罗斯发展报告（2015）[M]. 社会文献出版社，2015.

[23] 李永全. 俄罗斯发展报告（2016）[M]. 社会文献出版社，2016.

[24] 毕洪业. 俄罗斯对独联体外交政策研究[M]. 中央编译出版社，2014.

[25] 李渤. 俄罗斯政治与外交[M]. 时事出版社，2008.

[26] 于春岑. 俄罗斯能源外交政策研究[M]. 中共社会科学出版社，2012.

[27] 彼得·罗澜. 中国的崛起与俄罗斯的衰落：市场化转型中的政治、经济与计划[M]. 浙江大学出版社，2012.

[28] 陆南泉. 俄罗斯经济二十年（1992~2011）[M]. 社会科学文献出版社，2013.

[29] 陆南泉，李建民. 曲折的历程：俄罗斯经济卷[M]. 东方出版社，2015，12.

[30] 李新. 俄罗斯经济再转型：创新驱动现代化[M]. 复旦大学出版社，2014.

[31] 何红梅，马步宁，李庆华，贾怀东. 魅力俄罗斯：政治经济篇[M]. 高等教育出版社，2015.

[32] 内蒙古自治区发展研究中心、内蒙古自治区经济信息中心. 中蒙俄经济走廊建设重点问题研究[M]. 人民出版社，2016.

[33] 林跃勤，成思危，李毅. 俄罗斯经济数字地图 2011[M]. 科学出版社，2012.

[34] 程伟，曲文轶. 转型经济研究丛书：俄罗斯转型研究[M]. 经济科学出版社，2013.

[35] 郭连成，唐朱昌. 俄罗斯经济转轨路径与效应[M]. 东北财经大学

出版社,2009.

[36] 郑异凡. 新经济政策的俄国(第3卷)[M]. 人民出版社,2013.

[37] 李中海,郑羽,蒋明君. 普京八年:俄罗斯复兴之路(2000~2008年)(经济卷)[M]. 经济管理出版社,2008.

[38] 周全,李京文. 21世纪的俄罗斯经济发展战略[M]. 中国城市出版社,2002.

[39] [俄] 瓦列里·季什科夫. 苏联及其解体后的族性、民族主义及冲突——炽热的头脑[M]. 蒋德顺译,中央民族大学出版社,2009.

[40] [美] 戴维、莱文森. 世界各国的族群[M]. 葛公尚,于红译. 中央民族大学出版社,2009.

[41] 崔毅. 一本书读懂俄罗斯[M]. 金城出版社,2014.

[42] 王英佳. 俄罗斯社会与文化[M]. 武汉大学出版社,2002.

[43] [英] 杰弗里·霍斯金. 俄罗斯史[M]. 李国庆,宫齐,周佩虹,郭燕青译. 南方日报出版社,2013.

[44] 俄罗斯政府官网:http://www.gov.ru/.

[45] 俄罗斯中文网:http://eluosi.cn/ 俄罗斯新闻网 http://www.rusnews.cn/俄通社—塔斯社:http://tass.ru/.

[46] 俄罗斯国家报:http://strana.ru/ 俄罗斯《共青团真理报》:http://www.kp.ru/俄罗斯国防部:http://www.mil.ru.

[47] 俄罗斯外交部:http://www.mid.ru.

[48] 俄罗斯联邦经济发展与贸易部 http://economy.gov.ru.

[49] 俄罗斯教育部:http://www.ed.gov.ru/.

后 记

本书是由内蒙古财经大学、内蒙古中蒙俄经贸合作与草原丝绸之路经济带构建研究协同创新中心申报，内蒙古自治区社科联批准立项的2016年度社科普及类课题研究成果。该研究成果入选中国社会科学院创新工程项目"一带一路"研究丛书，本书是系列丛书之一。为了本书的顺利出版，经济管理出版社编辑们付出了辛勤劳动，本书的策划、写作、装帧设计都经过了反复论证与多套方案的修改，经典文献与相关内容也都反复审阅，力求精准。

本书由丛书编委会主任高金祥研究员和本册主编李晶教授制定编写大纲并提出具体写作要求。参加本书撰写的专家学者有高金祥、李晶、安锦、吕峰、牛迪、张宏天、曹荣、李慧茹、陈琛等。全书由李晶、安锦统稿，由内蒙古自治区出版局王钟老师负责审读。

本书在编写过程中吸收了众多相关专家学者的研究成果，对书中引用或未加印证的所有作者表示深深的谢意！由于我们组织策划和学识水平有限，写作内容和写作风格方面也难免有所纰漏甚至错误，恳请广大读者批评指正。

编　者

2016年11月14日